中医翻译研究

主　编　李照国
副主编　张　斌　刘　霁　单宝枝

苏州大学出版社

图书在版编目(CIP)数据

中医翻译研究 / 李照国主编. —苏州:苏州大学出版社,2017.9
 ISBN 978‐7‐5672‐2217‐5

Ⅰ.①中… Ⅱ.①李… Ⅲ.①中国医药学-英语-翻译-研究-Ⅳ.①H315.9

中国版本图书馆 CIP 数据核字(2017)第 222800 号

书　　名:	中医翻译研究
主　　编:	李照国
责任编辑:	汤定军
策划编辑:	汤定军
装帧设计:	刘　俊
出版发行:	苏州大学出版社(Soochow University Press)
社　　址:	苏州市十梓街 1 号　邮编:215006
网　　址:	www.sudapress.com
E-mail:	tandingjun@suda.edu.cn
邮购热线:	0512-67480030
销售热线:	0512-65225020
印　　装:	宜兴市盛世文化印刷有限公司
开　　本:	700×1000　1/16　印张:19.5　字数:350 千
版　　次:	2017 年 9 月第 1 版
印　　次:	2017 年 9 月第 1 次印刷
书　　号:	ISBN 978-7-5672-2217-5
定　　价:	65.00 元

凡购本社图书发现印装错误,请与本社联系调换。服务热线:0512-65225020

目 录
Contents

前 言
中医典籍翻译是推动中国文化走向世界的桥梁 / 1

学科建设
中医翻译教育事业的发展 / 6
中医翻译及其对外传播史研究（北京篇） / 13
中医翻译及其对外传播史研究（山东篇） / 34
中医药国际传播背景下的中医院校应用型外语人才培养的战略性思考
/ 48
中医药外向型人才 ESP 语言培养模式的设计与应用 / 55
多维协同推进中医药翻译教师培养实践研究 / 62
基于 CBI 的中医英语翻译教学应用研究 / 67
中医院校英语教学中学生英译能力的培养 / 72

术语翻译
从 WHO/ICD-11 到 ISO/TC249 / 77
中医医史文献学基本术语英译初探 / 87
中药功效术语英译实践和理论的回顾与思考 / 93
从文化视角论中医术语"命门"的英译 / 101
中医药名词术语部件英译规范研究思路与方法 / 108
概念隐喻视角下针刺术语直译法研究 / 116
中医药术语英译的"望文生义"现象及对策 / 122

多元视域
从译文整体性论中医英译 / 129

互文性视阈下的中成药说明书英译研究 / 139

构式语法框架下中医典籍的"四字格"和英译文的"四词格"的对应关系及其表达方式 / 149

从五脏藏五志论针灸穴名意译和现行针灸国际标准 / 158

基于翻译模因论的《黄帝内经》两英译本隐喻翻译对比研究 / 170

译法研讨

李照国先生中医英语翻译思想评介 / 177

中医典籍名称英译探讨 / 185

中医文化负载词的深度翻译研究 / 193

中医文化意象互文性背景下的英译策略研究 / 201

中医药典籍文化负载语言的英译 / 209

归化和异化翻译策略指导下的中成药名英译研究 / 215

博茨瓦纳艾滋病医学普及著作《周末葬仪》翻译研究 / 227

中式英语现象及其对中医英语翻译的影响 / 239

其他

MTI 笔译教学中的翻译理论导入与习得 / 255

历史文化术语翻译错误分析 / 264

"哲学理念"与"科学概念"间的梳理与转述 / 273

文化翻译视角下的译者职责 / 285

中国文化走向世界,汉学家功不可没 / 293

中国典籍翻译"言意之辨" / 297

寄语

科研,中医翻译发展的历史转折点 / 304

中医典籍翻译是推动中国文化走向世界的桥梁

上海师范大学外国语学院
世界中医药学会联合会翻译专业委员会　　李照国

1. 中医的发展与传播

中医是中国医药学的简称,是中国特有的一门与天文、地理和人文密切交融的古典医学体系。中医以中国的传统文化、古典哲学和人文思想为理论基础,融合诸子之学和百家之论,综合自然科学和社会科学的理论与实践,构建了独具特色的理论体系、思辨模式和诊疗方法。中医重视人与自然的和谐共处,强调天人相应的基本观念,提倡人与社会的和谐发展,重视形与神的自然统一,为中华民族的健康、繁衍与发展,为周边地区医药的创建、文化的传播和文明的提升,开辟了广阔的路径。

中医是目前世界上历史最为悠久、体系最为完整、疗效最为显著、应用最为广泛、发展最为迅速的一门传统医学体系。早在秦汉之际,中医已经逐步传入周边地域,20世纪以来更是走出亚洲,传扬世界,为世界医药的发展,为各国民众的健康,做出了巨大的贡献。即便在现代医学高度发达的今天,中医在人类医药保健事业中仍然发挥着不可替代的作用,并且日益走向世界,造福人类。

由于理论先进、方法科学、药物自然、效果神奇,中医这门古老的医学体系虽历经千秋万代而始终昌盛不衰,为中华民族的繁衍、为中华文化的发展、为中华文明的传播做出了巨大贡献。同时,通过民间交流、民族融合和文化辐射,中医很早便东传高丽扶桑,西传西域高原,南传南亚列岛,北传朔方诸部,为这些地区医药的创建和发展奠定了理论和实践基础,促进了该地区社会的进步和文明的昌兴,也为中国与阿拉伯世界以及欧洲、拉丁美洲和非洲的交往开辟了蹊径。

早在先秦时期,中医已经逐步传入朝鲜等周边地区。汉唐时期,中医已经传入日本等东南亚地区。18世纪之后,中医逐步传入欧洲并在19世纪中期得到了较为广泛的传播。20世纪70年代之后,随着针刺麻醉术的研制成功,中医很快传遍全球,在很多国家和地区得到了迅速的发展。

据国家中医药管理局统计,中医目前已经传播到了全球160多个国家和地区,并在大多数国家不仅建立了学术团体、学术机构和学术组织,而且还建立了颇具特色的高等院校、培训基地和出版机构,极大地推动了各国医疗保健事业的发展。有些国家——如澳大利亚和泰国——经过多年的努力,已经先后完成了中医的立法,赋予了中医以相应的法律地位,从而保证了其在该国的健康发展。

中医之所以能够传播到世界各国,除了其自身疗效显著和体系独特之外,还与中医翻译有着密切的关系,尤其是中医典籍的翻译。中国与世界各国——尤其是欧美等发达国家——在语言、文化和思维方面存在着巨大的差异,要使欧美等国的学者真正理解和接受中医的理法方药,就必须以翻译为桥梁对其进行深入细致的介绍和传播。

2. 中医典籍翻译的独特作用

2.1 中医典籍是对中国传统文化的传承和发展

《黄帝内经》、《难经》、《神农本草经》、《伤寒杂病论》等典籍是中医从古至今最为重要的四大经典。《黄帝内经》由《素问》和《灵枢》两部典籍所构成。明代李时珍撰写的《本草纲目》(1590年出版)是对《神农本草经》的补充和完善。该书共190多万字,载有药物1892种,收集医方11096个,是中国古代医药的集大成者,从而在一定程度上取代了《神农本草经》。因此,《本草纲目》的翻译实际上就是对《神农本草经》的翻译。《伤寒杂病论》被后世编辑为《伤寒论》和《金贵要略》,成为中医临床医学的两大重要典籍。

中医的这四大经典不仅代表着中医最为核心的理论和方法,而且还代表着中华文化最为核心的思想和观念,特别是《黄帝内经》,几乎涉及中国古代自然科学、社会科学和语言文化的各个方面。除深入论述医药的基本理论、方法和要求以及疾病的发生、发展与防治等重大问题之外,《黄帝内经》还系统地探讨了人与自然、人与社会、人与自身的关系,记述了大量古代天文、气象、物候等学科的基本知识,为各有关学科的研究提供了重要的文献史料。因此,中医典籍也是我国国学典籍和中华文化不可分割的一个重要组成部分。

2.2 中医典籍翻译为中国文化走出去奠定了基础

作为中国文化一个重要组成部分的中医典籍,从夏商周三代时期到秦汉唐三朝时期,已经系统完整地传播到了我国的周围区域,特别是东南亚地区,为汉文化圈的形成奠定了坚实的历史和文化基础。自17世纪以来,中国文化逐步传入西方,其突出代表就是中医的理法方药。明清时期,通过西方来华的传教士、外交人员和医务人员的努力,在中国学者的帮助和指导下,中医典籍的基本思想和理论已经逐步介绍到了欧美国家,阴阳学说、五行学说、精气学说等中国传统哲学的基本理论和思想也因此而在西方广泛传播开来。今天,中国文化的重要概念阴(yin)、阳(yang)、气(qi)等音译形式已经成为西方语言中的通用语,这就是中医典籍西译和西传为中国文化走出去做出的一大贡献,也为今天我国大力推进中国文化走出去奠定了坚实的历史、文化和语言基础。

2.3 中医典籍翻译是中国文化走向世界的桥梁

中国文化要西传,要走向世界,自然需要有一个各国学术领域、文化领域和民间人士所关注的方面,借以引导各界人士关注中国文化。汉唐时期西域佛界人士千里迢迢到中原地区宣扬佛教,明清时期西方传教士远赴重洋到中国传播基督教,医药一直是他们凝聚人心和人力的一个重要的路径。作为中国传统文化不可分割的一个重要组成部分,中医典籍翻译对于推进中国文化走向世界不仅是凝聚异国他乡人心和人力的一个重要渠道,而且是直接传播和传扬中国传统文化的一个重要桥梁。任何一位想要学习、了解和借鉴中医理法方药的外国人士,首先必须要学习和掌握阴阳学说、五行学说、精气学说等中国传统文化的基本理论和思想,这已经成为国际的一个共识。由此可见,要使中国文化全面、系统地走向世界并为世界各国越来越多人士心诚意正地理解和接受,中医典籍的翻译和传播无疑是一个理想而独特的坚实桥梁。

3. 中医典籍翻译的特殊意义

3.1 中医典籍翻译对推进中医国际化的重要意义

从古到今,中医典籍始终是构建中医基本理论和临床实践体系的基础。要使中医在国际上得到全面系统的传播和推广,典籍翻译及其学习和应用将是一个重要的先决条件。在中医界,四大经典之后的任何一部重要的学术著作,基本都是从某个角度对某些问题进行较为深入的研究、分析和总结。而对中医从理论到方法进行全面系统的研究、分析和构建,只有中医的四大经典。因此,要使中医真正走向世界,真正实现中医的国际化,完整准确地翻译、介绍和传播中医的重要典籍,无疑是至为重要的战略和策略。这就像当年马克思主义传入中国一样,首先必须将《资本论》完整准确地翻译成汉语,为中国共产党的建立和中国革命的发展奠定理论和思想基础。

3.2 中医典籍翻译对维护中医文化主权的重要意义

从先秦到汉唐,从17世纪到20世纪50年代,中医在国际上的传播和推广一直处于自然和谐的状态。但自20世纪70年代世界卫生组织委托西太区制定针灸经穴名称的国际标准到2009年世界卫生组织总部启动ICD-11(国际疾病分类第十一版)修订工程将中医纳入其中(第23章为中医所专用)到2010年世界标准化组织成立TC249(中医药国际标准化技术委员会)以来,中医翻译就与民族文化主权密切关联在一起。

为了谋取中医的文化主权,韩国和日本联合欧美一些国家一直在与中国进行明争暗斗,在一定程度上影响了中医的国际传播。韩国所谓的"四象医学",日本所谓的"汉方",实际上就是中国传统医学自先秦到汉唐以来在其国的传承和传播。但韩国一直通过各种方式向世界传递这样一个信息:中国的中医是从韩国传入的。韩国曾经向世界卫生组织提交一份文件,强调所谓的"韩医"在韩国有4332年的记载史,实际上就是想说明中国的中医是从韩国传入的。

为了使世界各国明确中医与中国历史和文化密不可分的关系,唯有将中医的重要典籍完整准确地翻译成世界上各种影响最为广泛的语言,才能为中医在国际上以正视听。因此,对于中医重要典籍完整准确的翻译,不仅能系统深入地在国际上传播中医,而且能使各国人士认识到中医与中国历史和文化是不可分割的,中医的文化主权是属于中国的,而不是日韩的。

3.3 中医典籍翻译对于中国文化国际传播的重要意义

作为中国传统文化不可分割的一个重要组成部分,中医的对外传播和交流就是中国文化走向世界的突出体现。自20世纪70年代以来,中医在国际上的传播越来越广泛,越来越深入,越来越全面。据天津中医药大学张炳立教授等近期的调查总结,目前亚洲各国(除中国之外)有125个中医教育研究机构,欧洲有126个,美洲有80个(其中美国有54个),大洋洲有12个,非洲有5个。这说明在中国文化的国际传播和交流中,中医的体现最为突出,也最为普及,且其发展趋势越来越显著。中医也是中国传统文化的重要组成部分,也传承和发扬着中国传统文化的精气神韵。要推进中国文化走向世界,中医是一个最为理想的桥梁,中医典籍的翻译更是一个最为重要的渠道。

学 科 建 设

中医翻译教育事业的发展

李照国[①]

(上海师范大学 外国语学院,上海 200234)

摘 要 中医翻译是推动中国文化走向世界、加快中医国际化进程的重要桥梁,中医翻译教育是培养具有跨文化交际能力和水平的优秀外语人才和杰出中医人才的重要路径。自20世纪80年代以来,中医翻译教育事业在各中医院校逐步开展起来,为中医走向世界培养了大批优秀的人才,为中外学术机构、学术团体和学术组织在中医领域的合作与交流开辟了独特的蹊径。本文根据作者30多年来从事中医翻译实践、研究和教学的体会和感悟,就中医翻译教育事业发展的历史、现状、目标、成就和前景做了简要的总结分析,为其未来的发展梳理了思路、拓展了视野、丰富了内涵。

关键词 中医;翻译;教育;专业;人才

On the Development of TCM Translation Education

LI Zhaoguo

(Foreign Languages College, Shanghai Normal University, Shanghai 200234)

Abstract TCM translation plays an important role in promoting Chinese culture to the world and accelerating the process of internationalization of TCM, and its education is, accordingly, very vital to cultivate excellent foreign language and TCM talents with intercultural communication ability. Since the 1980s, as TCM translation education has been gradually developed in Chinese medicine colleges, a large number of talents for spreading TCM worldwide

---

① 作者简介:李照国,英语语言文学学士、语言学与应用语言学硕士、中医药学博士、翻译学博士后。现为上海师范大学外国语学院院长、教授,世界中医药学会联合会翻译专业委员会会长,世界卫生组织 ICD-11/ICTM 术语组专家,世界标准化组织 TC249 专家,长期从事中医翻译、中医名词术语英译国际标准化和国学典籍英译研究工作,先后撰写出版《中医基本名词术语英译国际标准化研究:理论研究、实践总结、方法探索》等学术著作26部,翻译出版《黄帝内经》等译著25部,发表研究论文130余篇。

have been fostered, and cooperation and communication between Chinese and foreign academic institutions and organizations have been very much strengthened in this field. Based on the author's more than 30 years' experience in TCM translation practice, research and teaching, this paper makes a brief summary and analysis on the history, current situation, goals, achievements and prospects of the development of TCM translation education, thus to organize the thoughts, expand the vision and enrich the content for its future development.

Keywords　TCM；Translation；education；discipline；talents

中医翻译教育事业的发展起始于20世纪80年代后期。随着中医翻译事业的推进,中医翻译逐步纳入中医院校外语教育和翻译实践的教学之中,为中医院校学科体系的建设输入了新鲜的血液,为中医院校人才的培养开辟了合璧中西、贯通古今的渠道。

1. 知识的普及

随着中国对外开放的推进,中西方在经济、文化、科学、教育等方面的交流不断深化。作为中国独有学科的中医,不仅是一门医学,而且也是一门人学,更是一门国学。自20世纪70年代针刺麻醉术的研制成功,中医在西方的影响不断扩大,学习和研究中医的西方人士越来越多。随着中国和WHO合作的开展及国际教育基地的建设,来华学习中医的西方人士日益增加。中医翻译——特别是中医英译——的需要越来越紧迫,尤其是中医院校、中医医院和中医研究机构。虽然要求紧迫,但要真正地推进这样的工作,难度却非常大,其中一个很重要的原因就是:中医界懂外语的很少而外语界懂中医的则更少。

要从根本上解决中医翻译的问题,特别是中医翻译人才的培养问题,就必须在中医界普及中医翻译的基本知识和技巧,更必须在外语界普及中医的基本常识和中医翻译的基本要求。对于这一问题,中医界和外语界都有非常清醒的认识。1993年,中西医结合学会中医外语专业委员会在山东威海召开年会的时候,时任国家外文局副局长的黄友义先生出席了会议,在大会发言中,他特别强调了这一点,并且希望中医界对外语感兴趣的人士和外语界对中医翻译重要性有认识的人士积极行动起来,将中医和外语、将中医和翻译、将中医和中国文化的对外交流和传播密切结合起来,努力打造一支跨学科、跨专业、跨文化的翻译队伍。

黄友义先生的讲话可谓一语中的。但要实现这一理想,无论在中医界还是外语界都有很长的路要走,更有很多的时间、精力和勇气需要孜孜不倦地投入。学界很多人士对此有清楚的认识,但要从根本上解决这一问题,却面临着很大的难度和挑战。因此,虽然经过学界有识之士的不断呼吁和鼓励,中医翻译领域依然存在着诸多亟待解决的问题,尤其是人才的培养和专业的发展。特别是随着黄孝楷、帅学忠先生的离世,随着欧明、谢竹藩等先生的年老,随着一批中青年译者的转行,正在渐渐兴起的中医翻译界日显萧条,中医翻译的学习意识、实践意识和研究意识日趋薄弱。这就是21世纪中医翻译所面对的严峻现实。

要从根本上解决这一问题,就必须强化中医翻译的三大意识。而要强化中医翻译的这三大意识,首先必须大力普及中医翻译的基本知识。这一基本知识的普及,单从学术刊物的角度进行推进,其影响力显然是非常有限的。若能将其纳入中医院校本科、硕士和博士的教学之中,其潜移默化的普及和影响自然是不言而喻的。正是处于这样的考虑,在20世纪80年代和90年代的时候,个别中医院校的外语教师已经开始在外语教学中将中医翻译纳入其中。广州中医药大学在20世纪80年代末将中医翻译纳入研究生的教学之中,编写了一册内部使用的教学材料,开辟了中医翻译教育的先河。20世纪90年代中期,在两年教学经验的基础上,我和同事们编写出版了《中医英语教程》,这是国内外第一部旨在普及中医翻译知识和培养中医人才的专业教材。

进入21世纪,中医走向世界已经成为我国振兴中医、发展中医的战略方针。要从理论到实践使中医系统深入地走向世界,翻译是必不可少的桥梁。而要搭建好这样的一座桥梁,翻译队伍的建设、翻译知识的普及和翻译水平的提高是关键。要从根本上解决这一关键问题,中医教育界义不容辞。正是处于这一考虑,自20世纪90年代末,尤其是进入21世纪以来,中医翻译便逐步地进入各个中医院校的教育体系之中。尽管有很多学校依然将其视为选修课,但对其基本知识的普及和传播还是发挥了非常重要的作用。正是经过各中医院校通过教育体系的普及和传播,使许多中医院校的外语教师、中医人员和本硕博士对中医翻译产生了浓厚的兴趣,为中医翻译的发展奠定了良好的基础,营造了良好的氛围。

2. 课程的开设

随着中医翻译基本知识在中医界的逐步普及和传播,随着中医院校选修课程的开设和系列讲座的举行,将中医翻译纳入中医教育体系和中医课程设置之中,已经成为中医走向世界的必然之举。进入21世纪之后,很多中医院校逐步将中医翻译纳入了课程体系之中,成为中医院校基础教育的课程之一。

经过多年的普及和努力,21世纪之后中医院校开设中医翻译课程已经成为中医界和外语界的共识,从而为中医院校构建了一门合璧东西、贯通古今的特色课程。当然,由于人才的匮缺、翻译标准的欠缺和翻译水平的有限,这门课程的开设还存在着许多亟待解决的问题。

3. 教材的编写

从20世纪90年代开始,中医翻译的教材已经开始问世了,但相对而言,还比较粗浅,还不够系统,也不够深入。例如,1995年我们编写出版了《中医英语教程》该教程虽然是国内外第一部专门讲授中医翻译理法、普及中医翻译常识的教材,但从专业性和系统性方面看,依然存在着诸多亟待解决的问题。由于在我国大学的外语教学中,英语是最为主要的外语,所以中医翻译课程一般指的就是中医英译。而中医英译一般又分为两类教学形式,一种叫中医英译,另一种叫中医英语。两者其实是合二而一的。中医英译可谓见词明义,讲的就是如何用英语翻译中医的问题。而中医英语则强调的是由于中医英译的长期实践和中医在西方的长期传播,在英语中所形成的一些从词汇到句法的独特的表达方式,就像我们现在所说的 Chinese English 一样。通过这门课的学习,学生不仅能基本了解和掌握中医英译的基本原则、方法和技巧,而且还可以使学生对中医在英语语言中形成的独特表达方式和独有词汇有一个比较宽泛的了解和认识,为其今后的中医英译实践和研究开辟更为宽阔的路径。

21世纪初,中医英语教材的编写上升到了一个新的阶段,专业性和系统性都有了较为深入的发展。例如,人民卫生出版社2001年出版了朱忠宝先生主编的中医英语教材,上海科学技术出版社2002年出版了我们主编的中医英语教材,2003年科学出版社出版的李磊主编了中医英语教材,就是集中的代表。

从21世纪初到现在,几乎年年都有中医英语之类的教材问世,各个中医院校几乎都有了自己编写的中医英语教材。这些教材的接踵而至,在一定程度上普及了中医翻译的基本知识,培养了中医院校学生翻译中医的基本意识,推进了中医翻译事业的发展。但在规范性和专业性方面,依然存在着许多亟待完善的地方。比如,中医基本术语的翻译及其标准化问题一直困惑着中医翻译界,也一直影响着中医的国际交流。当然,要真正实现中基本术语翻译的标准化,单靠翻译者自己的努力还是难以实现的,还需要各级学术组织——特别是国家职能部门——的大力推进和有效掌控。近年来国家所制定的中医名词术语国家标准英译版,以及"世界中联"、WHO 和 ISO 所启动的标准化工程,均在一定程度上有效地推进了中医基本术语英译国际标准化的发展。但这方面的发展,目前还有待于在国内中医翻译界普及和传播。

2007 年,我们主编的《中医英语》教材入选卫生部"十一五"规划教材,在一定程度上体现了国家对中医英语和中医翻译事业的重视。为了完善这一规划教材,上海科技出版社组织国内各中医院校的专家学者对其进行了认真的修改、调整和补充,在中医英语教材的编写方面又迈出了新的一步。

4. 专业的建设

进入 21 世纪以来,中医院校的课程建设和专业发展有了很大的突破,几乎都在向所谓的综合性高校发展。在这样的理念指引下,外语专业在中医院校也有了极大的拓展。目前,很多中医院校都有了外语学院或外语系,基本都以英语为主,也有其他的小语种。中医院校的外语专业很自然地都与中医专业有着一定的关联性,都将中医翻译作为其发展方向。这也是中医院校外语专业的基本特色。

从目前的发展来看,中医院校外语专业的发展依然有很多值得完善之处。有些中医院校的外语专业总是在极力地向外语院校的外语专业靠拢,愈来愈淡化了中医外语和中医翻译的特色。这样的走向一方面与时代的发展有着一定的关系,另一方面也与中医院校外语专业师资队伍的知识结构和专业发展有着一定的关系,因为各中医院校具有较好的中医翻译能力和水平的外语人才现在已经愈来愈少。由于师资队伍的缺乏,中医外语和中医翻译专业的发展面临着很多难以克服的困难。这就是中医院校的外语专业总是在向外语院校的外语专业努力靠拢的一个主要原因。从学科的建设角度来看,这样的靠拢当然有利于纯外语专业的教学和发展,但却不利于发展具有中医特色的外语专业。

当然,中医院校外语专业向着纯外语专业方向的发展,与中医外语与中医翻译专业的实际发展,也有很大的关系。从专业性的角度来看,目前所谓的中医外语和中医翻译还不是一门成熟的学科,还不完全具备专业学科所应具备的基本条件。一门成熟的学科起码应该有三大专业标志,即专家、专著和专论。所谓专家,并不是指的哪一位有名有姓的学者,而是指本专业领域的一大批专家学者。就像中医专家一样,各个院校、各个地区、各个层面都有一批又一批的专家学者,而不是一位或两位。这正是中医翻译界目前最为缺乏的。所谓专著,也不是指某位学者的专著,而是指本领域从不同角度、不同层面对相关问题进行深入研究的一系列学术著作。任何一门成熟的学科都具有这样的风貌。这也是中医翻译界目前最为欠缺的。从目前的发展来看,只有个别学者撰写出版了一些研究著作,绝大多数学者皆没有这方面的建树。所谓专论,指的是构建的一套专门指导相关专业发展的理论、标准和应用体系。这也是目前中医翻译界最为缺乏的一个重要方面。

专家、专著和专论的欠缺极大地影响了中医院校独具特色的外语专业和翻译专业的发展。中医外语和中医翻译专业不成熟,还未形成自己的专业领域,要拔苗助长似地推进其发展,也很难有实际效应。因此,通过纯外语专业的发展来推进中医外语和中医翻译的学科建设,也还是有一定的实际意义的。

5. 人才的培养

要发展中医翻译和中医外语专业,师资队伍建设、人才培养是重中之重。如何才能建设师资队伍,如何才能培养人才呢?这个问题自 20 世纪 80 年代已经引起了学界的密切关注,但还没有从根本上得到解决,甚至都没有找到解决问题的办法。受中医师带徒这一传统的影响,一些中医院校有一定翻译经验和翻译能力的老师影响和感染了身边的一些同事或同学,潜移默化地带动他们走向了中医翻译的领域。这是中医翻译人才培养的最初模式,目前中医翻译界年过半百的译者和研究人员大部分就是通过这一路径跨入中医翻译这个独特领域的。我自己当年就是受外语教研室老主任的影响,私下拜他为师,在他的指导下开始学习和研究中医翻译。

到了 20 世纪 90 年代的时候,这一师带徒的传统人才培养模式有了一定的突破。一些有志于从事中医翻译的外语工作者为了深入学习中医并将中医与外语紧密结合起来,开始寻找从专业的角度跨入中医界的路径。其中一个很重要的方式就是直接报考中医专业的硕士或博士。作为外语工作者,要直接报考中医专业的硕士或博士,确实存在着很大的困难。一方面报考者对中医专业课程要认真学习、系统掌握;另一方面招生单位在人才培养理念方面也需与时俱进地加以调整,以便能为跨学科人才的培养创造条件。经过一些外语工作者的艰苦努力和一些招生单位人才培养理念的调整,20世纪 90 年代的时候有两三位外语工作者先后考取了南京中医药大学和上海中医药大学的硕士和博士,为跨学科人才的培养开辟了一个颇为理想的蹊径。

进入21世纪之后,外语专业与中医专业的结合已经成为中医院校人才培养的一个人所共识的理念,几乎每个中医院校都有外语工作者考取中医专业的硕士或博士,为中医翻译和中医外语人才队伍的建设搭建了一个非常坚实的平台。这些跨学科的青年学者如果能积淀丰富的翻译实践经验,并在此基础上将理论与实践紧密结合起来,努力研究和探索中医翻译的理法方要,一定会推进中医翻译和中医外语的学科建设、人才培养和专业发展,一定会使"山重水复疑无路"的中医翻译和中医外语赢得"柳暗花明又一村"的明天。

中医翻译及其对外传播史研究（北京篇）

吴 青 赵慧君 周阿剑 付甜甜[①]

（北京中医药大学 人文学院，北京 100029）

摘 要 本文采用文献研究法，描述了北京地区的中医药管理部门、研究机构、教育机构、出版机构、学会组织、中医期刊翻译专栏和中医药英语学科建设情况。同时，介绍了北京地区中医翻译研究和中医对外推广专家陈可冀、谢竹藩、方廷钰、陈恩和朱建平教授的研究和实践活动，旨在简要梳理北京地区的中医翻译研究和中医对外传播历史，展望中医药英语学科建设和发展。

关键词 中医翻译；国际传播；学科建设

Research on TCM Dissemination and English Translation History in Beijing

WU Qing ZHAO Huijun ZHOU Ajian FU Tiantian

(School of Humanities, Beijing University of Chinese Medicine, Beijing 100029)

Abstract This paper describes the activities of TCM (traditional Chinese medicine) administrative department, research institution, educational institution, publishers, associations as well as Chinese medicine journals in Beijing, and introduces the experts of TCM translation and promotion in Beijing, for instance, Chen Keji, Xie Zhufan, Fang Tingyu, Chen Ken and Zhu Jianping. By means of literature research, this paper aimed at giving a brief introduction to the history of TCM translation as well as TCM dissemination that have taken place in Beijing. It is envisaged that the discipline of English studies for TCM purposes should develop.

Keywords TCM translation; international dissemination; discipline construction

---

[①] 作者简介：吴青，硕士，北京中医药大学人文学院英语系教授，硕士生导师，研究方向为英语教学与研究。赵慧君、周阿剑、付甜甜，北京中医药大学硕士研究生，已毕业。

1. 历史回顾

据不完全统计,目前世界已有120多个国家和地区设立了各种类型的中医诊所、学校、研究中心和中药贸易公司等中医药机构。采用中医药、针灸、推拿、气功等治疗疾病的人数已占世界总人口的1/3以上[1]。中医药、针灸的疗效已得到各国政府及人民的信任和不同程度的支持。一些国家和地区明确承认了针灸或中医治疗的合法资格,并将其纳入了医疗保险范围。许多国家成立了中医药学术团体,世界中医药学会联合会、世界针灸学会联合会、世界医学气功学会等国际性学术组织也积极发挥作用。中医药的国际学术交流极为活跃,自20世纪70年代以来,我国已为130多个国家和地区培训了数万名针灸专业人员和留学生(包括专科、本科、硕士、博士),与40多个国家建立了政府间中医药交流与合作关系[2]。

在中医走向国际的传播过程中,全国各地区的中医药管理部门、中医研究、教育、出版机构和专家学者发挥了重要作用。以北京地区为例,在过去的十年里,北京市中医药事业快速发展,服务体系日趋完善,疾病防治能力和服务可及性显著增强,中医药文化不断普及,在保障人民健康和首都经济社会发展方面发挥了重要作用。

1.1 中医管理部门

作为负责北京地区中医工作的市政府部门管理机构——北京市中医管理局在中医对外交流和传播的过程中发挥了极其重要的作用。

2009年2月,在成立之初,北京市中医管理局便在其职责范围中明确指出要积极开展本市中医药国际交流与合作,组织开展中医药国际推广、应用和传播工作。2009年8月20日,北京市中医管理局举办了"多伦多—北京中医药学术研讨会",构筑首都中医药行业与有关国家和地区政府组织、中医药行业学术团体之间的交流平台,促进中医药事业在世界范围内的良性发展,并希望北京和多伦多两个城市在传统医学领域里加强合作与交流,提

---

[1] 中医药战略地位研究报告[R/OL].[2014-1-20]. http://luoyu5200.blog.163.com/blog/static/777185752010115822533180/.

[2] 中医药战略地位研究报告[R/OL].[2014-1-20]. http://luoyu5200.blog.163.com/blog/static/777185752010115822533180/.

高层次和水平,积极推动中医药在加拿大的发展①。同年,北京市中医管理局组织两期90名中医专家赴台参加了海峡两岸中医药交流活动,开展中医药学术交流和对外交流人员培训,提高外事管理干部队伍的水平和素质。2009年12月7日,北京中医药国际论坛组织委员会成立,举办首届北京中医药国际论坛,以"开放的北京,发展的中医"为主题,搭建了北京与世界各地中医药学术交流的平台,基本形成北京中医药对外交流长效机制。北京市政府充分发挥北京市中医药对外交流与技术合作中心作用,办好北京中医药国际论坛,将交流范围扩大到50个国家和地区;建立中医药国际交流与合作的长效机制,创建中医药对外交流合作基地,与多个国家和地区建立起长期、稳固的交流渠道;促进中医药服务国际贸易发展,以同仁堂为依托积极推进北京的中药贸易,以北京的三级中医院为支撑推进中医药的服务与培训贸易,以地坛中医药主题公园等为核心开展中医药国际旅游贸易②。

目前,北京市旅游委和北京市中医管理局联合推出了7条中医养生文化旅游路线,传播中医文化。同时,建立了35个中医药文化旅游示范基地,内容丰富多元。

1.2 中医研究、交流服务机构

1.2.1 中国中医科学院

中国中医科学院成立于1955年(原名中国中医研究院),位于北京,是国家中医药管理局直属的集科研、医疗、教学为一体的综合性研究机构。作为我国传统医药对外合作与交流的重要窗口,中国中医科学院与世界上100多个国家和地区的医药界、科研院所、高等院校、企业及民间团体有着广泛友好的联系与交流,在国际传统医学界有很大的影响。越来越多的外国医生、专家学者、国家领导人和政府官员到此参观访问,进行各种类型的中医药交流活动,许多国外患者慕名前来进行中医治疗。中国中医科学院的专家为许多国家的高级领导人提供医疗保健服务,受到各国政府的高度评价。中国中医科学院与世界卫生组织(WHO)、联合国开发计划署(UNDP)等国际组织建立了多边的联系与合作关系③。

---

① 多伦多—北京中医药专题学术论坛圆满结束[EB/OL]. [2014-2-11]. http://www.bjtcm.gov.cn/jiaoliuzhongxin/gongzuodongtai/200909/t20090902_25456.html.

② 北京中医药国际论坛组织委员会在京成立[EB/OL]. [2014-2-11]. http://news.sina.com.cn/c/2009-12-07/123116731313s.shtml.

③ 中国中医科学院. 中国中医科学院[EB/OL]. [2014-2-11]. http://www.catcm.ac.cn/publicfiles//business/htmlfiles/zgzy/yjj/index.html.

1.2.2 北京市中医药对外交流与技术合作中心

2001年,北京市中医药对外交流与技术合作中心(BTCMIECC)成立,这是北京地区一家专门从事中医药对外交流服务的机构。该机构致力于联系北京地区的各家中医、中西医结合学术团体,为潜在的合作方提供有价值的咨询服务,搭建交流、合作的平台。近年来,BTCMIECC致力于推动中医药学术交流与文化交流,先后参与、协办了第三届国际传统医药大会(2004年3月24日)、世界针灸学会联合会成立20周年暨世界针灸学术大会(2007年10月20日)、世界卫生组织首次传统医药大会(2008年11月7日)等国际会议。

2002年12月,BTCMIECC与北京中医药大学方廷钰、贾德贤教授一起开发建设了北京中医药数字博物馆。2003年9月23日,北京中医药数字博物馆正式开通运行(http://en.tcm-china.org/),内容包括十个主题展馆,即总馆、中药馆、名医馆、宫廷医学馆、医疗馆、教育馆、科技馆、养生保健馆、数字典藏馆等。

第29届奥林匹克运动会期间,BTCMIECC制作了《走近中医(英文版、法文版)》宣传片,举办了《走近中医:历史·文化(英文版、法文版)》中医药文物图片展览,组织了"中国传统医学在运动医学中的预防性应用"研讨会。举办了北京市中医护理外语人才专题培训,并与北京中医药大学人文学院联合举办了高等医学英语教学研讨会。

1.3 中医教育机构

1.3.1 北京中医药大学

作为北京地区唯一一所、也是全国唯一一所211高等中医院校,北京中医药大学在开展中医对外交流以及中医外语翻译和传播等方面做出了积极贡献。

(1) 大力研发中医英语(双语)教材

1994年,北京中医药大学受国家中医药管理局科技教育司的委托,编译《高等中医药院校英汉对照中医本科系列教材》,由龙致贤教授主编。该套教材先行编写了一本《汉英中医药学词典》,1994年由中医古籍出版社出版,该词典成为翻译该套教材术语英译的基础和标准,是国内首套考虑到术语英译统一问题的教材。

进入21世纪以来,北京中医药大学主编出版了以全国第五版中医药统编教材为蓝本的英汉对照系列丛书,该系列丛书由上海科学技术出版公司出版。

北京中医药大学人文学院下设的中医英语传播与研究中心在方廷钰教授的领导下,致力于中医英语和中医翻译的教学研究工作,先后编写出版了《英语常用词词典》、《新汉英中医学词典》、《新汉英中医学词典(第2版)》、《21世纪大学中医英语教程》、《基础中医英语》、《临床中医英语》、《中药英语教程》等词典、教材。

(2)审时度势,开设相关专业,培养吸收对外交流型人才

北京中医药大学开设的中医学七年(针灸推拿对外交流班)专业专门培养能够进行高水平对外交流的针灸推拿人才。目前,北京中医药大学拥有在校各专业、各层次留学生1062名,约占学校全日制在校生人数的10.02%,居北京地区高等院校和全国中医院校之首。同时在教育层次上,由最初单一的本科教育,发展成为本科生、七年制、硕士研究生、博士研究生、预科生、进修生等多层次教育体系。

(3)强强联合,积极推动海外联合办学

1991年,北京中医药大学与日本中医振兴协会合作,率先创办了北京中医学院(原北京中医药大学)日本继续教育分院,由此开辟了中医院校海外分校办学模式。1997年,北京中医药大学与英国密德萨斯大学(Middlesex University,MU)合作,率先在境外开办了中医学本科学历教育。2010年,与澳大利亚皇家墨尔本理工大学、新西兰怀阿里奇理工学院、意大利锡耶纳大学、马来西亚国际医科大学、泰国柯叻学院、全球传统医学大学联盟校、奥地利因斯布鲁克医科大学、南非祖鲁大学、南非医学研究理事会等签署了合作协议或合作备忘录,完成与英国密德萨斯大学、奥地利格拉茨医科大学合作协议的续签工作。

(4)推陈出新,扩大海外影响

北京中医药大学分别在日本和德国建立了中医药孔子学院,其中日本学校法人兵库医科大学中医药孔子学院是国家汉办在全世界开设的第三所、亚洲开设的第一所中医药孔子学院,也是第一所在发达国家医科大学设立的孔子学院。北京中医药大学获批国家汉办"汉语国际推广———中医药文化基地",外交部"中国—东盟中医药教育培训基地",并分别在澳大利亚悉尼和美国马里兰州建立了"中医中心",建立集中医医疗服务、教育、研究与文化交流为一体的综合平台。

1.4 中医出版机构

1.4.1 中国中医药出版社

中国中医药出版社是直属于国家中医药管理局的唯一国家级中医药专

业出版社,成立于1989年。建社以来,中国中医药出版社累计出版图书3000余种,极大地提高了中医在中国和世界的影响力。其出版的具有代表性的中医翻译书籍是谢竹藩教授主编的《中医药常用名词术语英译》。

1.4.2 人民卫生出版社

人民卫生出版社是中华人民共和国卫生部直属的中央级医药卫生专业出版社,成立于1953年6月1日,是中国规模大、实力强、出版品种多的医学出版机构。1978年,人民卫生出版社出版了《英汉医学词汇》,以西医为主,词典后面附有针灸穴位名称、中草药拉丁学名、中草药药材名。该词典由国家卫生部组织编写,是对早期中医名词术语英译的一个总结性工作。

1987年,《汉英医学大词典》出版,其中的"中医中药词汇"达11000条(张登峰,2006)。该词典的出版满足了广大医学工作者、学习者的学习需要,作为一部大型医学工具书,涵盖了医学的各个领域,对中国医学的发展和对外交流起到了积极的促进作用。

2000年,朱忠宝编写的《中医英语基础》出版。所选内容典型、实用,既注重了科技英语翻译的共性,又注意到中医英语本身的个性特点,且注释规范精练,体例清晰完备,对中医英语学习及其规范化有较大指导意义。

2008年,《中医基本名词术语中英国际对照国际标准》出版,该书收录了6526个中医名词术语,包括中医理论、诊断、治疗、中药、方剂、针灸、临床各科等词汇,受到学界高度重视,被国内外文献多次引用。

1.4.3 外文出版社

外文出版社成立于1952年,是我国主要的对外出版机构。2002年9月,外文出版社出版了由谢竹藩等学者主编的《新编汉英中医药分类词典》。该词典是编者在国家中医药管理局"中医药名词术语英译标准化"课题研究的基础上重新编著而成,收录词目7010条,其中6630条为中医药名词术语,380条为常用引文。全书词目按中医教材分类编排,既是严谨、实用的工具书,亦可作为微缩的中医全书阅读。书末附有4种索引,以方便读者从不同角度检索查阅。

1.4.4 高等教育出版社

高等教育出版社创立于1954年,是教育部所属的出版全国高等教育、职业技术教育和成人教育教材的综合性大型出版社。1990年,高等教育出版社推出了徐象才主编的《英汉实用中医药大全》丛书。该丛书包括《中医学基础》、《中药学》、《方剂学》、《单验方》、《常用中成药》、《自我保健》等21个分册,全书英汉两种文字合计近600万,该丛书的出版发行大大促进了国内中医英语教育的发展、中医外向型人才的培养和中国医药学的对外传播（凡星，1991）。

1.4.5 科学出版社

科学出版社是中国最大的综合性科技出版机构，2003年出版了李磊主编的《中医英语》（21世纪高等教育重点建设教材）。该书总结并汲取了近年来中医英语在各中医药院校的教学经验和研究成果，并在吸收中医英语翻译领域学术成果的基础上编著而成。

1.4.6 中医古籍出版社

中医古籍出版社是由国家中医药管理局主管、中国中医研究院主办的国家级出版社，主要出版中医古籍珍本、现代中医药系列图书、医学院校教材等。近年来，在中医英汉翻译著作的出版方面，也做了大量的工作。2004年，罗磊编著的《现代中医药学汉英翻译技巧》由该社出版，本书通过对比汉英两种语言和大量的译例，介绍了现代中医药学汉译英的一些常用方法和技巧，介绍了中医药学文献的机器翻译。

1.5 学会组织

1.5.1 世界中医药学会联合会

世界中医药学会联合会是国际性学术组织，2010年主办了"首届国际中医翻译与出版编辑学术会议"，提出"国际中医翻译与出版必须要保持纯正、突出特色"，并倡议制定、推广国际较为公认的中医翻译原则，要力求"信、达、雅"，并遵守对应性、简洁性、同一性、约定俗成性和使用汉语拼音名作为中药名、方剂名、穴位名翻译标准使用，或将汉语拼音名与中药拉丁名、方剂英译名、穴位代码并列作为翻译标准使用。以传播纯正的中医药知识、推动中医药在世界范围内的发展作为中医国际出版的目标，与中医翻译界通过信息共享、专家库共建、项目合作等方式进一步加强合作。

1.5.2 中华中医药学会

中华中医药学会是我国成立最早、规模最大的中医药学术团体，该学会积极开展与国际及港澳台地区的学术交流与合作，加强同有关国家及地区学术团体及学者的联系，多次组织专家学者赴欧美国家参加中医药学术研讨会。中华中医药学会翻译分会吸收全国高等中医药院校的专家、学者，定期举办学术交流活动，就中医英语教育、中医翻译等问题进行研讨，2015年出台了《中医英语水平考试大纲》。

1.6 中医期刊(英文)

中华中医药学会和中国中医科学院联合主办的《中医杂志》英文版(*Journal of Traditional Chinese Medicine*,简称 *JTCM*)于 1981 年创刊,是以刊登中医药基础及临床科研成果为主的中国传统医学综合性学术刊物,被国际知名文献数据库 MEDLINE、CA《化学文摘》、EM《荷兰医学文摘》、SCI-E《科学引文索引》扩刊版等收录。

2. 翻译实践

2.1 早期的翻译实践

20 世纪初到新中国诞生是中医药翻译与研究在西方深入发展的时期。这一时期,中国与西方在医学领域的交流日益频繁,中医药译著的出版由国外逐渐转向国内。

20 世纪 70 年代初期,针刺麻醉术在外科手术中的应用获得突破性进展,这在美国等西方国家引起轰动,从而掀起了一些海外人士学习中国针灸的热潮,一些国家开始派遣人员来华学习中医。为了适应这一需要,有关方面组织专家学者翻译出版了一些中医教科书,如中国中医研究院(现更名为中国中医科学院)组织翻译出版了《中国针灸学》等专著。这一时期,拉丁语彻底退出了中医药翻译舞台(王朝辉,1995),中医药经典著作翻译首先在官方的组织下进行,大部分中医术语被译为英语,对以后的翻译工作有现实的指导意义(张登峰,2006)。

20 世纪 80 年代(包括 70 年代末的几年),随着我国对外开放政策的实行,国内外从事中医药翻译和研究的学者越来越多。经过多年努力,北京中医学院(现北京中医药大学)于 1980 年出版了由谢竹藩、黄孝楷主编的供内部使用的 *Common Terms of Traditional Chinese Medicine in English*(《汉英常用中医药词汇》)。该词典是目前所知最早编写的中医英语词典,是中医名词术语英译标准化起步阶段的标志之一。这也标志着中医药翻译事业从纯粹的实践活动走向理论研究。

至此,中医药翻译事业朝着全面健康的方向努力发展:一方面结合翻译实践与理论研究,并将研究结果服务于教学和翻译实践;另一方面重点开展中医经典著作翻译,探索传播民族医学文化真谛。

2.2 期刊的推动作用

由国家中医药管理局主管,中华中医药学会和中国中医科学院联合主办的 JTCM 及时和准确地向世界报道中医药的重大科研成果,推动了中医药的学术进步和世界性中医热的进程,并为中医药英文翻译规范的建设进行大量开拓性工作,促进了中医药在世界范围内的沟通和交流。

涉及中医翻译研究的国内期刊主要是中医类期刊,另有少量外语类期刊。有的期刊专门开辟了"中医翻译研究"专栏。例如,《中国中西医结合杂志》自 1992 年开始开辟"中医英译"专栏(周恩,2008),有力地促进了中医翻译的发展。近年来,《世界中医药》、《环球中医药》、《国际中医中药杂志》、《世界中西医结合杂志》等也逐渐刊登中医翻译方面的研究文章。

2.3 翻译协会的设立与活动

1996 年,为适应中医药对外交流的需要,加强中医药理论与临床翻译工作的管理,中华中医药学会翻译分会成立。2006 年,中华中医药学会翻译分会组织编写了《新世纪中医英语教程》,覆盖主要的中医理论和临床实践,全部课文均来自英美学者的原文。2008 年成立的世界中医药学会联合会翻译专业委员会通过开展中医翻译学术研究、标准化研究和项目合作等方式,成为联系和团结国内外中医翻译与教研人员的纽带和桥梁。

2.4 中医名词术语标准化、规范化建设

2004 年 10 月 20 日至 21 日,中国"首届中医药学术语国际标准研讨会"在北京举行。会议期间,崔昇勋博士做了题为《制定国际中医药名词术语标准化的需求》的报告。2006 年 6 月 24 日至 25 日,世界中医药学会联合会主席会议在北京召开,讨论审议了《中医基本名词术语中英对照标准草案(修订稿)》,进行了 10 余次反复修订后,完成了《中医基本名词术语中英对照标准审定稿》,翻译原则去掉了回译性。2008 年,人民卫生出版社出版了《中医基本名词术语中英对照国际标准》。同时,开展了多语种 ISN(中医基本名词术语)的研制工作。

北京大学谢竹藩教授在中医名词术语翻译标准化研究上做出了重要贡献。他编著了《汉英常用中医药词汇》、《汉英中医药分类辞典》、《新编汉英中医药分类词典》等。从 1987 年起,谢竹藩教授在英文版《中国中西医结合杂志》"TCM Terminology"(中医术语)栏目上连续发表"Selected Term in Traditional Chinese Medicine and Their Interpretation"(词义选择及翻译),共

16期；从2002年起，他又在该杂志"On Standard Nomenclature"（术语的翻译标准）栏目上连续发表"On Standard Nomenclature of Basic Chinese Medical Terms"（中医基本名词术语的翻译标准）。他还在《中西医结合杂志》"中医英译"栏目上发表"中医基本理论名词术语英译"（1992）和"关于中医名词术语英译的讨论"（2000）等文章。另外，他还主持了国家中医药管理局批准的"中医药名词术语英译标准化研究"，取得了丰硕成果（罗磊，2004）。

为适应我国中医药事业发展的需要，促进中医药学名词规范化，2000年经全国科学技术名词审定委员会批准，成立中医药学名词审定委员会（简称中医药名词委）。第一届中医药名词委制定了组织章程和名词审定总体计划以及《中医药学名词审定原则及方法》、《中医药基本名词英译原则及方法》等规范守则。第一届中医药名词委完成审定了中医药学基本名词5284条，包括中文名、英文名、注释（白茅，2004）。其成果《中医药学名词》由全国科学技术名词审定委员会公布，2005年由科学出版社出版①。

3. 理论研究

中医翻译活动经历了漫长的历史发展过程，在改革开放以来的三十多年间，中医翻译在词（辞）书、系列丛书、翻译理论的形成、教材与教学等方面取得了巨大成就，且研究方向也从原来的翻译实践为主转向翻译实践和理论并重。中医院校、相关的中医机构、期刊开始重视中医翻译研究，并取得了可喜成就。中医翻译理论研究的焦点问题是中医名词术语英译的标准化问题。《中国中西医结合杂志》自1992年开辟"中医翻译"专栏以来就成为探讨中医翻译的主要园地，很多学者开始在专栏中探讨中医名词术语英译的原则、方法及标准化问题。例如，谢竹藩教授先后写了"On Standard Nomenclature of Basic Chinese Medical Terms"和"Selected Terms in Traditional Chinese Medicine and Their Interpretations"系列文章，逐一探讨了一些基本中医名词术语如阴阳、气血、津液等的翻译，从这些论文中我们可以窥见谢教授提倡的中医基本名词术语翻译理论、原则和方法。中国中医科学院西苑医院的姜坤在"中医妇科基本名词术语英译的探讨"一文中探讨了150个中医妇科基本名词术语的英译，并提出了中医妇科基本名词术语英译的原则和方法。北京中医药大学的陈家旭教授在《对中医英译的几点看法》和《中医英译的问题、难点与原则》等文章中也探讨了一些中医基本名词术语的译

---

① 中医药学名词审定委员会简介[EB/OL].[2014-1-21]. http://www.cttcm.com.cn/jgjs.htm.

法,提出中医英译应采取"通其可通,存其互异,不求强通"的原则。北京中医药大学人文学院的陈锋在《关于中医英译规范化的研究》一文中也谈论了自己对中医英译原则、方法等问题的看法。从这些论文中我们可以看出,在探讨中医名词术语英译的过程中,北京地区的中医工作者和翻译者在中医基本名词术语英译的原则和方法方面已经基本达成共识,即认为中医基本名词术语的英译应遵循对应性、简洁性、约定俗成性、回译性、同一性等原则,采取直译、意译、音译相结合的方法。近三十多年来在中医翻译领域受到学者广泛关注和探讨的中医英译的主要理论依据包括:异化和归化理论、功能对等理论、关联理论、图式理论等。

作为中国的政治、经济、文化中心,北京也是中医药走向世界的窗口。国家中医药管理局、北京市中医管理局、世界中医药学会联合会作为中医药发展的管理、学术机构不断为中医翻译提供科学研究和对外交流的平台。中国中医研究院王永炎、梁菊生、朱建平主持了国家科技基础性专项研究项目"中医药基本名词术语规范化研究",此研究圆满完成了4000个中医药基本名词的汉文名、英文名的规范及其数据库建立。在项目成果《中医药基本名词》中,对5284个汉文、英文名的规范,对5261个名词的注释以及建立的相关数据库、研究论文等均达到国内领先水平。该项研究所规范的名词术语已经被新版国家《药典》配套书《临床用药须知》、国标《中医基础理论术语》、新版《现代汉语词典》、新版《中医大词典》及"中医药科技数据库"等相关研究项目所采用,并显示出良好的应用前景及社会效益(白茅,2004)。更为重要的是,作为世界上第一部正式出版的中医名词术语中英对照国际标准,《中医基本名词术语中英对照国际标准》具有国际中医药标准化建设里程碑的重要作用。该中英对照标准在英译方面具有以下特点:一是突出中医特色,强调对应性;二是具有广泛的国际性;三是词条覆盖面广、重点突出;四是在世界上首次确定将汉语拼音作为上述三类1500多个中医药名词术语的第一翻译标准,这对保持翻译的中医特色、促进国际中医学术交流等均有重要的促进作用;五是制定了中医疾病名称的英译"双译法",如某中医病名与唯一的西医病名相对应,直译中医病名,并将对应的英文西医病名放在括号内,置于中医病名之后。这些重要的科研项目不仅得到了国家的科研经费支持,还汇集了本行业顶尖专家学者的智慧,其出版的词典、论著对中医翻译及中医药的对外交流与传播具有极大的指导意义和推动价值。

4. 代表人物

4.1 陈可冀

陈可冀院士是中医及中西医结合专家,先生在长期从事中西医结合心血管病及老年医学研究过程中,还积极关注推动中医药走向世界和中医翻译工作。先生在《中国中西医结合杂志》1992年第12卷第7期的《中医基本理论名词术语英译探讨(二)》一文中总结了中医基本理论名词术语英译的方法。他指出,在中医英译过程中,对于与西医无矛盾的、可通用的中医术语,可以尽量采用西医词汇,哪怕大体类似亦可;有些中医术语西方没有类似的词汇或概念明显不同,可以采用意译或音译;中医五脏定义与现代医学明显不同,直译时,首字母应该大写,且随后在括弧中加上汉语拼音。陈可冀先生认为,中医英译中"求同易、统异难。由于中医学术语歧义性或模糊性词条较多,翻译时难免难于用一词而祈求表达多意,真正做到准确是有困难的,这就要求在专业范围内多多思索并推理"(陈可冀,2002)。因此,他在为魏迺杰主编的《英汉·汉英中医词典》所做的序言中谈道:"毫无疑问,要推进中国医学的国际化首先必须致力于中医词汇学的跨文化理解、沟通,在辞书编纂与翻译规范方面做大量筚路蓝缕、开启山林式的工作,以期不断有新的建树。"由此可见,先生很早就意识到了中医翻译的困难所在以及研究者应该在哪些方面努力寻求突破,可谓中医翻译研究的先锋。

4.2 谢竹藩

1946年,谢竹藩毕业于北京大学医学院,在中医内科基础理论,特别是中医寒热辨证的本质、中西医学的哲学思想、方法论及内科的诊断和治疗等方面,均有深入研究,是中国中西医结合研究会发起人之一。其英文《中医学讲义》曾被誉为沟通中西医学的权威性的著作之一。主编有《汉英常用中医药词汇》、《汉英中医药分类辞典》、《新编汉英中医药分类词典》等著作。

谢教授致力于研究中医基本名词术语英译标准化,在1998—2003年期间先后撰文20多篇,逐一探讨各中医基本名词术语的标准译法,为后来的中医名词术语标准化研究提供了很好的借鉴。除此之外,谢教授还多次发文对魏迺杰主编的《实用英文中医词典》进行了评论。魏迺杰编写的《实用英文中医辞典》是以一般认知、不需要任何专业知识或设备便能加以了解或确定作为界定西医名词用于中医英文词汇的标准,严格的专业名词即使与中医概念吻合也不得使用。谢教授认为，魏氏在辞典中有意无意地使用了许多不恰当的西医名词，更重要的是很多现成的英文对应词由于是专业名词而被舍弃，取而代之的则是按汉字直译的令人费解的中式英文词。魏氏一味推行其仿造的英文词，不仅未能反映中医原义，而且造成英文词汇的混乱。"其所谓给西方人展示的中医真实面貌，实际上只是一些中文构词习惯和比喻，认为这就是中医的精华，实质上是只承认中医乃一种通俗的东方文化而不是真正的医学。"（谢竹藩，2005）由此可见，谢教授反对魏迺杰先生直译式的仿造中医英文词汇，更主张依据不同术语的特点分别采用直译、音译、意译等方法翻译。

4.3 方廷钰

方廷钰，北京中医药大学教授，世界中医药学会联合会翻译专业委员会首席顾问，中华中医药学会翻译专业委员会荣誉顾问，享受国务院特殊津贴专家。在国内外出版多部著作。20世纪70年代起，负责编写商务印书馆出版的《汉英词典》中的中医药词条，1988年由美国哥伦比亚大学出版社出版的《中国传统医学精要》英译本是中国大陆学者在美国翻译出版的第一部系统介绍中医的专著。多次为硕士、博士生编写修订中医药英语教材，主持WHO传统医学大会和其他中医国际会议翻译并赴欧美参加学术会议介绍中医。

方教授曾担任《汉英医学大词典》中医部分的译审，《中国梅花针》、《中国针灸学》英译本审稿人，2005版《中国药典》中药部分副主编，主持翻译《中医基础理论》、《中医诊断学》、《中医肛肠学》、《中医治疗癌症100例》、《元宝气功》、《中医成人推拿》、《中医小儿推拿》、《中医诊断学》、《头皮针疗法》、《皮肤针》、《中医历史与哲学》等，主编出版了《新汉英中医学词典》、《新汉英中医学词典（第2版）》、《医学缩略语速查词典》、《中医英语300句》、《基础中医英语》、《临床中医英语》、《中药英语教程》、《中医英语视听说》等。

方教授一直奋斗在中医英语教学和中医翻译研究与实践的第一线。在中医英语教学方面，方教授不仅积累了丰富的中医双语教学经验，还不断探索中医药院校中医英语复合型人才的培养模式。就中医翻译研究而言，方教授认为中医翻译需要五个基本条件：(1)普通英语水平，语义能力的搭配性；(2)汉语和医古文水平；(3)中西医药知识；(4)西医词汇；(5)中医英语表达法。在中医名词术语翻译层面要做到：(1)信、达；(2)对应性；(3)简洁性；(4)约定俗成；(5)回译性；(6)不要轻易造词。在中医句子文章翻译方面要做到：(1)信、达、雅；(2)汉英中医词典仅作参考，翻译时要随机应变不要死搬；(3)注意词的搭配性、语义上的相容性；(4)以动词、形容词、名词为中心的翻译方法；(5)中医四字句的翻译要译成名词性短语不要译成句子(方廷钰，2005)。在中医翻译实践中，方教授带领团队独创的北京中医药数字博物馆(英文版)于2008年上网运行，这是世界上唯一的图文并茂的中医药英语数字博物馆，荣获2011年联合国教科文组织世界峰会大奖，享誉国内外。英文翻译为该馆的一大特色，此举是中医药发展史上的一项创新与飞跃。各馆中医术语的英文翻译基本统一、风格一致，语句简短流畅，语法规范，拼写正确。此馆的规范翻译必将为国内外中医著作的翻译提供借鉴。

4.4 陈 恳

陈恳教授曾担任世界卫生组织太平洋岛国技术支援司司长兼世界卫生组织驻太平洋岛国首席全权代表，毕业于安徽医学院和北京中医学院，读研时师从京城名医刘渡舟教授，毕业后长期从事中医教学、科研和临床工作，先后在安徽中医学院诊断教研室与北京中医学院金匮教研室任教。20世纪80年代开始，他用英语给外国留学生讲授中医、中药、针灸，并曾数十次到欧美国家讲学，成为国内最早直接用英语传授中医的中医师。1990年到世界卫生组织工作，历任世界卫生组织西太平洋地区主管传统医学的医学官员；主管传统医学、医疗技术、输血安全、卫生科研与世界卫生组织合作中心的世界卫生组织资深医学官员；世界卫生组织驻太平洋岛国首席全权代表(WHO驻国大使)和世界卫生组织太平洋技术支援司首任司长兼世界卫生组织驻太平洋岛首席全权代表，全面负责世界卫生组织在22个太平洋岛国的工作。退休回国后，他继续担任北京中医药大学教授，并先后应邀担任世界卫生组织、世界中医药学会联合会、卫计委卫生发展研究中心、中央财经大学卫生经济研究所顾问。此外，曾在中医杂志上发表数篇学术论文，并合著由外文出版社出版的 *Handbook to Chinese Auricular Therapy*(《传统中国耳针疗法》)，*TESTS Chinese Acupuncture and Moxibustion*(《中国针灸试题集》)和由 DAIHAK Publishing Company 出版的 *Traditional Medicine in the WHO Western Pacific Region*(《西太平洋区的传统医学》)。

在负责世界卫生组织西太平洋地区传统医学期间，陈恳教授组织制定了西太平洋地区传统医学战略规划，该战略规划获得第52届世界卫生组织西太平洋地区委员会的通过，成为整个世界卫生组织制定的第一部有关传统医学的战略规划；帮助有关国家和地区制定支持传统医学的政策法规，包括当前仍在新加坡等国执行的支持使用中医的政策和法规，以及老挝、蒙古、柬埔寨等国支持使用本国传统医学的政策,并为太平洋岛国制定 Apia Action Plan on Traditional Medicine in the Pacific Island Countries,以促进传统医学在太平洋岛国的使用;为促进合理、安全地使用传统医学,制定、编写、出版了 Guidelines for the Appropriate Use of Herbal Medicine 和 Traditional and Modern Medicine: Harmonizing the Two Approaches;提倡充分利用传统医学行医者在初级保健中的作用,组织编制了 Training Package for Practitioners of Traditional Medicine;提倡保留、记录各国传统医学知识,组织编写、审阅和出版了 Medicinal Plants in Vietnam、Medicinal Plants in the Republic of Korea、Medicinal Plants in the South Pacific 和 Medicinal Plants in the Papua New Guinea,再版 Medicinal Plants in China。组织起草和出版了 Research Guidelines for Evaluating the Safety and Efficacy of Herbal Medicines 以及 Guidelines for Clinical Research on Acupuncture,以提高传统医学的研究水平,并在多国举办传统医学科研方法研讨班;提倡传统医学标准化工作,完成了 Standard Acupuncture Nomenclature (second edition) 的审稿和出版,并启动 WHO Standard Acupuncture Point Locations 制定工作;在有关国家推行对草药不良反应的监测,组织了由中国、越南、韩国、澳大利亚、新加坡等国家和地区药物监管当局参加的草药协调论坛。在负责世界卫生组织西太平洋地区传统医学期间,还组织、参与了几十个大型传统医学国际会议、各类专家会议、各种主题的研讨会和培训班。近年来,在有关报刊发表关于中医发展、中医走向世界与国际传播等方面的文章,积极推动中医对外传播事业。

4.5 朱建平

朱建平教授是中国中医科学院中国医史文献研究所研究员、副所长、博士生导师,主要从事中国医史文献研究和中医药名词术语规范研究。其任主编助理的《中医大辞典》获国家科技进步三等奖,《中医药基本名词术语规范化研究》获 2004 年中国中医研究院科技进步一等奖。其参与的中医药名词术语规范化研究和词典编撰大多采用中文词条后附相应的英文名(中医特有的名词术语若无对应的英文名,可采用意译或汉语拼音)这种编撰体例,因此在厘定中医名词术语含义的同时也有利于其英文译名的标准化。中医药名词英译是规范与审定的主要内容。在此过程中朱建平教授及其研究团队制定出了《中医药基本名词英译原则及方法》,提出了名词英译的六原则,即对应性、系统性、简洁性、同一性、回译性、约定俗成性(朱建平,2003)。力求英译"信、达、雅",既要"形似"更要"神似",使外国人能正确地学习和了解中医药学。在研究中医病名英译方法过程中,朱建平教授依据中西医病名的对应关系,提出了首选意译、次选直译、控制音译和多种译法结合的翻译策略(朱建平,2008)。

5. 学科建设

北京作为祖国的首都,是国内外学术文化活动最为繁忙的交流中心之一。其中从事中医药英语学术研究的机构除了世界中医药学会联合会、中华中医药学会和中国中医科学院中国医史文献研究所之外,就是北京中医药大学。

北京地区的中医药英语学科建设,最具有代表性的是北京中医药大学人文学院。1999年,李照国教授撰文指出,"中医英语是一门正在形成中的新学科"(李照国,1999),属专门用途英语范畴。就北京中医药大学而言,中医药英语学科建设起源于它的英语(医学)专业建设工作。北京中医药大学人文学院的前身是文法系,组建于2003年7月,2007年9月更名为人文学院。学院下设英语系、法律系、社科部、公共外语部和综合办公室,另设中医英语传播研究中心和卫生法学研究中心。人文学院现开设的英语(医学)专业起步早、发展快,一直处于全国同类院校的前列。自2003年北京中医药大学首次招收了英语(医学)专业学生以来,至今已有14年办学经验,其英语(医学)专业培养方案历经3次修订,日趋完善。在基础英语知识和技能的基础上,构建了较为完备的医学英语课程体系,目前已经有10届毕业生,2015年起,增设英语专业中医药国际传播方向。开设课程包括《医学英语词汇与阅读》、《医学英语翻译》、《医学英语应用文写作》、《中医术语翻译》、《中医英语阅读》、《医学英语听说》、《传播学概论》等,培养了一批能够从事医学英语教学和翻译工作的教研人员。

2005年,中医药英语传播与研究中心成立,该中心开展了建设中医药数字博物馆(英文版)等多项实务性工作。2010年,北京中医药大学申报北京市重点学科"中医人文学"(交叉学科)获得批准,学科研究方向之一为"中医药英语研究与国际传播",使学校在中医药英语教材/词典编写、中医药国际交流与对外合作等方面进行了许多开创性的工作,提供了学科建设的研究基础和人员队伍。

2011年,北京中医药大学在二级学科"中医医史文献"专业硕士点中增设"中医外语研究"方向,招收了首批中医外语研究硕士研究生3名。同年,北京中医药大学举办了"全国中医院校英语教学及人才培养高层论坛",提出了在学校"十二五规划"建设中将医学英语学科与中医、中药和中西医结合国家级重点学科进一步结合并发展壮大的美好愿景。

2012年9月,北京中医药大学申报的"中医药英语"获得国家中医药管理局批准,成为国家中医药管理局"十二五"中医药重点学科(培育学科)。自此,"中医药英语"成为一个获得官方正式认可的学科名称。2012年12月,教育部批准北京中医药大学自主设置目录外二级学科"中医药外语",标志着北京中医药大学有了"中医药外语"独立硕士点,主要研究方向为中医翻译研究、中医对外传播交流研究和中医外语教育教学研究,并于2014年开始独立招收硕士研究生。截至目前,拥有硕士生导师12人,在读硕士15人,已毕业5人。

其中中医药翻译研究方向以翻译学、语言学等理论体系为指导,进行中医翻译理论与实践的研究,重点是中医术语翻译标准化和中医药文献翻译研究。学术梯队、研究方向、人才培养、学科平台和科学研究是学科建设的主要内容。北京中医药大学经过十余年的努力,搭建了三个研究平台:北京市重点学科"中医人文学"(交叉学科)、国家中医药管理局中医药重点学科"中医药英语"(培育学科)和教育部目录外二级学科"中医药外语"。中医药英语学科队伍共44人,其中教授9人(20.45%),副教授11人(25%),讲师18人(40.9%),助教6人(13.64%);凝练了中医英语翻译、中医对外交流与传播和中医英语教育教学三个研究方向;建立了本科、硕士研究生两个层次的培养体系。

6. 未来展望

随着全球一体化进程的加速,中医对外交流日趋广泛。国务院在《关于扶持和促进中医药事业发展的若干意见》(国发〔2009〕22号)中提出推动中医药走向世界的战略性意见。2011年,国家中医药管理局在《中医药对外交流与合作中长期规划(2011—2020年)(讨论意见稿)》中强调:"发展多种形式的中医对外医疗合作,扩大中医药国际货物服务贸易;全面推进中医药国际教育,大力开展中医药国际科技合作;构建中医药国际标准制定体系框架,进一步推进中医药文化国际传播。"2013年8月,习近平主席在全国宣传思想工作会议上指出,要创新对外宣传方式,讲好中国故事,传播好中国声音。2016年8月,国家中医药管理局发布《中医药发展"十三五"规划》,提出要开展中医药文化传播新媒体建设,积极推动中医药海外发展。同年12月,国家中医药管理局、国家发展和改革委员会共同发布《中医药"一带一路"发展规划(2016—2020年)》,到2020年,我国将"与沿线国家合作建设

30个中医药海外中心,颁布20项中医药国际标准,注册100种中药产品,建设50家中医药对外交流合作示范基地"。

北京作为首都将担负起表率作用,然而具备国际交流能力的中医药人才还比较稀缺,中医药人才队伍的国际竞争力和影响力还不能满足中医药走向国际的需求。由此,为推动中医国际化进程,适应医学经济全球化趋势,建立和发展中医药英语学科,大力培养既懂英语又懂中医药专业知识并能够开展中医药卫生事业对外交流服务的高级复合型人才成为必然要求。

学科建设是高等学校的一项根本性建设,是学校改革和发展的龙头。当前通过学科建设提高大学人才培养的质量和科学研究的水平,进而向世界知名的高水平大学或世界一流大学迈进,是摆在我国高校面前的一项十分紧迫的战略任务。

现代学科发展的趋势是学科既高度分化又高度综合,边缘学科、交叉学科、综合学科的成批涌现,使学科之间"你中有我,我中有你",打破了学科非此即彼的界限,朝着整体化方向发展。在这种情况下更是要找准学科之间的切入点和结合点,使之相互贯穿。

北京地区的中医药英语学科建设将立足现代科学发展前沿,审视中医药英语学科发展优势,在继承和发展语言学、翻译学、跨文化交际学基本理论的同时,吸纳现代研究技术与方法,整合不同学科的理论和方法,开阔研究思路,拓展研究领域,展开具有指导中医药英语学科学术发展、利于科研成果转化的高质量科学研究。以高质量的科学研究成果解决中医药翻译、中医药国际传播与交流、中医药英语教育教学等方面的实际问题,为促进中医药英语学科领域的学术发展提供依据。

北京地区的中医药英语学科建设和发展将以北京中医药大学为依托,以人文学院为主体,和中医药管理部门和实务机构广泛合作,按照中医药英语学科发展总体规划,通过十年建设,力争成为学科特色较为明显、学术梯队较为合理、教学体系较为完善、学术水平居同类院校同领域领先地位的重点学科,争取完成"一个定位"、"两个完善"、"三个突破"、"五个重点培育"的重大目标。

(1) 一个定位

一个定位指学科定位。学科定位最为重要,它决定了一个学科建设和发展的目的和价值体现。中医药英语学科未来十年的定位将根据学校实际和行业、社会经济发展的要求不断反思和调整。在满足社会需求的前提下,进一步明确学科定位,坚持不断地凝练学科研究方向,做好学科内涵建设。

(2) 两个完善

两个完善指学科基地建设的两个项目。未来十年有两个基地建设项目需要建立和进一步完善,包括现有的"中医英语传播与研究中心"和与北京市中医药对外交流与技术合作中心合作成立的"北京市中医药专业人才对外交流培训基地"。这两个项目将在"中医药英语数字博物馆"的成果基础上,整合北京地区乃至全国的中医药英语研究和对外交流力量,开展更为深入的中医药英语传播和学术研究,并针对中医药专业人才的对外交流能力举办系统的培训活动,以提高北京市中医药对外交流人员的整体外语水平,从而为中医药国际文化、学术、贸易交流提供基础保证。

(3) 三个突破

专家、专论和专著是学科建立的三大标准。从学科建设的角度,一般认为,有一批成绩卓著的学者、至少有一本系统阐述该领域研究的理论专著和一个较为明细和统一的学科理论框架,是一个学科建立和确立的标志。而国际学者也提出学科界定的三个基本条件是要有学科成就、教科书/经典著作和学科共同体。在这三个标准和三个条件方面,北京中医药大学中医药英语学科建设才刚刚起步,需要实现行业内公认的三个突破,才能真正成为引领国内中医药英语学科建设的领头羊。

(4) 五个重点培育

学术梯队、研究方向、人才培养、学科平台和科学研究是学科建设的主要内容。学科建设最主要的内容就是使本学科在上述诸方面得到全面的拓展,并且具有相对持续的向高水平发展的趋势。中医药英语学科建设和发展将以上述五个方面为重点培育方面,主要内容简述如下:

① 学术梯队:学科队伍建设是学科建设的关键,建立和完善合理的学科梯队结构,着力培养学科带头人和学科骨干,并且注重培养学科发展后备力量。

② 研究方向:精心组织协调学科成员,紧紧围绕学科方向开展科研立项和学术研究。体现在科研立项、课题经费、发表的专著和论文(检索)以及各类成果等,均以主要研究方向为导向,集中财力、物力和人力进行重点突破。

③ 人才培养:根据我国高层次中医药人才教育发展规划和学校人才培养计划,结合本学科的培养能力,建设和完善中医药英语教育教学培养体系,积极促进教育教学改革。重点学科是研究生培养的基地。人才培养体系建设应包含人才所需要的课程建设、教材建设和实践基地建设等。

④ 学科平台:积极搭建中医药英语教育和研究平台,建立北京中医药学会对外交流工作委员会,建立中医药英语研究数据库,并与兄弟院校相关研

究团队和专家密切合作、互通有无,将科学研究导向深入。同时加强基础设施建设,保证教学设备、活动场所、图书资料室、教学实验室和配套设施有基本保障。

⑤ 科学研究:科学研究是学科建设的基础工程,是中医药英语学科建设中一项根本性的任务。围绕研究方向,积极申报科研项目,以科研项目为支撑,以提升科学研究水平为重点,以教学改革和创新带动科学研究,加强不同学科之间的协作,吸引、聚合科研力量,通过高水平项目的立项、运营以推进科学研究的发展,实现科研成果的明显突破,形成一批在本领域有学术影响力的高质量学术论文、研究报告及学术著作。

学科建设和发展是一个系统而长远的工作。北京地区中医药英语学科的建设尚处在初始阶段。虽然已经发展为一个独立的学科,但是在学科建设的许多方面仍然有待进一步完善,成就和危机俱在,机遇和挑战并存。在"人心向学"的系统工程中,凸显特色优势学科建设和发展,在确定学科定位范围内有目的、有方向、有重点地进行中医药英语学科建设,为中医药事业的可持续发展提供助力,成为全国高等中医药院校公认的一流水平的学科是我们今后努力的目标。

7. 结 语

北京地区的中医药翻译研究始于20世纪80年代。在近40年的发展中,北京地区的中医药管理部门、研究机构、教育机构、出版机构、学会组织以及挚爱中医翻译和对外传播的有识之士不断努力,为促进中医药翻译研究和国际传播做出了不可忽略的贡献。如今,随着国家中医药管理局"十二五"重点培育学科"中医药英语"学科和"中医国际传播学"学科的建立和发展,北京地区的中医药翻译和对外传播研究和实践将掀开新的篇章。

参考文献:

白茅."中医药基本名词术语规范化研究"项目通过验收[J].中华医史杂志,2004(2):124.

陈可冀.浅谈中医翻译[J].上海中医药杂志,2002(3):7—8.

凡星.(书讯)英汉实用中医药大全丛书出版[J].中西医结合杂志,1991(4):256.

方廷钰.中医翻译探讨[J].中医教育,2005(4):34—36.

李照国.中医英语——一门正在形成中的新学科[J].上海中医药大学学报,1999,13(3):527.

罗磊.10年中医英译的研究回顾[J].广州中医药大学学报,2004(5):410—414.

王朝辉,吕学铣,呼素华.中医药翻译的历史、现状及其任务[J].中国科技翻译,1995(2):43—47.

谢竹藩,刘干中,吕维柏,方廷钰,张庆荣,王台,王奎.评魏迺杰先生的《实用英文中医辞典》(续)——论中医英文词汇中的西医名词[J].中国中西医结合杂志,2005(11):1046—1049.

张登峰,薛俊梅,田杨,李琳.中医药翻译历史回顾与研究[J].陕西中医学院学报,2006(3):68—70.

周恩.中医翻译研究的现状与思考[J].中西医结合学报,2008(2):217—220.

朱建平.浅议中医药学名词术语的规范与审定[J].中医杂志,2003(2):247—249.

朱建平,洪梅.中医病名英译规范策略[J].中国科技术语,2008(2):18—24.

中医翻译及其对外传播史研究(山东篇)

孙 慧 范延妮 闵 玲①

(山东中医药大学 外国语学院,山东 济南 250355)

摘 要 齐鲁中医药文化源远流长,对外传播历史更是可追溯至秦朝。20世纪中叶以来,涌现出大批中医翻译专家学者,他们或远赴异国执教,或著书立说,或组织成立中医药文献翻译学术机构,为山东中医药文献翻译和中医药文化对外传播奠定了基础。进入新世纪以来,依托山东中医药大学外国语学院的学科优势和研究队伍,在中医古籍英译研究、中医英语翻译理论研究、中医英语教材和辞典编纂、中医文化对外传播理论研究、中医英语人才培养等方面都取得了显著成果,未来将继承发扬齐鲁优秀中医药文化,促进山东中医药对外传播事业的更大发展。

关键词 山东;中医药对外传播;中医英译

Research on the History of the Translations and International Dissemination of TCM in Shandong Province

SUN Hui FAN Yanni MIN Ling

(Foreign Languages College, Shandong University of Traditional Chinese Medicine,
Jinan 250355, Shandong)

Abstract Traditional Chinese medicine (TCM) developed early in Qilu area and its spreading history can be traced back to Qin Dynasty. From the middle of the 20th Century, there appeared a good many experts and scholars in the field of TCM translation and communication and they spared no efforts to spread TCM around the world by various means, such as going abroad to spread TCM by teaching, setting up their theories and publishing translation works, or establishing research organizations, thus laying solid foundation for the literature translation and communication of TCM in Shandong Province. Stepping into the new

---

① 作者简介:**孙慧**,女,教授,硕士,研究方向为语言学、英语教学及中医文化对外传播。**范延妮**,女,副教授,博士,研究方向为中医英译及中医文化对外传播、英语教学及教师发展。**闵玲**,女,副教授,硕士,研究方向为英语教学、中医英译。

century, the college of foreign languages of Shandong University of Traditional Chinese Medicine, with its discipline superiority and research team, made dramatic achievements in TCM translation research and practice, especially in the areas of TCM translation theory research, TCM English textbook and dictionary compiling, TCM communication theory research and TCM English talents cultivation. In the future, more efforts will be put into inheriting and developing Qilu TCM and promoting TCM communication cause.

Keywords Shandong; international dissemination; translations of TCM

1. 历史回顾

山东,古为齐鲁之地,位于中国东部沿海、黄河下游、京杭大运河的中北段,在古代是文化科学技术发达地区,也是中华医学的主要发祥地。相继在齐鲁大地上兴起的儒学、道学、阴阳学等哲学流派是中国医学发展的人文基础。"文为基础,医是楼",在齐鲁文化孕育下发展而成的齐鲁中医学不仅确立了"医乃仁术"的人本主义核心价值体系,也形成了中国医学独特的"儒医"现象,充实和奠定了中医学大厦,博得了北宋苏轼"我生本西南,为学慕齐鲁"之赞叹。

历史上山东名医辈出。商朝的伊尹、春秋战国的扁鹊、西汉的淳于意、魏晋的王叔和、北齐的徐之才、北宋的钱仲阳、宋金的成无己、清代的黄元御等,都是我国医药史上医术高超、誉享九州的人物。他们的著作和医学思想遍传海内、名播域外,甚至影响着世界医学的发展。西晋王叔和的《脉经》是对公元3世纪以前我国有关脉学知识的第一次系统化、规范化总结,也是我国医学史上现存第一部有关脉学的专著。唐代太医署把《脉经》作为医官必修课程。日本古代医学教育仿唐制,《脉经》被奉为经典。《脉经》还被传到西藏地区,通过西藏传入印度,并辗转传到阿拉伯国家,对欧洲的脉学发展影响深远。古波斯(伊朗)拉·阿·阿尔哈姆丹(1247—1318)编写的一部波斯文的医学百科全书《伊儿汗的中国科学宝藏》(13世纪—14世纪初)中,就有王叔和的名字,其中脉学方面的内容与《脉经》相似(陈邦贤,1960)。中世纪阿拉伯医圣阿森维纳(980—1037)的《医典》中有关脉学的内容大多数采自《脉经》资料(马伯英,2010)。

山东的中医药对外传播历史悠久,最早可追溯至秦朝,徐福东渡扶桑是中外医药交流的最早记录。"扶桑"即为今天的日本。徐福,秦朝方士,一般认为是今山东省龙口市徐福镇人,至今龙口市仍有徐福雕像。医史学家陈邦贤认为,"徐福率领童男女三千人入海求仙,并带有百工技艺及医人。徐福到了日本,这是医人把中国医术带入日本之始"(李经纬,1999),可见山东人徐福对中日双方文化及医学交流所发挥的桥梁作用早已得到了史学家的认同肯定。

时光荏苒,到19世纪下半叶,旅居山东的医学传教士尼勒和美国人聂会东等在传播西医的同时,也研究和使用了中医医疗技术,并向西方介绍了中医,为中西医交流发挥了积极作用。

20世纪70年代以来,山东中医药学的英译研究和对外传播进入蓬勃发展时期,取得了丰硕成果。首先,涌现出了一批中医英译的专家学者,以张奇文、徐象才、张恩勤等为代表,他们先后编著、翻译、出版了42部中医教材和词典。较有代表性的有徐象才教授主编的《英汉实用中医药大全》、张恩勤教授主编的《英汉对照实用中医文库》,这两套文库几乎涵盖了中医基础和临床各科内容。张奇文教授主编、孙衡山教授主译的《实用汉英中医词典》为中医术语英译标准化做出了贡献。

成立了中医翻译学术组织。20世纪90年代初期,徐象才教授率先发起成立全国性中医外语学术组织。1991年,全国第一个中医外语学术组织——中国中西医结合学会中医外语专业委员会在济南成立。在总会和徐象才教授的共同努力下,中医外语专业委员会先后两次召开了全国性的中医英译学术研讨会,打破了中医翻译界长期以来各自为学的局面,之后国内有关学术组织也相继建立起来。

其次,中医对外传播初见成效。张奇文教授自1989年始先后6次去澳大利亚传播中医学,对促进澳大利亚成为第一个将中医纳入正规教育的西方国家做出了重要贡献,被誉为"澳洲中医立法的有功之人"(兰凤利,2008),他本人被选为澳洲中医学院特聘资深教授及澳洲全国中医药针灸学会联合会名誉会长、学术顾问。

进入21世纪以来,山东中医药大学外国语学院和中医文献研究所依托雄厚的师资力量和文献资源,立足发扬光大齐鲁中医药文化,深度挖掘和系统梳理中医药文化的丰厚底蕴,加强对中医药文化的传承、利用和对外传播的研究,继续成为向海外介绍中医药文化的重要力量。在老一辈专家学者研究的基础上,山东中医药大学在"十二五"期间就建立了人文社会科学研究基地,并获批国家中医药管理局重点学科——中医文化学,其中包括中医文化对外传播方向。研究基地和重点学科的不断建设进一步提升和扩大了中医英译研究和对外传播的质量。近几年,在中医古籍英译研究、中医翻译理论研究、中医英语教材和辞典编纂、中医对外传播理论研究、中医英语人才培养等方面取得了显著成果,编著出版了《基础中医英语》、《中药英语教程》等教材,完成校级、省级中医英语研究相关课题数十项,发表中医英译学术论文30余篇。

2. 翻译实践

2.1 中医翻译实践方面的经验

山东中医药对外传播历史悠久,从秦朝的徐福东渡扶桑到19世纪旅居山东的医学传教士尼勒、聂会东等把中医药介绍给西方,再到20世纪70年代针刺麻醉的诞生,直至改革开放的今天编译出版了大量的经典文献和教材,这些实践活动为中医药对外传播、特别是中医翻译积累了宝贵的经验。

2.1.1 以我为主是中医翻译的灵魂

中医是中国传统文化的典型代表,在阴阳五行和整体观理论指导下,研究人体与环境关系,寻求人类的生理病理规律,探讨防治疾病的方法。中医学内容的独特性决定了中医翻译不同于文学著作,也不同于科技作品,它必须遵循以我为主的翻译原则,保持中医的本质和特色。例如,张恩勤教授主编的《英汉对照实用中医文库》在编译人员的安排上就坚持了以我为主的原则,中文部分是由邹积隆、赵纯修、隗继武、孙广仁、乔明琦、王国才等资深中医学教授编写,由周凤梧、李克绍、徐国迁、张珍玉等著名老中医审校,确保内容的规范性和准确性。翻译团队吸纳了英语和中医药两种专业背景的翻译人员,最终聘请澳大利亚的Beth Hocks、美国的Howard G. Adams等六位外籍教师对译文进行审校和润色,确保英语的地道性和可读性。从现有的译本来看,书中对中医抽象概念、中医术语、病症、中医诊疗方法、中医方剂和中药名、经穴名称、经典专著等采用了直译、意译、音译、音直结合、音意结合等翻译方法,没有拘泥于原文的形式,充分考虑和理解中医内涵,使译入语完整再现中医本质。以我为主是中医翻译的原则,为中医翻译提供了标准,积累了经验。

2.1.2 传播需求是中医翻译的导向

山东地区的中医翻译始终紧紧围绕中医对外传播的需求展开,具有前瞻性和开创性。20世纪70年代初美国总统尼克松访华后,美国兴起"针灸热",针灸逐步为许多西方国家所认可,国外急需中医针灸学的相关教材和工具书。山东医学院和山东中医学院组织专家学者,于1982年编译出版了《针灸穴位解剖图谱》,并译成英、日、法等语言,由山东科学技术出版社出版并发行到美、法、德、日等30多个国家和地区。这部作品结合了传统的针灸穴位学和现代解剖学,是国内外首创的科研新成果,具有极高的针灸临床价值,受到了国外同行的高度评价,至今仍是临床使用的工具书(文献研究所,

2008)。

中医对外传播经过 100 多年的发展,到 20 世纪 80 年代末和 90 年代初,国外逐步开设了许多中医院校和中医医疗机构,来华的中医留学生也越来越多,中医教材的翻译成为当务之急,山东中医药大学的张恩勤教授和徐象才教授于 1990 年率先出版了各自主编的《英汉对照实用中医文库》和《英汉实用中医药大全》,这两套大型的英汉对照中医教材的出版开启了国内系统翻译出版中医药教材的序幕,具有开创性意义,影响深远。

中医翻译经过 20 世纪 80 年代和 90 年代的逐步发展,越来越多的译者在翻译实践活动中意识到中医术语英译进行规范化对推进中医对外传播的重要性和必要性。山东中医药大学的孙衡山教授从 90 年代初就开始筹划编译汉英中医词典,用 10 年之功力进行中文约稿、英文编辑和翻译,于 2001 年出版《实用汉英中医词典》(张奇文,2001)。之后,2002 年到 2008 年之间全国多部汉英中医词典陆续出版,世界卫生组织西太区和世界中医药学会联合会也都发行了中医术语英译国际标准。

2000 年之后,在全国 23 所高等中医院校中有 13 所院校相继开设了英语专业,中医英语学科开始起步发展,中医药院校的双语教学和外向型教学也从无到有,逐步向前推进,中医对外传播人才的培养被提到了议事日程。为了适应这种教学需求,山东青岛的中国海洋大学出版社和山东中医药大学以及其他中医药院校联合,共同编译了《基础中医英语》、《中药英语教程》等教材,选取英美作者撰写的中医药文章为教学内容,旨在引导学生用地道的英语语言表达中医概念,训练中医英译能力,为中医药对外传播储备人才。以中医药对外传播需求为导向是中医翻译的动力,更是中医翻译的价值所在。

2.2 代表性翻译著作

2.2.1 《针灸穴位解剖图谱》

《针灸穴位解剖图谱》(*Anatomical Atlas of Chinese Acupuncture Points*)由山东医学院和山东中医学院《针灸穴位解剖图谱》编绘组编绘和翻译,山东科学技术出版社出版,1982 年第 1 版第 1 次印刷,1988 年第 2 版第 2 次印刷,1990 年第 2 版第 3 次印刷。该图谱采用活体测量与尸体解剖相结合的科研方法编绘而成,共有彩图 77 幅、黑白线条图 23 幅,内容包括三部分:第一部分介绍了十四经脉和奇经八脉的循行路线、所属经穴的定位以及主治病症,共标出 361 个穴位;第二部分是按人体的头颈、躯干、上肢、下肢四部分绘成,着重介绍了 231 个常用穴位与人体解剖结构的关系;第三部分介绍了126个耳针穴位的定位和主治病症等。该图谱不仅是一部具有实用价值的针灸临床工具书,也是一项古老的针灸穴位学与现代解剖学相结合的科研新成果,在国内外尚属首创,极具学术价值。

该图谱的英文翻译用词分为专用术语和普通词汇两类:(1)大部分的经络和穴位专用术语选用了外文出版社1975年出版的由中国中医研究院编译的 An Outline of Chinese Acupuncture(《中国针灸学概要》)中的译法。(2)普通词汇的翻译采用了国际通用的英语医学词典中的译法。此外,英译版还对中文版中的错误和穴位定位描述不准确的地方做了纠正,使图谱更加准确。对针灸穴位详尽、准确的描述与翻译使该图谱至今仍有极高的临床价值。该图谱不仅出版了英文版,还翻译出版了日文版和法文版,发行到日、美、法、德等30多个国家和地区,深受国内外针灸学习者和从业者的欢迎,极大地促进了针灸学在国际上的传播和应用。

2.2.2 《英汉对照实用中医文库》

《英汉对照实用中医文库》(A Practical English-Chinese Library of Traditional Chinese Medicine)由山东中医药大学张恩勤教授主编,1990年4月由上海中医学院出版社陆续出版,文库共包含14册:《中医基础理论(上册)》、《中医基础理论(下册)》、《中医诊断学》、《中药学》、《方剂学》、《中医临床各科(上册)》、《中医临床各科(下册)》、《中医养生康复学》、《中国针灸》、《中国推拿》、《中国气功》、《中国药膳》、《中医名贵药材》和《中国名优中成药》。

该文库是国内首套英汉对照实用中医文库,在理论上保持了中医学体系的系统性、完整性,突出了实用性和针对性,在内容上充分注意了基础理论与临床治疗的有机联系,在文字上力求中文简明扼要、通俗易懂,译文准确流畅,并配有图表和彩照,成为国内众多中医院校开展中医英语教学和留学生中医教学的首选教材,至今在国内外中医院校中仍广泛使用。该文库的出版满足了国外日趋发展的"中医热",促进了中医药的对外交流和传播,扩大了中医学在国际上的影响。

2.2.3 《英汉实用中医药大全》

《英汉实用中医药大全》(The English-Chinese Encyclopedia of Practical Traditional Chinese Medicine)由山东中医药大学的徐象才教授主编,高等教育出版社出版,1990年9月起陆续向国内外发行。丛书共包含21分册(徐象才,1991):《中医学基础》、《中药学》、《方剂学》、《单验方》、《常用中成药》、《自我保健》、《医学气功》、《针灸疗法》、《推拿疗法》、《内科学》、《外科学》、《妇科学》、《儿科学》、《骨伤科学》、《肛门直肠病学》、《皮肤病学》、《眼科学》《耳鼻喉科学》《急症学》《护理学》和《临床会话》,每分册平均10万~15万个汉字,全书英汉两种文字合计近600万字。

该大型系列丛书具有重点突出、繁简得当、以理统医、易读实用、译文准确、适应范围广等特点,既可作为国外中医学习者的教材,也可用于国内中医院校高年级学生的泛读教材,还是各级各类中医涉外人员的工具书。该套丛书的出版对中医英语教育、中医外向型人才培养和中医药学对外传播具有开创意义。

2.2.4 《实用汉英中医词典》

《实用汉英中医词典》(*A Practical Chinese-English Dictionary of Traditional Chinese Medicine*)由山东中医药大学张奇文教授任中文主编、孙衡山教授任英文主编和主译,2001年8月由山东科学技术出版社出版。2002年5月获第十五届华东地区科技出版社优秀科技图书二等奖,2004年12月获山东省教育厅人文类著作三等奖。

该词典收录常用中医词汇约一万条,其中包括中医基础理论、医史典籍、中医内、外、妇、儿、肛肠、皮肤、骨伤、眼、耳鼻喉、中药、方剂、针灸、推拿、气功、生理、解剖等科目的词条,每个词条包括汉语词条、汉语拼音、英语对应词。该词典强调实用性,每个词条都有详尽的英文解释,尤其对有关各科疾病的词条,都从病因、病机和辨证施治等方面做了详尽说明。该词典选用的中医术语全面、规范,英译准确、流畅,并附有汉字笔画索引和汉语拼音检字索引,查阅方便,集学术性、资料性和实用性于一体,是来华学习中医的外国人、中医英语翻译人员、中医药院校师生、中医临床工作者的实用工具书,对中医术语英译标准化和中医英译研究做出了重要的基础性工作。

2.2.5 《简明中医内科学》

《简明中医内科学》(*Concise Traditional Chinese Internal Medicine*)是英汉对照版,由南京中医药大学尤松鑫教授主编,山东中医药大学张盛心教授译,2004年2月由江苏科学技术出版社出版。该书主要为中医药、针灸医务人员出国讲学,国外临床医生学习使用中医药提供参考资料。它的特点是立足临床,简单明了,易学易懂。全书分总论和分论两部分。总论介绍了中医内科学的发展概况和常用诊查方法、治疗法则,脏腑、六经、卫气营血、三焦等病证概念;分论列举了61个内科常见病证,编写以辨证论治为重点,体现中医特色。张盛心教授的翻译本着忠实原著,方便外国中医初学者学习的原则,在确保中医语言特色和名词术语标准化的基础上,坚持译文的交际功能,用简洁明了的语言解释中医概念,以达到普及中医的目的。本书为中医药对外传播做出了积极贡献。

2.3 中医教材编译

进入 21 世纪之后,随着中医英语教育之发轫,中医英语翻译热点向教材编译转移。一类是继医学双语教材后出现的中医双语教材。例如,南京中医药大学的唐德才教授主编、山东中医药大学寻建英教授主译的《中药学》于 2003 年 2 月由上海浦江教育出版社有限公司出版。该教材依据实用、有效的原则,对传统中药学的基本理论和中药的使用原则与方法进行了系统介绍,共收载常用中药 236 味(含附药 10 味),对各药的正名、药物来源、药用部位、主要产地、采集和炮制方法、药性、功效和应用、用法用量和使用注意等项分别进行说明,对功效和应用进行了重点介绍。再如,山东中医药大学滕佳林教授主编、山东中医药大学崔洪江教授主译的《中药学》于 2007 年 9 月由人民卫生出版社出版,被列为普通高等教育"十一五"国家级规划教材、卫生部"十一五"规划教材、全国高等医药教材建设研究会规划教材、全国高等中医药院校汉英双语教材、全国高等中医药院校来华留学生卫生部"十一五"规划汉英双语教材,2011 年 12 月被评为第二届山东省高等学校优秀教材一等奖。该教材介绍了中药的基本理论知识和 320 味常用中药品(不含附药),对每味药的药物来源、药性、功效、应用、用法用量、使用注意、药物比较、现代研究等进行了详细介绍,并附有思考题。

另一类是中医英语教材。山东中医药大学的徐象才教授编写了《中医英语》教材,2002 年由南海出版公司出版。山东中医药大学的孙慧教授主编了《基础中医英语》教材,2010 年 8 月由中国海洋大学出版社出版,教材选用以英语为母语的中医研究者的文章作课文,涵盖中医学阴阳五行、针灸经络、八纲辨证、气血津液、临床诊断等主要内容,在课文之后又配有词汇和短语解释、难点注释及翻译、阅读等练习题,书末还附有各种练习的答案和课文的参考译文,以教材语料新颖、编写巧妙实用受到广泛重视和采用。之后,山东中医药大学张晶、张喆、李琳老师参编了《中药英语教程》,2013 年 8 月由中国海洋大学出版社出版,该教材用英语系统介绍了中药学知识。《基础中医英语》和《中药英语教程》与先前中医药英语教材的最大不同在于所选文章都是英美作者所撰写,语言地道,概念准确,既可用于在华留学生的中医教材,更适用于国内中医院校各类中医药专业学生,在用英语表达介绍中医概念方面取得了长足进步,对中医英译学科的发展和逐步成熟起到了推动作用。

3. 理论研究

　　山东省的中医翻译研究以山东中医药大学为主要基地,自1958年建校以来,经过几代外语教师和中医药教师的积极探索和长期积累后已逐步形成以中医学术专著英译、中医教材英译、中医术语英译标准化研究和中医学术论文英译为核心的研究方向,构建了老中青有序传承的合理结构。

　　中医翻译理论研究始自20世纪80年代。孙衡山教授较早关注了中医术语英语翻译标准化的研究,组织编写了山东省第一部《中医英汉汉英双解词典》。由于篇幅巨大,山东科学技术出版社出版前删去了汉语注释,改为《中医汉英词典》。到90年代徐象才教授开始系统研究中医英语翻译理论,并于2000年至2002年间在《现代中西医结合杂志》、《中国中西医结合杂志》、《中国医药学报》等发表10余篇中医英语翻译研究的系列论文。2001年,在《现代中西医结合杂志》开辟"中医药英译研究专栏"上发表的中医英语翻译的系列论文就中医英译的历史、标准、方法、译者的素质等进行探讨,分析了中医术语英译错误的原因,讨论了"阴阳"、"藏象"、"五行"等术语的英译,并提出中医英译是一块百家争鸣的学术园地。2003年,山东中医药大学开设英语专业(中医药方向),很多教师参与到中医的翻译研究中来。王宝勤教授于2003年在《山东外语教学》杂志发表的论文《中医术语翻译刍议》(王宝勤,2003),从中医术语的特点、语义和逻辑关系及词类结构等方面探讨了中医术语中专业词汇和普通词汇的不同翻译方法。之后,闵玲、范延妮、张喆、马东梅、贾玉红、杨颖、陈战、马平等青年教师陆续发表了30余篇中医翻译理论研究论文,就中医翻译现状、翻译方法、误译现象、规范化策略、存在问题与对策以及中医术语英译标准化、中医翻译历史、重要性、译者主体性、中医古籍翻译、佛经译场制度借鉴等做了大量辨析研究。其中许多论文在国内、国际中医翻译会议上宣读,受到学界的关注。

　　山东中医翻译教学研究人员越来越多地受到学界关注。在中国中西医结合学会中医外语专业委员会、中华中医药学会翻译分会学术委员会、世界中医药联合会翻译专业委员会、中国翻译协会和中国科学院科技翻译工作者协会等各种中医翻译学术团体中都活跃着山东中医药大学中医翻译教学研究人员。

4. 代表人物

4.1 张恩勤

张恩勤教授,1982年毕业于山东中医药大学,医学硕士,先后师从著名伤寒专家李克绍教授和内妇杂病专家吕同杰教授等;1992年在MEDICINA ALTERNATIVA INSTITUTE(国际替代医学学院)获替代医学博士学位。先后担任过山东中医药大学进修部主任、西学中系主任、阿塞拜疆共和国卫生部医药学院教授、土耳其哈雅特学院院长顾问及沙忙德拉医学中心针灸主任医师、国际替代医学学院教授、中国台湾台北中医药学会名誉教授等,1991年获国务院学位委员会"突出贡献奖"(张恩勤,2014)。张恩勤教授通晓英语和土耳其语,是国际著名中医学者、英国皇家医学会和英国中医药学会资深会员、世界中医药学会联合会临床疗效评价委员会专家,现任UK Academy of Chinese Medicine(英国中医学院)院长,对中医在英国的传播和发展起到了很大的推动作用。张恩勤教授论著很多,曾主编《经方研究》(1989年7月由黄河出版社出版)、国内首套《英汉对照实用中医文库》(1990年4月由上海中医药大学出版社出版)、《中国传统医学丛书》(含藏医等少数民族医学)(1992年10月由科学出版社出版)、英文版《伤寒论研习指导》(2012年6月由人民卫生出版社出版)。

4.2 徐象才

徐象才教授,1968年毕业于山东师范大学外国语言文学系英语专业,一直在山东中医药大学从事英语教学和中医英语翻译研究工作,出版过一系列中医英语著作和研究论文。徐象才教授出版了一系列的著作和译作,主编包含21分册的大型系列丛书《英汉实用中医药大全》(1990年9月由高等教育出版社出版)、《诸病中医中药外治大全》(1998年由外文出版社出版)、《中医英语》(2002年由南海出版公司出版)。这些教材的出版不仅极大地方便了来华留学生学习中医,也进一步促进了中医英语这一新兴学科的发展。徐象才教授除在国内出版中医英语著作和译作外,还在美国的YMAA Publication Center(YMAA出版中心)出版多部中医英语著作,走在了同时代的中医英语译者的前列,这些著作包括2000年出版的 *Qigong for Treating Common Ailments: The Essential Guide to Self-Healing*、2001年出版的 *Principles of Traditional Chinese Medicine: The Essential Guide to Understanding the Human*

Body 和 *Traditional Chinese Health Secrets: The Essential Guide to Harmonious Living*、2002 年出版的 *Chinese Tui Na Massage: The Essential Guide to Treating Injuries, Improving Health and Balancing Qi* 等。徐象才教授在美国出版的中医著作使得中医有了更多的读者受众，更大范围和程度上传播了中医。

徐象才教授在从事大量中医英译实践的同时，还非常注重中医英译理论的研究，是国内较早在杂志开辟专栏就中医英语翻译研究发表系列论文的学者之一。徐象才教授于 2001 年在《现代中西医结合杂志》上开辟"中医药英译研究专栏"，先后发表了《中医英译简史浅说》(徐象才, 2001)、《浅谈中医英译的标准》(徐象才, 2001)、《试论中医英译的方法》(徐象才, 2001)、《浅论五行术语的英译》(徐象才, 2001)、《浅论含"阴阳"术语的英译》(徐象才, 2001)、《脏象术语英译浅论示例》(徐象才, 2001)、《简论中医英译是学术》(徐象才, 2001)、《简论中医英译人员必须具备的素质》(徐象才, 2001)共 8 篇中医英语翻译研究的系列论文，还于 2002 年在《中国中西医结合杂志》上发表了《谈中医术语的错误英译》(徐象才, 2002)，在《中国医药学报》发表了《中医术语英译之我见》(徐象才, 2002)等论文，就中医英译的历史、标准、方法、译者的素质等进行探讨，分析了中医术语英译错误的原因，讨论了阴阳术语、藏象术语和五行术语等的英译，并提出中医英译是学术的观点。

4.3 孙衡山

孙衡山教授毕业于山东曲阜师范大学外语系英语专业，1979 年到山东中医药大学工作，一直从事英语教学和中医英语翻译研究工作。1998 年被评为全国优秀教师。山东省外语教学研究会常务理事，全国中西医结合学会中医外语专业委员会副主任委员。从 1984 年到 2005 年一直担任《中国肛肠杂志》的英文编辑。

孙衡山教授长期从事中医英语翻译工作，有丰富的中医翻译经验，出版了一系列的翻译作品。孙衡山教授翻译了吕建平等编著的《中国针灸》，1990 年 5 月由上海中医学院出版社出版，该教材是美国针灸学会指定的考试必备书。孙衡山教授翻译了著名推拿专家栾长业先生编著的《简明推拿疗法》，1993 年 8 月由山东科学技术出版社出版，还把栾长业先生首创的填补了推拿学科古今中外无专业挂图空白的成人与小儿彩色推拿挂图各一套翻译成英文出版。他翻译的《小儿推拿挂图》1992 年 2 月由山东科学技术出版社出版，共 4 幅挂图，总计 66 个推拿手法图，详细介绍了小儿推拿的手法和技巧。翻译的《推拿挂图》1992 年 7 月由山东科学技术出版社出版，共 6

幅挂图,总计93个推拿手法图,详细介绍了成人推拿的手法和技巧。翻译出版的成人与小儿彩色推拿挂图被国内外推拿教学和临床工作者参考使用,在国外中医培训和医疗机构深受欢迎,对中医推拿在国外的传播和发展起到了推动作用。孙衡山教授用10年的时间翻译了由张奇文教授主编的《实用汉英中医词典》,2001年8月由山东科学技术出版社出版。该词典有效地推动了中医术语英译标准化工作,获第十五届华东地区科技出版社优秀科技图书二等奖和山东省教育厅人文类著作三等奖。

5. 学科建设

山东省中医翻译的主要研究力量是山东中医药大学和相关科研机构。1958年,山东中医学院(1996年改名为"山东中医药大学")成立,聘请省内外知名中西医人士开设医学和中医药学课程,积累了中医药学教学经验和研究成果,为发展中医英语翻译研究事业奠定了坚实的基础。1960年秋,山东中医学院成立了外语教研组,当时有俄、英、日三个语种,开启了山东历史上中医药院校设置外语课程的先例。"文革"中山东中医学院取消了俄语教学。从那时到现在山东中医药大学外语教育一直保留英、日两个语种。20世纪七八十年代山东中医学院大学外语教育为中医英语翻译研究做了人才和经验的储备。2000年,山东省教育厅把山东中医药大学所设置的中医英语课程批准为"省教学改革试点课程",委托山东中医药大学进行课程教学试点。经过几年的试验教学和筹备,2003年山东中医药大学设立了英语专业(中医英语方向),开始招收第一届英语专业本科学生。2006年,山东中医药大学专门设立外国语学院,承担起本校乃至全省各个层次的中医英语教学和研究任务。2012年年底,中医英语专业被评为山东中医药大学专业建设重点学科,在招生规模、人才培养质量、师资队伍建设、教学模式改革、课程体系建设和实践基地建设等方面获得了突破性进展。

目前,山东中医药大学的中医英语学科建设的特色表现为"四纵一横"。"四纵"指中医英语教学与翻译研究贯穿博士生、硕士生、本科生(包括英语专业本科生、其他专业本科生、五年制和七年制学生)和外向型专业学生(包括护理外向专业和针灸推拿外向专业)四种不同层次的教学。这种学科教育体系避免了学科研究断层,实现了教学、科研的共同发展。"一横"指中医英语学科横跨英语、中医药、中国传统文化、中医文化传播等不同学科内容,融合了学校不同院系的学科优势,构建了百花齐放、协同创新的学科发展平台。例如,外国语学院与基础中医学院合作开发的中医学基础双语教学课程、与文献研究所协同创建的中医文化对外传播研究方向,招收的多位该方向的硕士生和博士生,为培养中医英语翻译的高级研究型人才做出了有益探索。

6. 未来展望

2012年,《国家中医药管理局中医药文化建设"十二五"规划》要求扩大中医药文化对外传播与交流,提高中医药国际影响力,提出了制定中医药名词术语翻译标准,做好中医药教材、古典医籍和现代科研成果翻译等具体的学科建设任务,为中医翻译研究事业提供了难得的发展机遇。

总结过去,展望未来,山东省的中医英语翻译研究和中医英语学科发展规划重点更加明确,任务更加清晰。

加快中医英语师资队伍建设和中医英语翻译人才培养,吸引更广泛的高级外语人才开展中医英语翻译研究,形成老中青传承发展的合理结构,稳定研究领域,延展优势方向。

推进中医英语翻译实践和理论研究工作,翻译、著述一批中医古籍英译本和中医理论研究著作,同时加大中医英语教材建设,满足不同层次学生的教学发展需要。

加强中医英语专业内涵建设,以山东中医药大学外国语学院英语专业为支撑,做好发展规划,在满足地方经济发展对人才需求的基础上,提高学科科研力量和发展潜力,把山东中医药大学外国语学院英语专业建设成为山东省级重点学科。

扩大与国内外其他中医类院校和科研机构的交流沟通,通过学术会议、论坛、讲学、培训等方式保持中医英语翻译学术研究活跃度,实现山东省中医英语翻译研究事业的科学化、系统化和规范化发展。

"满眼生机转化钧,天工人巧日争新。"在数字技术网络传播的新时代,山东省的中医药同人,继承前人的意志和智慧,把握机遇、锐意奋进,必将谱写出中医翻译事业新的辉煌篇章。

参考文献:

陈邦贤.中国医学史[M].北京:商务印书馆,1960.
李经纬,林昭庚.中国医学通史·古代卷[M].北京:人民卫生出版社,1999.
兰凤利.中医英译的历史回顾[J].中华医史杂志,2008年1月第38卷第1期.

马伯英. 中国医学文化史[M]. 上海：上海人民出版社, 2010.

山东中医药大学中医文献研究所. 齐鲁中医药历史与文化[J]. 山东卫生, 2008年第3期, 50—51页.

王宝勤. 中医术语翻译刍议[J]. 山东外语教学, 2003(4).

徐象才. 中医英译简史浅说[J]. 现代中西医结合杂志, 2001年第10卷第13期.

徐象才. 中医学基础[M]. 北京：高等教育出版社, 1991.

徐象才. 浅谈中医英译的标准[J]. 现代中西医结合杂志, 2001(14).

徐象才. 试论中医英译的方法[J]. 现代中西医结合杂志, 2001(15).

徐象才. 浅论五行术语的英译[J]. 现代中西医结合杂志, 2001(16).

徐象才. 浅论含"阴阳"术语的英译[J]. 现代中西医结合杂志, 2001(17).

徐象才. 脏象术语英译浅论示例[J]. 现代中西医结合杂志, 2001(18).

徐象才. 简论中医英译是学术[J]. 现代中西医结合杂志, 2001(19).

徐象才. 简论中医英译人员必须具备的素质[J]. 现代中西医结合杂志, 2001(19).

徐象才. 谈中医术语的错误英译[J]. 中国中西医结合杂志, 2002(9).

徐象才. 中医术语英译之我见[N]. 中国医药学报, 2002(8).

张奇文. 山东中医药志[M]. 济南：山东科学技术出版社, 1991年7月, 第439页.

张奇文主编, 孙衡山主译. 实用汉英中医词典[Z]. 济南：山东科学技术出版社, 2001.

张恩勤, http://www.ukacademyofchinesemedicine.co.uk/aboutUs.php. 2014-1-15.

中医药国际传播背景下的中医院校应用型外语人才培养的战略性思考

唐小云 王 可 陈 骥[①]

(成都中医药大学 外语学院，四川 成都 611137)

摘 要 中医药国际传播非常有必要，但国际传播离不开传播人才的培育。语言是文化的载体，传播人才也是文化的载体。笔者在检索和研读前期相关研究文献的基础上，发现前期的学术研究多集中在中医药文化国际传播的必要性、方法、路径和对策上有关传播的载体研究以及人才的培养和孵化研究还处于空白。因此，受前人研究文献的启发，笔者对中医药对外传播的人才培养和人才孵化问题进行了探讨，探索建立"校园培养+基地孵化"的双培养模式，为中医药国际传播培养实用型技能人才。

关键词 中医药国际传播；外语人才培养；人才孵化；基地建设

A Strategic Consideration of FL Talent Cultivation of TCM Universities in TCM International Transmission

TANG Xiaoyun   WANG Ke   CHEN Ji

(Foreign Languages College, Chengdu University of Traditional Chinese Medicine, Chengdu, Sichuan 611137)

Abstract   International transmission of TCM is imperative, yet the transmission could not go without the talents of this field. Language is the vehicle of culture, so are the transmission talents. Through searching and reading the corresponding literature, the authors find these academic researches primarily focus on the transmission necessity, methods, paths, countermeasures, lack of the research of vehicle—talents cultivation and incubation are in blank. Enlightened by the predecessors, the authors attempt to explore the issues of talents cultivation and incubation, and ultimately build a cultivating mode of "classroom training +

[①] 作者简介：**唐小云**，男，成都中医药大学外语学院教授、硕导/院长，研究方向为中医国际化传播、欧美文学、跨文化交际。**王可**，女，成都中医药大学外语学院讲师。**陈骥**，女，成都中医药大学外语学院副教授，研究方向为中医英语翻译。

base incubator", cultivating TCM applied talents for international transmission.

Keywords international transmission of TCM; FL talents cultivation; talents incubation; base construction

1. 问题提出的背景

"中医药振兴发展迎来天时、地利、人和的大好时机"（习近平）。习主席如是说是有远大的战略眼光的。从国家层面看，党的十八届三中全会吹响了新一轮高等教育改革发展的号角，实施《国家中长期教育改革和发展规划纲要》和《国家中长期人才发展规划纲要》是最后冲刺的五年，高等教育发展进入战略性结构调整期；从行业层面看，十八大后，党和国家领导人非常重视中医药事业的发展，做出了"完善中医药事业发展政策和机制"重大部署。充分利用学科、技术、人才优势，依托中医的"五个资源"优势，拓展发展空间，解决中医药发展的瓶颈问题离不开中医院校的医疗服务、科技创新和人才培养；从时代层面看，未来五年是中国教育经历新一轮大变革、大跨越、大发展的时期，"转型升级"的新常态迫使高等教育发展进行战略性结构调整注重高校分类指导、内涵发展和特色发展，注重人才培养的实践性、实用性和创新性，注重中医药文化的对内传承和对外传播；从高校层面看，顺应大好形势，把握有利条件，依托优势学科，彰显交叉特色，深化教育改革，培养创新人才，推进创新驱动发展战略对高等院校的发展提出了更高的要求。为加快中医药发展的国际化进程，推动中医药海外发展，在服务"一带一路"建设上有所作为，培养中医药国际传播人才势在必行。

2. 中医药院校的外语办学现状

自20世纪90年代，由于改革开放的需要，大多数高等院校开办了外语专业，为中西方社会间的交流和贸易培养了外语人才。20多年过去了。随着外语人才的饱和和全民外语水平的提高，对纯外语人才的需求逐渐减少，对行业外语人才的需求日趋增强。除了综合性的名校纯外语人才培养尚有一席之地，行业特色较强的院校面临较大的挑战，纯外语专业的重心转向特色外语专业的办学势在必行。在全国高等院校办学历史悠久的综合性大学、外语历史积淀深厚的语言型大学即使专业和方向局限于语言文学，其师资力量也能够把入口本身就很有优势的人才培养成行业精英。理工特色较强的985和211院校由于师资和生源的优越性，毕业生在就业市场也有用武之地。还有一些行业性较强的大学陆续使语言专业打上学校特色的烙印。在纯语言人才培养上,中医药院校没有发挥特色优势,没跟上时代的发展。当初办学的目的是顺应社会需求,培养语言类人才。但伴随人才市场的饱和,纯语言人才的就业面临着市场的竞争风险。北京中医药大学已设置英语专业中医药国际传播方向,在教学模式上开始了一轮改革。北京中医药大学自主设置"中医药外语"独立硕士点;南京中医药大学建立了"中医外语"独立硕士点;上海中医药大学挂靠"中医外语"招收硕士生,有 MTI 翻译专业独立硕士点;河南中医大学有 MTI 翻译专业独立硕士点;北京中医药大学和贵阳中医学院被国家中医药管理局授予"中医药英语"重点学科;成都中医药大学有挂靠的"中医药国际传播"硕士点。大多数中医药院校还未涉及中医药国际传播人才培育体系的建设。但是依靠特色办学中医院校的外语专业的才有发展空间。

3. 研究文献现状

目前已有学者展开了相关研究。司建平在《中医学报》上发表了《三级架构视角下中医药文化传播策略分析》,提出:微观层面凝练中药文化精髓,加强中医药文化建设;中观层面拓宽中医药文化宣传渠道,注重中医药文化传播;宏观层面提升中医药文化竞争优势,加快中医药文化品牌构建。董薇在《跨文化传播视角下的中医药海外传播》一文中提出将跨文化传播的理念和方法引入中医药的海外推广,能够发挥中医药的文化特性,利用其传播方面的天然优势,推动世界对中医药的接受和认同。徐桢撰写了《中医药文化传播路径分析及对策研究》一文。官翠玲对"中医药文化建设路径"进行了探析。刘殿刚、毛和荣从事了"一带一路战略视野下湖北中医药文化对外传播"研究。徐永红撰文《中医药文化对外传播研究》,从历史层面、理论层面探究中医文化对外传播中的文化适应和文化间性。这些研究多集中在中医药文化国际传播的必要性、方法、路径和对策上涉及中医药国际传播人才培养的中医药院校不多,更未谈及该类人才的孵化问题。从国家需要到国际需求,从国家层面到中医药行业层面,从地方层面到高教层面,顺应大好形势,把握有利条件,依托优势学科,彰显交叉特色。建立"校园培养 + 基地孵化"的双培养模式,培养"懂中医,通人文,精外语"并能从事中医药国际传播的复合型人才是大势所趋。中医药国际传播建设虽然处于萌芽状态,但它是星星之火,可以燎原。其依据是:

(1) 中医药学是中国古代科学的瑰宝,也是打开中华文明宝库的钥匙。

培养中医药国际传播人才乃战略大计。文化主权的博弈,中华思想术语传播工程的启动,讲好中国故事,传播好中国声音,博取中国更多的话语权,需要更多的国际传播人才。如果说中医是中国文化走向世界的桥头堡,中医药翻译是中医文化外宣的排头兵,那么中医外语就是中医通向国际的桥梁。培养集中医药学、外语学和传播学于一体的国际传播型人才很有必要。

（2）科学家钱学森有过仰望星空的秘密,他提出这样一个铭心刻骨的问题:"为什么我们的学校总是培养不出杰出人才?"

其实,我国高校人才培养的缺陷主要有以下几个方面:①缺操作性:听听激动,想想感动,不知怎样行动;②缺时效性:学者泛泛,习者寥寥;③缺实践性:授业不传道,授业不解惑;④缺创新性:重理论教育,轻实践创新。如果把我们的高校比作一个生蛋器,那它只具备了造蛋功能,还没有赋予它生命和生气。对蛋的孵化还缺少一个平台——那就是由校企合作建立的实践基地——孵化器。把人才放入企业孵化,人才成长和发展将更有前景。

（3）中医文化对外传播是提升国家文化软实力的重要途径。以中医药文化传播为契机,以国际化传播人才培养为切入点,探究中医药国际传播的载体、传播形态和中医药国际传播人才培养模式;理清外语语言教学、基地建设、媒介运用的相互关系;探索建立校企合作,构建"理论＋实践＋应用"的人才培育框架以及学校与企业共建中医药国际传播孵化基地的道路。既有利于中医药院校人才培养体系建设的完善,又有利于推动创新创业机制的全面发展,还有利于高校和企业的合作与互动。

基于以上分析,对人才培养需重新定位。提倡依托优势学科,彰显交叉特色。本着"拓国际视野,扬中医文化,育复合人才"的理念,培养"懂中医,通人文,精外语"的复合型人才,兼具培养多元文化人才。

4. 改革措施

基于这样的定位,对中医药院校外语人才的培养给予全面的改革。

4.1 培养目标改革

倡导中医院校的外语专业应依附学校中医药特色,探索培养和发展交叉学科的道路。在培养人才目标上倡导多元性和复合性,注重实践性和创新性。在人才培养上既注重"实基础,重应用",又兼顾"拓思维,强能力",既突出了语言特色,又彰显出中医药特色,培养适应社会主义现代化建设需要,德、智、体、美全面发展,具有良好的职业道德、知识、能力、素质协调发展的复合型人才。要求毕业生应具有较扎实的英语语言基础知识、熟练的语言技能和一定的中医药相关知识,具备良好的人文素养和跨文化交际的能力,能从事教育、中医药翻译、外事、旅游、商务、会议翻译和中医药对外传播。把"懂中医,通人文,精外语"和能对外传播中医药文化的复合型人才培养付诸实践。人才需具有扎实的英语语言基础和过硬的语言技能以及广博的文化知识,既懂中国文化又了解西方文化,能够讲好中国故事,传播好中国声音,能够熟悉科技、经贸、商务、中医药等相关专业知识,能在教育、外事、经贸、文化、中医中药、新闻出版、科研和旅游业等部门从事教学、翻译、文秘、商务和管理工作的高级新型复合型外语人才。

4.2 培养计划修订

围绕改革对教学大纲、课程大纲、教学计划、课程体系、师资配备、教材教法、实践教学环节、实习环节这几大要素进行大的调整和优化组合。理论教学改革和实践教学改革。对现有的培养模式进行改革,构建"理论+实践+应用"的人才培育框架,建立"校园培养+基地孵化"的双培养模式。

4.3 课程体系改革

凸显特色:专业以《英语精读》、《中医药英语基础》、《英语口译》等课程为载体,将"任务型教学"、"案例式教学"引入教学改革,使学生系统掌握英语基本知识,具有良好的听说读写译的能力,并熟知中医基础理论和中医临床特点。办学中探索出"懂中医,通人文,精外语"的复合型人才培养模式。

重视中医理论,弘扬中医文化:培养中医药国际传播人才课程体系上,注重将英语语言类课程与中医基础理论课程相结合,开设必修课《中医药学基础》和选修课《中药学》、《针灸学》、《中医内科学》等中医课程,介绍中医整体观念、辨证施治、特色学说、望闻问切等诊疗方法;开设《中医英语基础》、《中医英语翻译》和《中医文化国际传播》,使学生掌握中医药英文术语表达,熟悉中医药在海外发展历程,夯实了中医药翻译人才学术基础。

探索教学规律,拓展培养环节:在"语言—知识—文化"多模态立体化教学培养环节上,实施全方位改革,实现中医药学和英语语言教学的有机融合。以《英语精读》、《中医英语基础》核心课程为语言能力培养平台,以《翻译理论与实践》、《医学英语词汇》优势课程为特色能力培养载体,加以《跨文化交际》、《英美文学》等专业课程,辅以网络教学、语言测试教学(语言辅导与测试、英语专业四级、八级考前专题培训)、语言实践教学(暑期社会实践、学术论文指导、文献报告会、文化讲座与交流活动)等,将语言知识的实用性、中医知识的专业性和人文知识的通识性融为一体,实现多模态立体化的教学。

4.4 队伍建设改革

鼓励学历进修,汇聚复合型师资,拓宽人才培养视野。师资建设上,吸纳中医学背景且有英语特长的教师,鼓励英语背景的教师攻读中医学硕士、博士学位,对英语教师开设基础中医知识培训班,培养骨干教师具有中医学和英语语言学双层学术背景,并派出到英国、美国、澳大利亚等国访问进修,着力汇聚高学历、高水平的跨学科复合型师资队伍,为英语专业人才培养提供多元化的师资平台。

4.5 培养模式改革

探索培养模式的改革之路,实行"3+1"模式,即"3年课堂学习+1年基地孵化"。通过对高等中医药院校人才培养方案改革的探讨和对大学生实习基地的孵化作用的实践性研究,使培养对象系统认知中医药传统文化,了解中医药文化对外传播历史与现状,掌握中医药对外宣传和翻译的方法与技巧,了解中医临床及针灸学基础知识,掌握中医药文化中的外事礼仪接待的知识和特点并付诸实践。建立"校园培养+基地孵化"的双培养模式,培养"懂中医,通人文,精外语"并能从事中医药国际传播的复合型人才。

5. 意义

通过探究中医药国际传播的载体、传播形态和中医药国际传播人才培养模式以付诸实践,从人才培养的新理念和重新定位牵引出对现有中医院校的人才培养计划的修订,培养体系的改革和新的培养模式的构建。通过研究,可以探明外语语言教学、基地建设和基地运用的相互关系对相关人才培养的作用;可以探索建立校企合作,构建"理论+实践+应用"的人才培育框架以及学校与企业共建中医药国际传播孵化基地的道路。通过研究,提出了中医药国际传播人才的培养和孵化问题,提出了中医药国际传播人才的培养体系建设,探索构建"理论+实践+应用"人才培育框架以及学校与企业共建中医药国际传播孵化基地。理论意义上,有助于高等中医药院校着力于中医药国际传播人才的培养体系建设以促进教改;实践意义上,有助于学生就业后实现"零适应期",有助于毕业生的就业质量和就业稳定性的提高,有助于学生的实习就业渠道稳定可靠,有利于推动创新创业机制的全面发展,有利于高校和企业的合作与互动。

参考文献:

董薇.跨文化传播视角下的中医药海外传播[J].南京中医药大学学报,2014(4):115—116.

李岩.传播与文化[M].杭州:浙江大学出版社,2009.

李照国.中医英语翻译研究[M].上海:上海三联书店,2013.

刘殿刚,毛和荣,顾赤."一带一路"战略视野下湖北中医药文化对外传播研究[J].时珍国医国药,2015(8):85—87.

毛嘉陵.中医文化传播学[M].北京:中国中医药出版社,2014.

毛嘉陵.中医药文化软实力从何增强[J].中医药文化,2010(3):21—24.

司建平.三级架构视角下中医药文化传播策略分析[J].中医学报,2015(3):389—390.

王国强.以高度文化自信推动中医药振兴发展[N].人民日报,2017,02.04.

温长路.中医药文化与中医学的中和观[A].第十二届全国中医药文化学术研讨会论文集[C].2009,13—16.

徐桢.中医药文化核心价值传承与传播的语境及路径分析[J].中医杂志,2013(24):87—89.

叶郎,朱良志.中国文化读本[M].北京:外语教学与研究出版社,2010.

张其成.将中医药文化纳入国家文化发展战略[OL],"张其成国学基金"公众平台.

中医药外向型人才 ESP 语言培养模式的设计与应用[①]

师旭亮　张小皎　王雪敏[②]

（河北中医学院，河北 石家庄 050200）

摘　要　本篇目的在于研究中医药外向型人才 ESP 语言培养模式的设计与应用。在当前中医药人才培养中，缺乏外向型的人才，对其应用 ESP 模式进行教育，设计基于中医药外向型人才的 ESP 语言培养模式，将会改善当前中医药外向型人才培养效益。针对高校设计并应用中医药外向型人才 ESP 语言培养模式，不仅发挥了积极的应用效益，也提升了中医外向型人才的培养水平。结果证实，在中医药外向型人才培养中，设计应用 ESP 语言培养模式具有可行性，可以在实际中推广该模式。

关键字　ESP 语言培养模式；设计；外向型人才；中医药

Designation and Application of ESP Language Mode in Culturing the Export-Oriented Talents of TCM

SHI Xuliang　ZHANG Xiaojiao　WANG Xuemin

(Hebei University of TCM, Shijiazhuang 050200, Hebei)

Abstract　This paper aims to study the designation and application of ESP language mode in culturing the export-oriented talents of TCM. Shortage of export-oriented talents in TCM hindered the development of TCM. The designation and application of ESP language mode will benefit the culture of this kind of talents. In this study, the effect of ESP language mode targeting at colleges and universities showed an increasing. So, during the culture of export-

---

[①] 基金项目:本文系 2014 年河北省教育厅——河北省高等学校人文社会科学研究项目——青年拔尖项目《中医专业英语学科建设研究》(BJ2014093)和 2016 年河北省教育厅——《基于国外评估标准的中医专业英语教材建设研究》(SD161044)的研究成果。

[②] 作者简介:**师旭亮**,女,河北中医学院副教授,博士,从事中医国际推广、中医专业英语教育研究。**张小皎**,女,河北中医学院副教授,主要从事中医英语翻译。**王雪敏**,女,河北中医学院教授,主要从事中医 ESP 教学。

oriented talents of TCM, ESP mode is available and this mode can be generalized.

Keywords　ESP language mode; designation; export-oriented talents; TCM

医学英语是我国高等医学院校开设的专业英语,在中医药外向型人才培养中,设计应用 ESP 语言培养模式可促进转变教学模式,提升中医药外向型人才培养师资力量,使中医药外向型人才 ESP 语言培养模式取得有效成果。本篇对此做了具体分析。

1. 培养中医药外向型人才的意义

"以'九年一贯、整体优化'为原则,培养造就具有自然科学、人文科学和社会科学宽厚基础,中医文化素质高,拥有自主学习、终身学习、创新意识等综合能力,具有运用中医药思维和现代科学技术,传承发展中医药理论能力,掌握较为扎实的中医和现代医学理论与基本技能,解决临床实际问题能力,知识、能力、素质俱佳,具有国际视野和持久竞争力的中医拔尖创新人才。"(张蕾,2014:1438—1440)

2. ESP 语言培养模式

2.1　ESP 原理

ESP 语言培养模式中,可以根据实际中学习者特定的学习目的,以及学习者的特定教学需要,为其开设出相应的 ESP 语言英语教学课程,有效培养学习者在一定环境中运用英语开展工作的能力(任荣政,2013:76—80)。ESP 语言培养模式中,其课程常常是针对专业性的工作而设计的。在 ESP 语言培养模式中,不仅是传统 EGP 语言教学的扩展,同时也延伸传统外国语言教学质量,可以确保通过该培养模式,使学习者可以具体地学会运用 ESP 语言,并提升其在 ESP 语言环境中应用该语言进行工作、学习交流的能力。

2.2　优势

ESP 语言培养模式,相对于实际教学中的学习者,有以下应用优势:一是能够强化和巩固基础阶段 EGP 学习的成果;二是通过阅读相关外文资料,拓展专业知识视野;三是通过学习相关专业英语知识,逐步养成查阅外文资料的良好学习习惯,从而提高信息检索能力,掌握继续学习、终身学习的技能。

3. 当前应用 ESP 语言培养模式的弊端

3.1 不能正确引导学生学习动机

中医药外向型人才培养中,其英语学习动机为:①有的学生为了完成课堂中的教学任务、应付考试,有的是为了获取证书,因此这些 ESP 英语语言的学习还处于短期表层方面;②有的则是为国家中医药文化传播以及提高个人发展前景而学的,这样的学生是存在长期动机的;③也有的学生是为了工作应用;④有些中医药学生是因为对英语语言以及我国中医文化本身的兴趣,从而进行深层的 ESP 语言学习(赵慧君,2014:54—57)。而从实际教学情况来看,也有一部分学生缺乏任何动机,英语学习处于停顿或反感的状态。但这些中医药学生不是学不会英语,而是没有感受到有学好英语的必要,缺乏内在的驱动力,对应付考试的工具性动机也不强。即使这样的中医药学生以后走上工作岗位,如果岗位需要或决心考研,通过努力学习,英语在短时间内取得较大进步的,也不乏其人。

3.2 教师质量偏低

在中医药外向型人才培养中,ESP 师资力量发挥着重要的作用。ESP 教师不仅教授学生一定量的中医药知识,更重要的是能够从 ESP 语言环境基础上教授学生 ESP 语言运用专业知识。然而,在实际中,ESP 教师的来源往往不是专门的 ESP 专业毕业的学生,而是普通的语言教师或英文水平较高的中医专业的教师。这两个学历背景的老师各有优势与劣势,还不具备高质量教学水平(姜彩霞,2013:57—58);在其中,最为明显的就是,语言类教师不具备 ESP 语言教学所涉及的中医药专业知识,并且在教学中不能尊重学生的需求,降低教学中的教师质量。

3.3 教师主导教学

在实施 ESP 教学过程中,仅仅是教师实现了主体,而目前的中医药学生则仍是在教学的主体之外。只有在 ESP 语言培养模式中,实现 ESP 教师与学生的双主体投入,才有助于优化当前中医药整个的外向型人才培养质量,可以基于二者共同提升教学水平。

3.4 人才培养观念落后

我国现有的 ESP 教学由于错误的教学理念,多把学习的重点放在专业词汇的教授和文献的翻译上,因此教师多使用原始的讲解字词,分析语法和翻译课文的方法。必然导致课堂以教师为中心,学生参与度低,气氛沉闷。学生不感兴趣,积极性下降,自然不能达到好的教学效果。

4. 优化设计中医药外向型人才 ESP 语言培养模式

4.1 依据学生需求设置 ESP 语言教学课程

在现实生活中,需求的多样性和变化性,以及教学资源和人力物力的有限性,加之教学报酬的单位时间计酬制,很难鼓励一个教师花费大量的时间、精力以及财力去对多样的教学对象进行需求分析。但作为教学机构,学校抽出人力、财力对某些专业、某些教学对象及用人单位进行英语教学需求研究,对改进教学是必不可少的(杨植,2006:43—45)。在实际的教学中,"多数学校的 ESP 专业英语语言人才教学工作还是不尽人意的",主要原因是与实际需求脱节(杨植,2012:92—94)。ESP 模式下培养外向型中医学人才必须与 ESP 实际需求紧密结合。ESP 语言教材编写中,以 ESP 语言培养模式中学生的培养需求为基础,提升教学编写的真实性,精心编写教材,合理设置课程。在中医药外向型人才培养中,设计基础的中医药英语、具有临床实践价值的中医英语内容。并且开设一些中医英语的阅读教学课程,并引导学生学习医学英语词汇,使中医药外向型人才 ESP 语言培养模式课程建设和教材建设相互促进和提高。同时,能够以需求分析结果为人才培养课程设计的基础,选择精品的中医药外向型人才培养教材,可以在外向型人才的培养中,对于选用的 ESP 语言教学教材,提升其教材应用的针对性,避免教材方面选择的盲目性。同时,对于符合中医药外向型人才培养需求 ESP 语言教材,还应能够去进一步的分析其在教学中是否具备真实性,以确定教材可以符合真实 ESP 语言模式中外向型人才培养的交际需求;在中医药外向型人才 ESP 语言培养模式选材方面,确保 ESP 语言教材中的交际内容,可为外向型中医药学生提供真实的 ESP 语言环境,使学生可以体会到掌握真实 ESP 语言交际的重要性。其次,ESP 语言培养模式教材中,确保外向型人才培养中课程与教育培养的衔接度得到提高。教师应该在有限的课时内,根据中医药外向型人才培养群体需求,制定 ESP 教学大纲及选择和整合

ESP教学材料,注重实用和实效,是ESP教学不懈追求的目标。

4.2 提升教师素质

ESP语言培养模式中,不是单纯地教中医药人才英语,也是不单纯传授专业ESP语言知识,提高授课教师的素质,有助于提高外向型人才ESP语言培养质量。ESP教师素质的关键所在应该是如何实现英语与专业的合理结合。因此,应该积极探索行之有效的ESP教师培养途径,使一部分大学英语教师通过专业知识的培养转型为专门的ESP教师。这样不仅有利于ESP作为一个专门学科的发展,也满足了大学英语教师自身完善和提高的要求。注重ESP课程的师资培养ESP作为中国高校英语教学发展的必然趋势,也面临着中医药外向型人才ESP语言培养模式中教师的专业发展需要。ESP教师专业培养模式的主要对象应该是广大的通用英语教师。培养通用英语教师,使他们兼具语言基础功底和专业能力,从而解决ESP师资队伍短缺问题。在培养过程中,既要注重对通用英语教师进行中医专业方面的相关培训,还要加强ESP教师与双语课程教师的合作(杨植,2011:422—425)。

4.3 优化ESP语言教学法

ESP语言培养模式中,优化教学中的中医药外向型人才培养方法,可以针对中医药学生的学习需求为中心,从而可以设计出多种形式ESP语言方面的教学活动,提升中医药学生对ESP语言的学习质量。在教学过程中,要改变传统的教师为主的ESP教学方法,转化"Listening by Listening"教学方法,使ESP语言教师可以成为与中医药学生学习的合作者,提高在教学中学生的自主学习能力,引导学生可以主动地参与教学过程(唐静,2015:89—92)。对于ESP语言培养模式,可以适当减弱在ESP中的教师地位,通过灵活多样的交际性ESP语言课堂任务设计,积极鼓励中医药学生之间进行平等的信息交流沟通,提升中医药学生的认知策略。并且,在进行ESP语言培养模式的外向型人才培养中,把教师教学重点转变成语言实践能力的教学,提升中医药学生在ESP语言应用中听说读写的能力。中医药外向型人才培养方面,ESP语言培养模式中,能够以ESP语言模式为外向型人才教育进行指导,分析各类中医药体裁中的专业教学文件,对中医药ESP语言的特点进行分析,并可以归纳整理ESP语言模式中的中医药文化修辞技巧,以确保学生学习到准确的中医药ESP语言,提高学生信息交流效率。在教学过程中,为提升人才培养质量,要以ESP语言培养"ESP语言必需为主,教学内容够用为度"原则,让中医药专业学生学一点ESP语言,就能够会用一点ESP语言进行交流,注重有效调动中医药外向型人才 ESP 语言培养模式下学生的学习积极性,以提高英语教学质量,以适应新形势、新任务的要求。

4.4　引入文化内涵培养中医药人才

语言教学内容中,不仅教授知识,同时也要提高学生的人文素养,培养学生的跨文化交际能力。由于中西方医学是在两种完全不同的文化背景下发展起来的,因此部分中医名词术语代表的完全是中医特有概念,很难在英文中找到对应词或等价物,在翻译时只能采用音译的方法,需要时加上必要的英文解释。中西医在疾病名称方面也有部分情况是完全对应的,在翻译这些术语时也可以借助西医术语进行英译,如:感冒 cold,疟疾 malaria,白喉 diphtheria,麻疹 measles,黄疸 jaundice,便秘 constipation,呃逆 hiccup。因此,在实际的医药外向型人才培养中,应用 ESP 语言培养模式,也要基于本国中医药文化内涵,了解中医经典术语的医学内涵,分析其语法结构特点与内部逻辑结构,理解中医的思维模式,熟练掌握各种结构中医经典术语翻译的方法,提升外向型中医人才应用 ESP 语言的能力。合理开发教材、科学设计教学内容 ESP 课程教材的选择和设计应符合高等中医药院校的专业人才培养目标,符合中医药自身的文化特点,同时兼顾语言知识和中医药专业知识的传授,根据中医药院校专业特色及学生学习和社会发展的未来需求设计编写教材,旨在培养中医药院校学生的英语实际应用能力。中医药外向型人才在 ESP 语言培养模式中既要重视 ESP 语言培养模式中对中医药外向型人才的中医药术语输出,也不能委屈我国中医学术的概念,去一味迎合西方语言;在进行中医药英译中,也必须基于中医理论以及 ESP 语言文化输出,这样才能真正培养中医药外向型人才,使外国人可以理解中医药文化。中医药外向型人才要学好我国中医的基础理论,去深刻地体会、揣摩中国先贤医者见解,依据这一编写设计理念。中医药外向型人才培养中,对于 ESP 语言培养模式的应用,可结合本国中医药文化,培养提升学生对中医药文化的 ESP 语言应用能力。

4.5　融入现代化教学设备

中医药外向型人才培养中,进行医学英语 ESP 语言培养模式人才教学过程中,应该能够确保以中医药的学生为教育的中心,在教学中以学生为培养的中心,采取综合的、现代化的 ESP 语言培养模式教学,在转变当前中医药外向型人才培养教学理念的基础上,可以在教学中充分利用现代的人才教育培养技术,采取多媒体、电脑、网络、学习网站等,有效发挥中医药外向型人才培养教学优势,这样既可以为外向型学生培养提供中医药方面的专业语言知识,也可以通过现代化教学互动(语音教学、网络视频教学、远程教学、在线 ESP 语言教学),提升学生实践应用 ESP 语言的技能。在进行教学中,融入现代化教学设备,引导学生在现代化平台上运用医学 ESP 语言知识的能力,有助于促进学生可以自主学习 ESP 语言能力,从而有助于为外向型医学人才提供教学支撑。转变 ESP 教学理念,教师可在多媒体设备的帮助下,以图像、声像的实例给予学生直观的感受,引导学生通过小组讨论、演示、情景再现等方式直接将课堂的知识运用到实践中,以达到 ESP 语言学以致用的目的。

5. 结 论

综上所述,ESP 语言培养模式中,关心的核心问题是学习者学习语言的原因、以学习为中心教学的学习者个人与社会之间的协调过程。在中医药外向型人才培养中,设计应用 ESP 语言培养模式,不仅具有可行性,提升人才培养质量,也发挥积极的应用价值。

参考文献:

姜彩霞,杜留成.基于 ESP 理论的高职高专英语教学改革探究——以山东中医药高等专科学校为例[J].海外英语(上),2013(8):57—58.

任荣政.ESP 教师的标准、队伍建设及专业培养[J].教师教育研究,2013(5):76—80.

唐静.ESP 教学理念下的中医药院校大学英语翻译教学模式研究[J].当代继续教育,2015(2):89—92.

杨植.构建中医药专业医学英语 ESP 课程体系初探[J].中医教育,2006(4):43—45.

杨植.SCI 论文写作与中医药研究生医学英语写作课程建设探析[J].中国高等医学教育,2012(7):92—94.

杨植,陈媛.中医药专业英语合作式教学与师资队伍建设[J].中医药管理杂志,2011(5):422—425.

张蕾.输出驱动假设视域下的中医药外向型人才 ESP 语言培养模式探究[J].浙江中医药大学学报,2014(12):1438—1440.

赵慧君,周阿剑,吴青等.非英语专业研究生中医药 ESP 教材满意度调查分析[J].中医教育,2014(6):54—57.

多维协同推进中医药翻译教师培养实践研究

邓春生　余亚微

（江西中医药大学 人文学院，江西 南昌 330004）

摘　要　本文以江西某中医药高校为例，阐述了中医药高校内部各部门之间、中医药高校与其他单位之间协同培养中医药翻译教师的培养机制、实际做法及其成效，并依据高等教育国际化发展趋势，结合中医药高校自身优势和特点，提出了中医药翻译教师培养工作的展望。

关键词　多维协同；中医药翻译教师；协同培养

Research on Practically Promoting Co-cultivation of Teachers Engaged in English Translation for TCM through Multi-dimensional Coordination

DENG Chunsheng　YU Yawei *

(College of Humanities, Jiangxi University of Traditional Chinese Medicine, Nanchang, Jiangxi 330004)

Abstract　Taking a university of traditional Chinese medicine (TCM) in Jiangxi as the example, the paper expounds the cultivation mechanism, actual practice and result of co-cultivating teachers engaged in English translation for TCM among varied departments in a university of TCM, between a university of TCM and other institutions. Meanwhile, combined with the advantages and characteristics of colleges and universities of TCM, the paper proposes the prospect for cultivation of teachers engaged in English translation of TCM based on the developing trend of higher education internationalization.

Keywords　multi-dimensional coordination; teacher engaged in English translation for

---

① 基金项目：本文系江西中医药大学教改项目（2014jzyb-4）、江西中医药大学科研项目（2014RW010）阶段性成果。

② 作者简介：**邓春生**，江西中医药大学副教授，研究方向为医学高等教育。**余亚微**，通讯作者，江西中医药大学讲师，研究方向为医学高等教育。

TCM; co-cultivation

中医药振兴和发展是中华民族文化复兴的重要内容和途经,复兴中医药文化则是我国中医药振兴和发展的首要任务。我国著名语言学家、教育家许嘉璐曾说过:"振兴中医是历史必然和世界需求。中华文化走向世界的过程中,第一批为世界做出贡献的是中国的汉语汉字,第二批能够深入家庭、给人造福、让人信服,同时可以让世界了解中华文化的精神、了解中国人精神和灵魂的唯有中医。"党和政府高度重视中医药文化国际传播工作,并已将其作为提升国家软实力的重要战略。近年来的中医药文化国际传播实践证明,在中医药文化走向国际化的过程中,遇到的最大难题是中医药翻译人才短缺,特别是高层次人才奇缺。人才培养的关键在于教师,可中医药翻译教师的培养是一项系统工程,短期内不能就一蹴而就,需要一个比较长的过程。(邓春生等,2016:82—83)我校积极响应中医药文化"走出去"的国家战略,在学校内部加强中医药翻译教师培养工作的同时,联合有关高校、科研机构、行业学会、政府部门,协同推进中医药翻译教师的培养,取得了良好的成效。

1. 多维协同推进中医药翻译教师培养机制

国家教育治理能力现代化建设最为重要的特征是在推进教育改革进程中,要改变单一主体独立管理教育的格局,吸纳与教育领域有关系的多元主体共同参与办学、民主决策与协同治理。(杨启光,2015:5—9)比较、分析中医药高校与其他高校、科研机构、行业学会、政府部门在培养中医药翻译教师的中医药理论和知识、翻译理论与实践等方面的各自优势,充分发挥资源互补作用,结合中医药翻译教师培养目标,系统设计科学、合理的协同培养机制,从而在中医药翻译教师的培养工作中形成合力,将起到事半功倍的效果。我校经过三年的实践,厘清了协同培养中医药翻译教师的工作思路,形成了较为成熟的做法。多维协同推进中医药翻译教师培养机制如下:

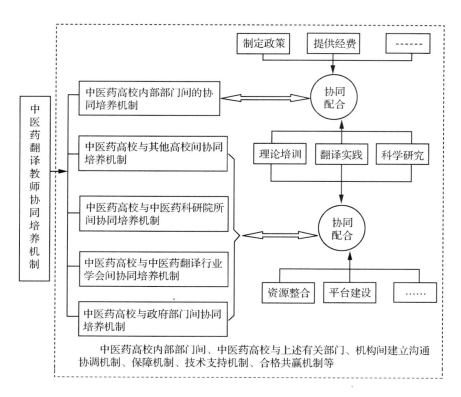

2. 学校各部门协同培养中医药翻译教师

我校高度重视中医药翻译教师的培养工作，经过探索与实践，形成了以人文学院为主体、相关学院和职能部门各负其责的协同培养机制。自2013年上半年成立中医药翻译基地起，由人文学院负责制定中医药翻译教师的培养发展规划、年度培养计划并组织实施等；基础医学院、临床医学院、药学院等相关学院负责提供优质师资为中医药翻译教师讲授中医药理论和知识；继续教育学院负责中医药翻译教师的中医学专业学历提升工作；人事部门负责聘用中医药翻译学科带头人和新进中医药翻译教师、安排人员培训经费；科研管理部门支持中医药翻译教师相关校级课题立项、优先推荐立项省部级以上科研课题、联合举办相关学术活动；学科建设管理部门负责提供学术论文和著作出版发表费用、优先立项校级重点学科；研究生管理部门负责聘任校内外中医翻译学硕士生导师；外事部门及相关部门提供中医药翻译实践材料。至今，校内中医药翻译教师协同培养机制作运行良好，协同培养路径及策略清晰，为打造一支高水平的中医药翻译队伍奠定了扎实的基础。

3. 学校与其他单位协同培养中医药翻译教师

为加快中医药翻译教师的培养进度,我校积极与有关高校、科研机构、行业学会、政府部门等开展合作,借助其优质资源,在口译骨干培养、学术骨干培养以及提高中医药翻译教师整体的翻译理论水平和实践技能等工作中不断取得突破。2014 年,与上海外国语大学达成协议,开展了为期 20 天的英语口译培训班,重点培养了 8 名中医药口译人才;2014 年起,每年派出 1 名学术骨干到中国中医科学院医史文献研究所进修,师从朱建平研究员,加强其中医学术术语修养;从 2014 年起,每年派出 1 名学科带头人后备人才到上海师范大学进修,师从李照国教授,开展全方位的中医药翻译培训;每年派出 1 名优秀教师,到国家中医药管理局挂职锻炼,培养其中医药对外交流技能;根据江西省科技厅中医药科技工作需要,安排优秀教师作为翻译人员陪同到国外访问,锻炼其翻译实践能力;定期安排大批量中医药翻译教师参加由世中联翻译专业委员、中国中医科学院等单位组织的国家中医药管理局继续教育项目,切实提高教师们的中医药翻译理论水平和翻译实践技能。通过上述协同培养工作,中医药翻译教师的整体能力和水平得到了较大的提升,已得到中医药翻译界有关人士的肯定,同时也说明协同培养工作的有效性及可持续性。

4. 学校中医药翻译教师协同培养工作成效

三年来,我校全体中医药翻译教师接受中医药理论和知识系统培训达 454 学时,参加中医药翻译短期培训 180 余人次,以年为期限进修、锻炼 7 人次,学校为此投入经费近 200 余万元。同时,培养成效也非常显著,中医药教师至今承担了两届太湖世界文化论坛中医药文化发展高级别会议的翻译任务;完成 20 多次岐黄国医书院外国政要体验中心的翻译任务;主持国家级中医药翻译创新创业项目 2 项、省部级中医药翻译科研及教育教改课题 27 项、厅级中医药翻译科研课题 3 项、校级中医药翻译科研课题 20 余项;发表中医药翻译相关学术论文 65 篇,其中核心论文 15 篇;主编出版中医药翻译相关著作、教材 5 部;编译出版第一辑《江西中医药大学学报》外文选刊。随着中医药翻译教师成果不断涌现,学校成功申报了中医学(中医翻译学)硕士点,于 2016 年正式招收了研究生;2015 年获批世中联翻译专业委员会"中医药文化传播国际传播研究中心"。上述硕士点及研究中心的建立为中医药翻译高层次人才的培养及中医药翻译教师的可持续发展提供了发展平台。学校于 2015 年 10 月在南昌成功承办了世中联翻译专业委员会第六届学术年会,学校有 1 名教师在大会上交流发言,有 3 名教师在小组会议上交流发言,1 名教师的论文获年会优秀论文奖。

5. 中医药翻译教师培养工作展望

随着国家重点实施的"一带一路"国际区域合作发展战略,高等教育国际化趋势将越来越明显,我校积极开展国际合作,向世界传播以热敏灸技术为代表的传统中医药文化。学校将不断整合现有人才、技术等资源,以岐黄国医书院外国政要体验中心和热敏灸联盟为基础,以学校和江中集团现有中医药资源为依托,创建融中医药教育、种植、生产、科研、文化传承、旅游和体验为一体的中医药文化国际传播基地。以专题网站、报纸杂志、专题展馆等为载体,辅以教育教学、医疗保健、文化旅游、商业开发等为途径,构建特色突出、布局合理、作用显著的中医药文化国际传播基地网络。精心推出一批内容翔实、制作精美、生动活泼的小语种网站,及时更新整理、编撰、刊登与基地相关的中医药名人典故、历史传说、轶闻逸事、前沿动态;印制、出版中医药科普宣传作品。以传播基地为载体,加强中医药文化科普翻译人才队伍建设,不断提升教师中医药文化同声传译以及西班牙语、俄语、法语等小语种翻译的能力,建立并完善中医药翻译队伍。

参考文献:

邓春生,等."四位一体"中医药英译师资队伍培养体系的构建[J].神州,2016(4):82—83.

杨启光.多维协同推进我国卓越教师培养的全面改革[J].教育科学研究,2015(12):5—9.

基于 CBI 的中医英语翻译教学应用研究①

王小芳　刘　成②

(江西中医药大学 人文学院，江西 南昌 330004)

摘　要　CBI 教学模式是一种语言和内容相结合的教学模式，它将语言教学和学科内容相融合，旨在学习专业知识的同时提高语言应用能力。笔者进行了基于 CBI 理念的中医英语翻译教学实证研究，结果发现 CBI 教学理念可以有效地提高学生的学习兴趣，使其不仅获得学科知识而且能够提高用英语进行交际、分析、解决问题等方面的能力。将传统的翻译教学与基于 CBI 理念的教学有机结合，能够更有效地提高中医翻译教学质量。

关键词　CBI；中医英语；翻译教学；应用研究

A Study on the Application of CBI in TCM English Translation Teaching

WANG Xiaofang　LIU Cheng

(College of Humanities, Jiangxi University of Traditional Chinese Medicine,
Nanchang 330004, Jiangxi)

Abstract　CBI is a teaching mode of combining language and content, which blends language teaching with course content, aiming to learn professional knowledge and improve the ability of language application at the same time. The author makes an empirical study on the TCM English translation teaching based on the theory of CBI, and the results show that CBI teaching can effectively improve students' interest in learning, which not only gain knowledge but also can improve the English communication and the ability of analyzing and solving problems. Combining traditional translation teaching with teaching based on CBI can improve the teaching quality of TCM translation teaching.

---

① 基金项目：本文系江西省教育科学"十二五"规划 2015 年度课题(No. 15YB076)成果之一。
② 作者简介：王小芳，江西中医药大学人文学院讲师，研究方向为中医英语翻译及教学。刘成，通讯作者，江西中医药大学人文学院副教授，研究方向为中医英语翻译及中医名词术语英译标准化。

Keywords　CBI；TCM English；translation teaching；application research

1. CBI 教学模式简介

Content-Based Instruction(简称 CBI)是以内容为基础的教学,学界常称之为内容依托式教学。它将语言教学同某个学科或某个主题内容的教学相结合,把语言学习和学科知识学习相结合,在提高学生学科知识的同时,促进其语言水平的提高。CBI 把教学重点从语言本身转移到通过学习学科知识来学习语言,它是一种语言与内容有机结合的外语教学模式。研究者们对采用 CBI 教学模式的大学及研究机构进行调查发现,CBI 可以有效地提高学生的学习兴趣,使他们获得学科知识的同时也提高了用目标语进行交际、分析、解决问题等方面的能力。Stroller(1997)把 CBI 定义为一个包罗万象的术语,指一种具有语言学习和内容学习双重目标的教学理念,并允许语言目标和内容目标不对等。内容依托教学法具有很多教学模式,如主题依托模式、保护模式和辅助模式、沉浸教育、强化内容的小学教育、学术用途英语(EAP)、特别用途英语(ESP)、跨学科写作(WAC)或学科英语写作等(Marani,1998)。在大学英语的翻译教学中应根据学生情况选择符合课堂实际需要的 CBI 教学模式。近年来国内热门的 ESP(English for Specific Purpose 专门用途英语)和 EAP(English for Academic Purpose 学术用途英语)都包含在 CBI 教学模式中。自 20 世纪 90 年代以来,我国相继出现了一批将这种教学模式与外语教学相结合的研究。常俊跃、赵秀艳(2008:30)等学者还研究在特定环境中采用 CBI 教学法的可行性。研究表明 CBI 外语教学适用于各种语言学习环境,可针对各种层次的学生进行外语教学,对提高学生整体语言能力、促进学科知识的增长、提高学生理解和应用目的语的信心、强化学生持续性学习外语的动机等方面都有显著成效。

2. CBI 教学的相关研究

20 世纪 90 年代中期内容依托教学法被引入中国,许多学者、教育者对其都非常关注,针对 CBI 的教学理论、CBI 教学实践、CBI 课程改革等方面进行了广泛的研究。例如,王士先(1994:31)在英语专业阅读方面进行了研究,常俊跃、赵秀艳(2008:24)对英语专业基础阶段内容依托教学问题和课程改革进行了可行性研究,曹贤文(2005:11)在对外汉语教学中进行内容依托法的研究,徐德宽(2006:29)在汉语言教学中开展了欧美语言课程的 CBI

研究,袁平华(2006:37)将以内容为依托的教学模式应用到大学外语教学实践中,曹佩升(2012:51)也开展了 CBI 主题模式的实验研究,高璐璐(2013:54)亦研究了内容依托教学改革对学生语言发展的影响等。

综上所述,目前国内关于 CBI 方面的研究数量较多、比较全面,但内容主要集中在比较庞大的学科及课程改革的研究及应用上。本研究主要针对大学英语课程中的翻译环节进行内容依托式教学的应用研究,使 CBI 的研究更具体化和实用化。

3. 基于 CBI 的中医英语翻译教学研究

3.1 理论准备

将新的教学模式应用在翻译教学中首先要对其进行全面调研,并从思想上进行变革,换句话说就是研究者需要重新进行审视这一阶段翻译教学的最终目标、教学理论和教学实践以及翻译教学中教材的选取和设计等重要的问题,借鉴他人成功的教学经验,在此基础上全面清除限制学生能力发展和制约翻译教学的因素。对于目前翻译教学中存在的这些问题不仅需要教师个人深入思考,而且学生也应积极地参与其中。在课程一开始时教师就可以提出问题,邀请学生共同探讨并进行思考。这样做能使学生在寻找答案的同时进行必要的翻译理论的准备。教师需要在课堂上多留些时间给学生,对学生在课外阅读中遇到的难点进行解答、讨论。遇到有争议的问题教师尽量客观地评价。在这一阶段让学生思考一些问题,诸如翻译活动的本质是什么、翻译是艺术还是一门科学以及翻译的标准是什么等,并且引导学生树立正确的翻译观念。

3.2 实践操作

笔者进行了一项为期一学年的基于 CBI 理念的中医英语教学实证研究,使大学英语教学课堂成为学生交流专业知识的语言课、结合专业应用的实训课,旨在研究英语水平较高同学的英语学习特点和规律,培养学生从知识型、应试型英语学习逐步转向技能型、应用型英语学习的能力,以达到熟练阅读中医英文文献的较高要求,能够用英语流利地表达自己的专业见解。实验班在大学二年级开始实验,第一学期用 1/4 的课时开展中医英语教学,第二学期用 2/3 的课时进行中医英语教学,其余课时学习大学英语综合教程,对照班两个学期全部学习大学英语综合教程。课题研究从学生学习需求着手分析,确定学生的学习起点能力和学习目标,制定教学目标和大纲,确定单元目标及专题、学习内容的层次、难易程度、教学方式等,为课程结束后的教学效果评估提供依据。

在课堂教学活动中,采取多种教学策略,依据课堂教学的主要内容和学生的实际,对所选用的教学方案设计、教学组织形式、教学方法和教学媒体等进行整体考量,灵活采用教学策略。教学资源的选择也灵活多样,包括leading-in activity以及案例讨论、案例教学的病历资源、角色扮演所需中医英语小剧资源、习明纳尔所需专题资源、病历写作、案例翻译、名家译作等。在课程层次设计上,以中医英语总论、中医哲学基础、精气血津液神、藏象学说、病因、经络和诊断等专题内容模块为目,以章节为纲,内容由浅入深、由易至难、从专题到综合。学生通过基于CBI理念的中医英语课程的学习,发现自己的英语水平及专业知识的不足,通过课外主动学习,参加各种第二课堂活动等方式来提高自己的英语水平和能力。

在课程的评价方式上,本研究采用形成性评价和终结性评价相结合的方式,教师观察和记录学生在讨论、角色扮演等课堂活动中的表现,通过对学生课堂表现录像、拍照等形式进行定量和定性的评价,包括学生的自评、互评和师评,建立学生成长档案。教师通过语言激励评价、褒奖鼓励评价、书面评价和成果展示评价等形式,以肯定的方式称赞学生的进步和突发奇想,及时肯定和鼓励学生的努力成果,保持学生活跃、敏捷的思维,维持良好的课堂学习氛围,帮助每一个学生扬长避短、全面发展,提高他们的英语应用能力,教师通过期末考试和翻译水平测试来检验学生学习的效果及存在的问题,总结经验,进一步提高教学质量。

中医英语翻译课程采用项目教学,无论中医文本翻译还是中医会话环节,学生均以小组为单位完成。为了保证小组协作的作用得以真正发挥,教师需要在分组之前就进行一定的干预,考虑各位学生的英语水平、计算机技术、组织能力、男女比例等方面,然后合理搭配组员,以使各小组水平总体相当,均能完成教学项目并学到相应知识。笔者将实验班学生分为8组、每组约7人,各组合理搭配、互相促进。每组都有组织能力较强的班干部,英语翻译水平较高的同学可以带动水平较低的同学,计算机技术较好的学生可以带领组员学习语料库理念、检索及分析等技术。实践证明这种分组方式很好地保证了项目教学的实施,同时也保障了中医英语翻译教学的质量。

4. 结　语

CBI大学英语课程将专业知识的学习与语言训练结合起来,激发学习者外语学习的主动性,改善学习效果。该教学模式帮助学习者在"内容"知识学习的过程中不断训练、应用和强化语言技能,"以输出为驱动",让学生在实践中学习,真正做到学以致用。教师则通过教学设计、课堂讨论、课后作业、网络交流等手段协助学生完成学习任务,以真实的语料为语言学习和应用提供基础,以大量的语言输入促进语言输出。教师对学习过程和结果进行形成性评估,强调学习者的体验式学习,通过一定时间的主题内容学习,将学生的语言能力训练、学科专业知识学习、思维能力培养融合起来。CBI教学模式强调教师与学生的互动,充分利用信息技术,能够提高大学英语教学的实效性和吸引力,因而可以在大学英语教学改革中发挥作用。教师在教学中应熟练掌握传统翻译教学与基于CBI的教学模式,探索二者更好的结合方式,充分发挥这两种教学的长处,以便更有效地提高中医英语翻译教学的质量。

参考文献:

曹佩升.大学英语CBI主题教学模式有效性的实验研究[J].外语电化教学,2012(3):51—55.

曹贤文.内容教学法在对外汉语教学中的运用[J].云南师范大学学报,2005(1):7—11.

常俊跃,赵秀艳,李莉莉.英语专业低年级阶段系统开展内容依托教学的可行性探讨[J].外语与外语教学,2008(12):24—30.

高璐璐,常俊跃.英语专业基础阶段内容依托教学对学生英语书面表达能力发展的影响分析[J].中国外语,2013(1):54—59.

王士先.CBI——专业英语阅读教学的方向[J].外语界,1994(2):27—31.

徐德宽.汉语言专业欧美语言学课程CBI实验报告[J].外语教学理论与实践,2006(1):29—33.

袁平华.依托课程内容进行外语教学之理据及教学元模式探究[J].学位与研究生教育,2006(3):31—37.

袁平华.大学英语教学改革与以学科内容为依托的语言教学模式[J].外语界,2010(3):7—14.

Marani, Johns. *An overview of CBI* [J]. ERICED, 1998:424—762.

Richards, J. C. & Rodgers, T. S. *Approaches and Methods in Language Teaching* [M]. Cambridge: Cambridge University Press, 2001.

Stroller, F. L. & Grabe, W. *A Six T'S Approach to Content-Based Classroom: Perspectives on Integrating Language and Content* [C]. New York. Longman, 1997:78—94.

中医院校英语教学中学生英译能力的培养

张 爽 周 茜①

(山东中医药大学 外国语学院,山东 济南 250355)

摘 要 中医院校英语教学应关注学生中医英语的学习,使其具备良好的英译能力,这不仅有利于学生未来的职业发展,也有利于中医药走向世界。在具体实践方面应从理解翻译中的源语言即提高对古汉语的领悟力、掌握大量的英语词汇句式以及培养英语语感等几个方面入手,切实提高学生的英译能力,以便他们能架起中西医学乃至文化之间的桥梁。

关键词 中医院校;英语教学;英译能力

The Training on the Ability of English Translation for TCM Universities Students

ZHANG Shuang   ZHOU Xi

(Foreign Languages College, Shandong University of Traditional Chinese Medicine, Shandong 250355, Ji'nan)

Abstract The English teaching in colleges of traditional Chinese medicine (TCM) should focus on the study of TCM English and endow students the good ability of English translating, which will not only do good to their future career development, but also benefit the spreading of TCM to the whole world. As to the practice of it, the key point should be understanding the source language of the materials, i.e. improve the ability of comprehending ancient Chinese, master large amounts of English vocabulary and sentence structures, and cultivate sense of English so as to improve the English translating ability of the students. Thus they can build the bridge between the East and West in both medicine and culture.

Keywords TCM colleges; English teaching; English translating ability

---

① 作者简介:张爽,女,山东中医药大学外国语学院讲师,硕士,研究方向为中医英译与英语教学。周茜,女,山东中医药大学外国语学院讲师,硕士,研究方向为中医英语教学。

听、说、读、写、译五项技能是语言学习者最为重要的基本功。中医院校的学生肩负着把博大精深的中医文化传播出去的重要使命,因而翻译能力尤其是英译能力的培养对于他们来说极为重要。目前很多中医院校大学英语教学普遍重视学生的四六级通过率,教学的重点依然是普通英语的使用能力,并没有足够关注专业英语或中医英语的学习,使得很多学生甚至不具备翻译自己专业论文摘要的能力,更不用说将自己的观点或学术论文译成英文向外传播,这无疑不利于学生未来的职业发展,也不利于中医药走向世界,因而提高中医院校学生的英译能力迫在眉睫。笔者认为在教学实践中提高这一能力应做到以下几点。

1. 重视对源语言的理解,提高对古汉语的领悟力

中医药学蕴含了丰富的中国传统文化,其特点是从哲学的角度探索生命,将天道、地道和人道完美地结合成一体。(何敏,2004:34)中医已有几千年的历史,其大量的文献都为古汉语所著,文字优美,文风简练。短短的四字成语中可能包含着万千的气象,许多意义藏而不露,符合中国古代的审美情怀。如果学生没有深厚的传统文化功底和对文言文的透彻理解,要将中医文献用精准的英语翻译出去难上加难,因而对古汉语的理解问题就是中医英译的关键问题之一。

中医学的理念中有这样一条,"阴损及阳,阳损及阴"。曾有学者将其译成"Yin affects yang and yang affects yin",这种译法就曲解了原文的意思。正确的理解是"阴损"、"阳损"应该放在一起,是"阴虚"、"阳虚"的意思,而此处的"及"意为"累及"。由此得出,这句话较贴切的译法应为"Yin deficiency affects yang and yang deficiency affects yin"。再如,《灵枢·终始》篇中有这样一段,"男内女外,坚拒勿出,谨守勿内,是谓得气"。此处讲的是根据病因施治的内容,这里的男女代指阴阳,意指"阳气内入,阴气外出,达到阴阳平衡的效果"。如果对古汉语和传统中医文化知之甚少,将男女理解成字面上的意思,则偏差千里。又如,中医有"生气"这一概念,若将之理解成"发怒"的话,则会被译成"to get angry",显然会贻笑大方。事实上,这一概念的认知有两种不同语境:中医语境、现代汉语语境。中医的"生气"指"生命或生命力"即"life or life force"。这样的文化冲突不是中西方文化之间的冲突,而是古今文化之间的冲突。(程玲,2013:180)这些都是英译时需要特别注意的地方。

另外,中医药的语言有些非常抽象和模糊,如在中医典籍中频繁出现的

"气"、"神"和"阴阳",其源头均与古代哲学相关,要透彻理解着实不易。以其中的"气"为例,在中医中,与"气"相关的概念很多,比如一身之气的组成部分就包括"元气"、"宗气"、"营气"和"卫气"。此外,中医还将中药的四种性质"寒"、"凉"、"温"、"热"称为"四气",将自然界的六种现象"阴"、"阳"、"风"、"雨"、"晦"、"明"称为"六气"。仅"气"这一个字就与这么多概念相关,且意义各不相同,由此可见中医药语言的抽象性和复杂性,在没有准确地理解其含义的背景下,要将其用英语传达给对中国传统文化不甚了解的外国人绝非易事。

中医学起源于中国古代,并受到中国古代哲学思想的深刻影响,蕴含着中国传统文化的丰富内涵,这些都给中医英译工作带来了巨大的挑战。中医院校的学生应重视传统文化的修养,涉猎古代哲学知识、道家文化等,并下功夫提高自己对古汉语的理解力,这样才能对自己要翻译的内容有确实的把握。

2. 加强对目标语的掌握,精通大量的英语词汇、短语和句式

翻译分两步:第一步是领会源语言的深刻含义,第二步是将其用译入语精准地表达出来。中医典籍成文久远,且多以医古文面世,其用词精当简练,短短几字往往蕴含着丰富的意义,翻译绝不是个简单对应的过程。而英语语言又以其庞大的词汇量著称,有时要表达某个意思甚至有十几个看似相近的词备选。但仔细斟酌却发现,这些词总是存在着细微的差别,需要考虑再三方能选出最为贴切的那一个。基于以上原因,学生在进行中医文章英译时,必须有大量的词汇、短语和句式储备,才能正确表达原文的意思。

例如,"虚"这个概念在中医里的使用频率非常高,它在英语中的对应词也非常多,包括 weakness, deficiency, hypo-function, asthenia 等。根据中医医理,"脾虚"应该译为 spleen asthenia,"血虚"应该译成 blood deficiency,而"体虚"应该译成 weakness 或 debility。(赵丽梅,2010:426)正如奈达(Eugene A. Nida,1993)所言,"作为译者,最为艰难的任务是要彻底了解所译文本中的指称意义和联想意义"。学生词汇量的欠缺将直接影响其翻译的准确性。

中医学发源于中国,植根于中国传统文化,具有很强的民族性,即便学生有丰富的英文词汇量,其中的很多概念和术语并不能在英语中找到相同或相近的说法,比如"精"、"气"、"神"、"阴阳"、"五行"等。对这一类词语或概念一般采取音译法来处理。语言国情学指出,任何语言中都存在一些

能够反映该民族特有事物、概念和思想观念的词汇。此类词汇在其他民族语言中很难找到相应的表达方式。虽然这类词汇的比例可能不是很大,但却意义非凡,其代表着该民族独特的文化,是区别于其他文化的关键。(陈战,2014:144)这些在英文中没有对应词的词语或概念也是翻译中需要重视的部分。

另外,中医学行文多出口成章,文风古朴。学生英译中医文章往往偏口语直白化,或许能将文中含义用英语表达出来,但远远不能将其韵律和典雅传递出来。因而,要着重掌握大量的英语句式,尤其是文风偏正式的句子,将其内化之后,在适当的语境中使用,以便能把原文中的韵味尽量展现给西方的读者。

3. 熟读英文佳作,培养良好的英语语感

中医典籍多以古汉语著成,优美对仗,四字成语比比皆是。例如,《素问·生气通天论》中说:"阴平阳秘,精神乃治;阴阳离绝,精气乃绝。"《黄帝内经·十大经》中说:"王者不以幸治国,治国固有前道,上知天时,下知地利,中知人事。"虽然我们强调翻译过程中要尽量在内容和形式上去接近原文,但这并不代表我们要生硬照搬。翻译的第一要务就是沟通,照顾译入语读者的语言习惯才能让译文被接受得更好。如果硬要保留原文的句式,很可能得出的就是中式英语,吃力不讨好。效果可能像赖恬昌所戏谑的"如着马褂长衫,带红领拖翎,醉跳华尔兹舞"。(陈福康,2000)究其原因,古汉语讲究对仗工整,而英语除非为表强调,一般很少用排比或重复,更倾向于长短句并列,多种句式并举。因而,在翻译过程中应尽量用自然的、符合英语表达习惯的语句来表现。

《素问·宣明五色》中说:"久视伤血,久卧伤气,久坐伤肉,久立伤骨,久行伤筋。"如果完全按照原文句式将其译成"Excessive watching impairs blood, excessive lying impairs energy, excessive sitting impairs flesh, excessive standing impairs bone, and excessive walking impairs sinew."译文看似工整且传达了原文的风格,而实际上英文文章的一大忌讳就是对同一个词语的重复。为了更好地为英语读者所接受,该句是否可译成"Just as excessive watching does harm to blood, so do lying, sitting, standing and walking in their extreme form to energy, flesh, bone and sinew respectively."

钱钟书先生认为,"翻译总是以原作的那一国语文为出发点,而以译成的这一国语文为到达点"(陈福康,2000)。因而,中医院校的学生必须多读

英文佳作,从中领悟英文的用词和句式特点,培养良好的语感,才能译成为西方人所接受的地道的英文文章,避免中不中、洋不洋。

中医学在几千年的形成与发展过程中身受中华古典文化和哲学思想的影响,讲究整体观,强调天人合一,其文献著作都带有浓郁的中华文化色彩。"翻译是两种语言之间的转换艺术、技巧和科学知识三者的结晶,绝不是简单的对号入座式的替代过程"(曹国英,2000:9),在两种不同的文化体系下,想将中医文献的内容和形式均完美地传达给西方读者似乎很难。而从另一方面来说,人类文化虽存在着差异,但又有其共性,究其根本都是人类历史、社会进步的产物,存在着共同的文明内核,因而不同的文化之间就存在着转换的可能性。由此可见,中医英译工作虽显艰难但并非无法做到。中医学生必须潜心研究中国传统文化,勤学苦练英文基本功,培养良好的英语语感,才能架起中西方文化尤其是医学文化交流方面的桥梁。

参考文献:

曹国英. 科技英语文献的翻译研究[J]. 上海科技翻译,2000(1):6—9.

陈福康. 中国译学理论史稿[M]. 上海:上海外语教育出版社,2000.

陈战. 中医药语言的特点及英译中的常见障碍[J]. 西部中医药,2014(1):143—144.

程玲. 文化认知对中医英译的影响[J]. 江淮论坛,2013(6):178—182.

何敏. 谈谈如何在翻译中保留中医术语的文化色彩[J]. 湖南中医学院学报,2004(4):33—35.

赵丽梅. 浅析中医英语翻译障碍[J]. 中国中西医结合杂志,2010(4):426—428.

Nida, Eugene A. *Language, Culture, and Translating*[M]. 上海:上海外语教育出版社,1993.

从 WHO/ICD-11 到 ISO/TC249

李照国①

(上海师范大学 外国语学院，上海 200234)

摘 要 本文根据世界卫生组织和世界标准化组织启动中医名词术语英译国际标准工程以来的发展趋势、合作理念和问题挑战，进行了较为具体的分析、总结和研究，就如何理解和掌握中医基本概念和术语的实际内涵以及如何传播和尊重中医的理法方药提出了颇具针对性的意见和建议。

关键词 WHO/ICD-11；ISO/TC249；术语；标准化

From WHO/ICD-11 to ISO/TC249

LI Zhaoguo

(Foreign Languages College, Shanghai Normal University, Shanghai 200234)

Abstract This paper makes a concrete analysis on the development trends, cooperation concepts and challenges since the issue of WHO/ICD-11 and ISO/TC249. Targeted opinions and suggestions on how to grasp TCM's basic concepts and the connotations of its terminology, and on how to spread and respect TCM's theory, methods, formulae and medicinals have been put forward.

Keywords WHO/ICD-11；ISO/TC249；terminology；standardization

---

① 作者简介：**李照国**，英语语言文学学士、语言学与应用语言学硕士、中医药学博士、翻译学博士后。现为上海师范大学外国语学院院长、教授，世界中医药学会联合会翻译专业委员会会长，世界卫生组织 ICD-11/ICTM 术语组专家，世界标准化组织 TC249 专家，长期从事中医翻译、中医名词术语英译国际标准化和国学典籍英译研究工作，先后撰写出版《中医基本名词术语英语翻译国际标准化研究：理论研究、实践总结、方法探索》等学术著作 26 部，翻译出版《黄帝内经》等译著 25 部，发表研究论文 130 余篇。

1. 论争与论辩：从 WHO/ICD-11 到 ISO/TC249

从理论上讲，中医名词术语英译及其国际标准化是一个纯学术的问题，或者说纯语言学和翻译学的问题，与政治似乎毫无关系。然而，从近些年来的发展来看，这样的认识似乎过于理想化。事实上，中医名词术语英译及其国际标准化问题目前已经与一些地缘政治纠葛在一起，这一点在 WHO 和 ISO 所推动的中医国际标准化的有关工作中就得到了充分的体现。事实上，在 WHO 1982 年开始启动针灸经穴名称的国际标准化工程时，这一问题就已经显现出来。

20 世纪 60 年代中期，中国针刺麻醉术的研究成功引起了世界许多国家和组织的关注。后来 WHO 在北京专门召开了一次会议，号召其成员国推广使用针刺疗法以促进各国基础医疗保健事业的发展。在 WHO 的主持下，与会各国专家在这次会议上还确定了针刺疗法的 43 种适应证。会议之后，WHO 在不少国家设立了 WHO 合作中心，开展针灸国际培训工作，为各国培养针灸师。由于针灸在以往的国际传播中术语翻译极不统一，给国际交流和合作造成了很大的困难，也在一定程度上妨碍了其在国际的进一步传播和发展。

为了从根本上解决针灸经穴名称的国际标准化问题，WHO 于 1982 年启动了针灸经穴名称国际标准化工程。在此之前的 1980 年 10 月，日本人 Andree Nakajima 博士作为 WHO 的短期顾问（temporary advisor）访问了中国，希望与中国方面商讨确立一个标准化方案。从 1981 年到 1982 年间，中日两国有关方面就此问题举行了几次研讨，试图就制定国际标准化针灸经穴名称的指导方针求得共识，但由于两国对此问题的认识存在较大的差距，最终没能达成协议。这其中所涉及的除了学术问题之外，更多的是关于针灸经穴名称国际标准化的理念与方法。换句话说，这涉及谁有资格用英文或中文之外的其他语言给针灸经穴名称和概念进行解释和定义的问题。这就触及问题的另一个方面，即中医药学的文化主权和知识产权问题。

事实上，目前在 WHO 和 ISO 就中医药学的名称及其基本术语和概念的国际标准化问题上，中国与周边一些国家之争就集中地反映在中医药的文化主权和知识产权这一问题上。这就是为什么某些国家在这两个国际组织所推动的有关中医标准的过程中推行"去中国化"的根本原因。

目前，WHO 正在推进 ICD-11 传统医学部分的研制工作，而这部分工作的核心内容便是中医药学问题。这也是近年来中国与某些国家在中医药问题上不断交锋的主战场。为了说明问题,本文以 ICD-11 作为个案,对有关问题的背景、现状与发展做概要分析,希望引起国内学术界对这一问题的重视。特别希望引起语言学和翻译学界的专家和学者们对这一问题的了解和认识,希望有更多的语言学和翻译学专家和学者关心、指导和帮助我们开展有关研究。

2. 史实与事实:从 WHO/ICD-11 和 ISO/TC249 的名称谈起

ICD 是 International Classification of Diseases(国际疾病分类)的缩写,由 WHO 主持编写和发布,作为权威的国际标准供世界各国医务人员从事医疗、教学和科研工作使用。在以往的 ICD 10 个版本中,所有的疾病名称、定义和编码均为现代医学所使用,传统医学的相关内容一直没有纳入其中。2008 年,世界卫生组织决定编写 ICD 的第 11 个版本(即 ICD-11),同时决定在 ICD 的第 11 个版本中专门开辟一个章节,将传统医学纳入其中。这对于 ICD 而言,的确是一件开天辟地的大事变,必将为传统医学的发展和国际空间的拓展创造良好的条件。为此,WHO 专门成立了研究协调机构,组织相关国家专家召开会议,讨论制订将传统医学纳入 ICD-11 的思路、方法和程序,并努力协调各国之间的意见和分歧。

根据两次日内瓦非正式会议、两次香港和一次日本正式会议的讨论情况来看,所谓的传统医学,实际上就是中医药学,因为其他国家(如印度等国)的传统医学因种种原因尚未具备进入 ICD-11 的条件。在日内瓦和香港会议上,各参加国(无论日本、韩国、英国还是美国)所讨论的只有中医。这对于中医的国际化自然具有十分重要的意义。对此,中国政府的态度是非常积极的,先后组建代表团出席了历次会议,并对 ICD-11 的研制和发展做出了郑重的承诺。为此,国家中医药管理局曾召集国内各方专家先后召开了多次会议,研究相应的对策和方案,并组建了国际和国内专家组,系统深入地研究与之相关的分类、术语、干预和信息等问题。

经过专家组的多方努力和协调,中国推荐方案的中文草案在 2010 年 5 月基本完成。顾问组、专家组和工作组对此又进行了充分讨论和研究,进一步完善了草案的内容和体例。之后,国家中医药管理局又组织有关专家对草案进行了论证和审定,提出了许多修改意见和建议。专家组根据审定意见和建议,对草案又做了多处调整和修正,形成了中国推荐的最终方案。这一方案在充分考虑到 WHO 关于 ICD-11 的基本模式以及传统医学的录入要求的同时,也充分表达了中国方面对有关问题的原则和立场,特别是中医药学纳入 ICD-11 的内容结构和技术框架。

在国际方面,围绕将中医纳入 ICD-11 的问题,有关国家展开了紧锣密鼓的外交工作,坚决反对以国际通用的英文形式 TCM(即 Traditional Chinese Medicine 的简写)翻译中医药学。他们提出以 Oriental Traditional Medicine 或 East Traditional Medicine 来翻译"中医药学"这个名称,并且不遗余力地宣示他们所谓的 traditional medicine。其实这些国家所谓的传统医学的理论和实践都来自于中医药学。自汉唐以来,中国医药学逐步传入这些国家,并在当地得到了普遍的传播和应用。在西方医学传入这些国家以前,其一统天下的就是中医药学。直到近代,这些国家才废除了中医药学,全盘接受了西方医学。

在 2010 年年初召开的 20 国有关中医药国际标准协调会议上,笔者作为中国代表团的成员出席了本次会议,并代表中国方面在开幕式上做了发言。为了以正视听,笔者精心准备了发言提纲,从历史、文化和现实的角度,阐述了中医源自中国的历史事实以及其在国际传播中对国际医药和文化的贡献。

在 2010 年 6 月初召开的 ISO/TC249(即国际标准化组织设置的中医药学国际标准化技术委员会)成立大会上,围绕着中医药名称的问题,某些国家又展开了一波又一波混淆视听的论战,反对以 TCM 作为该技术委员会的名称。笔者作为中国代表团成员,参加了本次会议。在发言中,笔者对某些国家不顾历史事实的谬论进行了反驳。

但考虑到国际合作的需要,中国代表团决定对 ISO/TC249 的名称问题暂时搁置,留待以后讨论。其实在 ISO/TC249 申请设立之时起,这一争议便被日韩所挑起,给筹备工作造成了极大的困难。根据 2009 年 ISO 南非开普敦会议精神,暂以 TCM(即"中医药")命名 ISO/TC249,正式名称留待讨论后决定。在 ISO/TC249 的成立大会上,由于某些国家的反对,使得大会很难做出 ISO/TC249 命名的决定,只好宣布继续"暂时以 TCM 命名,正式名称以后再议"。

为了协调各国立场,WHO 决定既不使用 Traditional Chinese Medicine,也不使用 Oriental Traditional Medicine 或 East Traditional Medicine,而是采用 Traditional Medicine 这一名称来称呼时下正在研制的 ICD-11 中有关中医药的相关部分。中国方面考虑到国际合作的因素,特别是世界卫生组织相关工作的开展,最后默认了 TM(即 Traditional Medicine)这样一个模糊的概念和名称。

3. 现象与现实：从 ICD-11 传统医学部分中国推荐方案的英译谈起

由于中医的基本理论源自中国古典哲学，使得其概念和术语的语义常常显得非常宽泛和多变。因此，一个中医概念和术语的内涵不但是多方面的和多层次的，而且是模糊的、不具体的。这就给准确和具体的翻译造成了很大的困难。这也是导致目前中医术语英译论争不休的主要原因之一。本文试以 ICD-11 传统医学部分中国推荐方案的翻译问题为例，谈谈这一问题存在的客观原因及其在国际标准化推进中的应对策略。

世界卫生组织 ICD-11 传统医学部分 Content Model 中国推荐方案由国家中医药管理局组织有关专家从 2009 年年底开始进行研制。研制人员分为三个小组，即顾问组、专家组和工作组。笔者为专家组和工作组成员，参与了整个推荐方案的起草、讨论和定稿工作，并承担了将其翻译和制作成英文方案的具体工作。

在讨论中文草案的会议上，笔者曾提请与会专家，在制定中文方案的时候，务必注意术语之间的关联性和语义的明晰度。在汉语中，有很多貌似不同的概念，究其实质，却很难有明确的区分界限。在中医名词术语中，这样的情况并不少见。有时，一些概念在用词方面确有不同，在内涵方面似乎也略有差异。但翻译成英文时，却很难明确地对其加以区分。这正如"美丽"和"漂亮"一样，从字面上看是两个不同的词语，从内涵上看，既十分接近，又不尽相同。

如中医上讲的"后阴"和"肛门"、"魄门"，字面上颇为不同，实质所指却完全一样。但从词义的关联性方面来看，三者又各有侧重，并不尽然。所谓"后阴"，是中医学上的一种委婉用语。和很多民族一样，中国古人有许多专门描述或暗示与性行为和性器官有关的词语，这些词语后来也成为医学上的专用术语。"阴阳"本指日月的向背，引入哲学领域后，指事物相反相成的两个方面。引入医学领域，则用以解释人体的表里、脏腑以及功能与物质的关系。引入两性之间，则"阳"指男而"阴"指女，同时"阴阳"又常用以喻指性事，"合阴阳方"、"阴阳早合"中的"阴阳"即暗喻性行为；"阳事不举"、"阳痿"中的"阳"则暗喻男子性行为；而"前阴"和"后阴"则暗喻人体的下部的两个部位，"前阴"指外生殖器，"后阴"则指肛门。

"肛门"则是古人对排便孔窍的比喻性说法，"肛"字取形与"缸"，加月字旁代表人体。"取类比象"是中国古人认识问题的基本方法之一，"肛"字的结构和寓意实际上也反映了古人将其类比于"缸"之开口以倒内物的功能。从这个意义上讲,"肛门"这一说法最接近于实际,也最为形象,因此成为目前医学(包括现代医学)的通用之语。但是,对于一般民众而言,看到这个词,多少好有一些不太自在的感觉。因为它无论从形还是从义上看,多太直观,给人一种不太良好的联想。这就如同"出恭"和"如厕"一样,意义相同,感觉颇异。

"魄门"听起来似乎有些游离原物之意。但"魄门"自古以来却都是中医上的专门用语,用以喻指"肛门"。例如,《证治要诀》中说:"肛门者……又曰魄门。"在今人看来,"魄"总是和"魄力"(daring and resolution; boldness)、"气魄"(boldness of vision; breadth of spirit; daring)等相关,怎么会和那排泄不洁之物的通道有染?"魄门"一词出自《素问·五脏别论》,指七冲门之一的肛门。为什么用"魄"来指"肛"呢?原来"魄"在古代通"粕",因糟粕从肛门排出,所以将肛门又称为"魄门"。由此看来,"魄门"者,"粕门"也。由于人类对于性器官和人体私密部位的避讳,"魄门"这一通假用法反而具有了某种委婉用语的特点,和"后阴"一样,成为中医学中的"雅言"。

从以上分析可以看出,"后阴"、"肛门"、"魄门"在中医学上尽管基本所指同一,但在结构和寓意上却各有侧重。这可能就是为什么这三个词语至今还在中医学中长期共存、互相喻指的主要原因吧。在中文中,这种现象的存在不但丰富了语言的表达能力,而且也具有一定的修辞效果。但当将其翻译成英文时,这样的作用却很难体现出来。无论是"后阴",还是"魄门",翻译成英语时,都是 anus。当然,在向西方人传授中医学时,我们可以对这三个词语的结构、语义和演变进行详细的解释说明。但作为一个临床使用的分类规范,将这三个术语都纳入其中的话,却会引起很大的混乱。既然这三个术语翻译成英语都是 anus,我们在推荐给 WHO 的 Content Model 中就不必将三个术语全部列出,以免引起混乱。这就像我们中国人的称谓一样,尽管我们对长自己一辈的男性就舅舅、叔叔、姨夫、姑父、伯伯等不同称呼,对长自己一辈的女性有婶婶、姨姨、姨妈、姑姑、妗子等不同称谓,翻译成英语时却只能在 uncle 和 aunt 两者之间周旋。

为此,笔者一再提请起草推荐方案的专家注意这方面的问题,以便使我们中方的推荐方案能简洁明了,切中实际。起草方案的专家们也的确充分注意到了这一点,在整个起草和讨论的过程中,对这方面的问题进行了细致的推敲和把握,剔除了不少具有中国文化特色但却不利于其英文翻译的概念和术语,为笔者最终翻译和制订英文方案奠定了实践基础。经过顾问组、专家组和工作组专家和学者半年多的努力,中文草案终于定稿,并得到了审稿专家的一致认可。

有关方面将审定后的中方推荐方案转发给笔者，要求笔者在指定时间完成翻译并就英文方案提出具体的意见和建议。笔者在参与草案的起草、讨论和审定过程中，已经着手英文方案的制订工作，并先后收集整理了大量资料和参考书目。这些参考资料和书目包括三个方面的内容：一是国内有关方面主持制定的国家标准（如《中华人民共和国国家标准中医基础理论术语 Basic Theory Nomenclature of Traditional Chinese Medicine》和"全国名词委"2004 年公布的《中医药学名词 Chinese Terms in Traditional Chinese Medicine and Pharmacy》）；二是有关国际组织主持制定的国际标准（如 WHO 西太区 2007 年颁布的《世界卫生组织西太区传统医学术语国际标准 WHO International Standard Terminologies on Traditional Medicine in the West Pacific Region》和"世界中联"2007 年颁布的《中医基本名词术语中英对照国际标准 International Standard Chinese-English Basic Nomenclature of Chinese Medicine》）；三是国内外通行的一些汉英英汉中医词典，这些词典均为世界卫生组织西太区制定标准时所确定的参考书（如谢竹藩教授主编的《中医药常用名词术语英译 English Translation of Common Terms in Traditional Chinese Medicine》、英国人 Nigel Wiseman 所主编的《汉英英汉中医辞典 Chinese-English and English-Chinese Dictionary of Traditional Chinese Medicine》以及笔者所编写的《简明汉英中医词典 A Concise Chinese-English Dictionary of Traditional Chinese Medicine》等）。

在具体的翻译过程中，笔者主要以现行的国家和国际标准为参考，以通用的汉英英汉词典为补充，尽量采用较为流行且基本符合中医相关概念和术语实际内涵的译法，避免标新立异或独辟蹊径，以免引起歧义或异议。尽管谨小慎微，笔者在翻译过程中还是遇到了一些意想不到的问题，如"邪进正退"、"正进邪退"等一些术语，在现行的国内和国际标准和流行的一些汉英英汉中医辞典中都没有收录。对此，笔者只好根据这些术语的实际含义并参考相关标准和词典对类似术语的处理方法，将前者翻译为 progress of pathogenic factors and recession of healthy qi，将后者翻译为 progress of healthy qi and recession of pathogenic factors。还有一些术语，从现有的词典和资料中均无法查到，如"畜门"、"视衣"、"准骨"、"朱砂掌"、"板痛"等，后经咨询专家组，方知"畜门"即"鼻孔"（nostrils）；"视衣"即"视网膜"（retina）、"准骨"即"鼻柱骨"（bridge of nose）；"朱砂掌"指"两手掌大小鱼际处肤色红赤，压之褪色，即现代医学的'肝掌'"（liver palms）。而"板痛"则比较复杂，据专家组解释，"板痛"是吴鞠通、沈金鳌、尤在泾等人著作中常见症状，相当于牵制、重着性质的疼痛（pulling and heavy pain）。

在翻译过程中,笔者发现有些中医的概念和术语虽然在中文中有明显的形和义的区别,但在英语中却很难完全加以区分。例如,"舌本"和"舌根"虽然是两个颇有区别的术语,但其内涵却往往交织在一起,因此不少中医词典都将其视为同义词。专家组的解释是:"舌本"(tongue base,或 body of tongue)有舌之整体与舌根(root of tongue)两个含义,或直指舌根;"舌根"则专指舌体的后三分之一。如果将二者合并,则应以"舌本"概括较妥。从专家组的解释可以看出,"舌本"其实包含"舌根"。考虑到这一实际,笔者在翻译时既没有根据现行的中医词典将其视为同义词,也没有完全按照专家组的意见将其合并为一,两者并存,释义从异,即将"舌本"译作 base of tongue,将"舌根"译作 root of tongue,以保持中医对"舌"的独特认识。

"耳道"和"耳窍"在一些中医词典中也被视为同义词,但从中医解剖学的角度来看,二者似乎还是有所区别的。为此,笔者专门请教了专家组的意见。专家组的意见有二:一是删除"耳窍",一是认为耳道指外耳道(external acoustic meatus),耳窍可泛指耳(ear)。从笔者学习、翻译和研究中医的理论与实践的体会来看,"耳窍"既不完全是"耳道"的同义词,也不完全指"耳朵"本身。"窍"就是孔的意思,"耳窍"的直观感觉就是"耳孔",似乎可以直接译作 ear orifice。这就如同"鼻窍"(nostrils)既不是指的"鼻道",也不是指的"鼻子"本身一样。因此,在翻译"耳道"和"耳窍"时,笔者既参考了专家的意见,又结合了其语义的实际,将其分别加以翻译,在英文方案中保留了这两个中医用语。

"小腹"和"少腹"是中医上的一对独特概念,在很多词典中也都视为同义词,一概译作 lower abdomen。根据《中华人民共和国国家标准中医基础理论术语 Basic Theory Nomenclature of Traditional Chinese Medicine》,"小腹"和"少腹"是两个不同的概念,前者指脐以下至趾骨联合毛际处,少腹指小腹的两侧。所以笔者将前者译为 lower abdomen,后者译作 lateral sides of lower abdomen,比较完满地表达了这两个概念的基本内涵,且使其在结构上有了明确的区分。

"胞脉"和"胞络"在有些词典中也被视为同义词。这是因为在中医典籍和用语中,"脉"和"经"之意常常交互关联,且"经脉"二字经常连用或表达"脉"和"经"两个概念或只表达"经"这一单一概念。比如,"奇经八脉"一词虽然既使用了"经",也使用了"脉",但却并非既指"经"又指"脉",而是单指"经"。因此,WHO 西太区在制定《针灸经穴名称国际标准》时,就将"脉"误译为 vessel,故而将"督脉"译作 Governor vessel Conception vessel,将"任脉"译为 conception vessel,将"冲脉"译作 thoroughfare vessel,将"带脉"译作

belt vessel,将"阴维脉"译作 yin link vessel,将"阳维脉"译作 yang link vessel,将"阴跷脉"译作 yin heel vessel,将"阳跷脉"译作 yang heel vessel。其中的"脉"统统地译作 vessel,其实"奇经八脉"中的"经"和"脉"都指的是"经",即 meridian 或 channel,而不是"脉"(vessels)。

"络"(collateral)和"经"(meridian 或 channel)是密切相关的,"经"是主干,"络"是分支。明确了"经"和"脉"的关系,"络"和"脉"的关系也就迎刃而解了。"胞脉"和"胞络"究竟是否同义词呢?翻译时可否将其合二为一加以翻译呢?据《中华人民共和国国家标准中医基础理论术语 Basic Theory Nomenclature of Traditional Chinese Medicine》的解释,"胞脉"指分布于胞宫而属于心的脉络(uterine vessel),而"胞络"则指分布于胞宫而系于肾的脉络(uterine collateral)。这样看来,"胞脉"和"胞络"是两个概念,而不是同义词。

在推荐方案中有"烦渴引饮"、"口渴引饮"两个术语。但据笔者所知,中医上常用的是"大渴引饮",鲜有"烦渴引饮"、"口渴引饮"之说。为此,笔者将其提交给专家组解决。经过专家组研究,建议将"烦渴引饮"删除。

在推荐方案中,还有一些含义相同或相近的术语。这样一些术语似乎不宜一成不变地纳入推荐方案之中,以免引起其他国家对此方案的疑惑。如"胖舌"和"胖大舌"、"恶心"和"恶心欲吐"、"咳血"和"咯血"、"泛酸"和"吞酸"等,其含义比较相同、相近或相似。若仔细推敲,这三组术语之间还是有细微差别的。如对"咳血"和"咯血",专家组的解释有二:一是同义,二是非同义。认为二者非同义词的解释是,临床上咳血与咯血都是因咳嗽而出血之症状,但前者指痰中带血丝,或痰血相兼;后者指痰少血多,或大量咯出鲜血。从这个解释来看,二者似乎确有区分,但这种区分其实只体现在其定义之中。作为术语,翻译时要求简洁明快,见词明义,而不宜过多解释。这可能就是为什么许多词典和专家都将其视为同义词的原因吧。对于"泛酸"和"吞酸",专家组的意见也有二:一些专家认为二者为同义词,另外一些专家则认为二者并非同义词。认为其非同义词的专家解释说,"泛酸"指酸水自胃中上逆,包括吞酸和吐酸;而"吞酸"则指酸水由胃中上至咽喉,未及吐出而下咽,并可感觉酸味的刺激性;"吐酸"指酸水自胃中上逆而频频吐出的表现。

从专家们的解释来看,"泛酸"、"吞酸"和"吐酸"似乎却有区分,但这种机理上的细微差异在译文中其实是很难体现出来的。因为在英语中相关的术语只有一个,即 acid regurgitation。因此,尽管我们可以从语义和病理方面对其细微差异做出细致入微的区分,但在翻译时却很难做出具体而实际的体现。

在本方案中,还有一些术语的语义似乎不是十分明晰,翻译时很难明确把握。如"夜尿",如果直接译作 night urination 或 urination at night,似乎不是一个专业术语。如果将其视为一种疾病或症状,又缺乏病理学基础。在其他一些相关词典和资料中,笔者未曾查到这一术语。据专家组解释,"夜尿"指夜间小便 3 次以上,或夜间尿量增加,超过全日 1/4 的表现。这样看来"夜尿"实际指的是"夜尿频数",即 frequent urination at night 或 frequent nocturnal urination。专家组也因此将"夜尿"改为"夜尿多",比较准确地表达了该术语的基本含义。再如"颈脉",究竟指的是颈部的血管还是经脉?经咨询专家组并查阅相关资料得知,"颈脉"实际上指的是颈部的脉管,人迎脉搏动处,故又称人迎脉,所以可以译为 cervical vessel。

"滑胎"与"小产"在一些词典中也视为同义词。其实二者含义虽然时有交叉,但还是有明确区别的。一般来说,滑胎指怀孕后自然流产,连续发生 3 次以上,可以译为 habitual abortion。而小产则以妊娠 12~28 周内胎儿已成形而自然殒堕为特征,可以译为 late abortion。

方案中还有一些术语,其含义在中文里颇为近似,但其具体所指还是有明确区分的,翻译时似不易将其视为完全相同的概念或术语加以处理。例如,"目眩"与"目昏"在很多词典中都笼统地译作 dizziness 或 vertigo。"目眩"俗称"眼花",指眼前发黑,视物昏花、晃动,可以译为 dizziness;"目昏"指即视物模糊不清,可以译为 cloudy vision。

方案中还有一些术语在表述上与通行的中医教科书和词典中的用法不尽相同。例如,案中有"表里同寒"、"表里同虚"、"表里同实"三个术语。而在通行的中医教科书和词典中,"同"皆为"俱"。这个问题虽然并不影响翻译,但作为中方推荐的中文方案,本身就应达到一定的规范要求。为此,笔者提请专家组斟酌处理。经过讨论之后,专家组同意了笔者的建议,将这三个术语中的"同"改为"俱"。

通过对中方推荐方案的翻译和研究,笔者对中医基本名词术语的翻译和规范化问题有了一些新的认识。这些认识融入了自己对相关术语的理解和翻译之中,从而使自己对相关概念和术语的理解更加深入,对翻译方法和技巧的应用更加灵活,对中医名词术语翻译及其国际标准化的概念和思路更加清晰。

中医医史文献学基本术语英译初探

刘 成 王小芳

（江西中医药大学 人文学院，江西 南昌 330004）

摘 要 中医医史文献学基本术语的英译缺乏多样性、亟须规范，有的术语英译版本较多，有的几乎没被翻译过。本文基于中医药名词术语英译规范基本原则和方法经过仔细研究术语的中文内涵并参照国际、国内英译标准，给出了推荐的英译词，以期促进中医医史文献学基本术语英译的统一。

关键词 中医医史文献学；基本术语；英译

Study on the English Translation of the Basic Terms of TCM History and Literature

LIU Cheng　WANG Xiaofang

(College of Humanities, Jiangxi University of Traditional Chinese Medicine, Nanchang 330004, Jiangxi)

Abstract There is no diversity for the English translation of the basic terms of TCM History and Literature, some terms barely being translated and some having many translation versions. In this case, we need to strengthen and regulate the English translation for the basic terms of TCM History and Literature. Based on the basic translation principles and methods of TCM terminology, we carefully studied the Chinese connotation of the terms, referred to the international and domestic standards of English translation for TCM terminology, and recommended proper English translation words, aiming to promote the unification of English translation for the basic terms of TCM History and Literature.

Keywords Science of TCM History and Literature; basic terms; English translation

---

① 基金项目：本文系江西省社会科学规划高校外国语言教学研究专项课题（No.15WX201）、2016年度江西省高校人文社会科学研究项目（No.YY162002）成果之一。

② 作者简介：**刘成**，男，江西中医药大学人文学院副教授，研究方向为中医药名词术语英译。王小芳，女，通讯作者，江西中医药大学人文学院讲师，研究方向为中医英语翻译及教学。

中医药名词规范工作就是根据预先确定的命名规则,建成规范的中医药系统术语集。中医药中英双语术语工作就是利用等义现象在英语中寻找到中文中医药名词的等义术语,在中文术语规范工作的基础上对中文术语已有的英文名进行规范(洪梅,朱建平,2013:47,50)。中医药名词术语英译是中医药走向世界的一个重要桥梁。中医术语规范成为中医现代化国际化的关键问题之一(李经纬,余瀛鳌,欧永欣,1995:247)。

1. 中医药术语英译规范原则和英译方法

中医药术语源于汉语,言简意赅,内涵丰富,大多找不到对应的英文术语,需要采用一定的原则和方法创造对应术语。在进行英文术语规范研究中应遵循"中医药名词术语英译规范原则",即对应性、系统性、简洁性、同一性、回译性、民族性、约定俗成、协调统一8个原则,对术语的英译既要反映中医的本意,又要符合英语国家的语言习惯(洪梅,朱建平,2013:47,50)。中英文术语规范的工作原则主要参考全国科学技术名词审定委员会于1996年制定的《科学技术名词审定原则及方法》、国家标准委《GB/T20001.1—2001标准编写规则第1部分:术语》、《GB/T10112—1999术语工作原则与方法》、《GB/T15237—2000术语工作词汇》第1部分:理论与应用《GB/T16785—1997术语工作概念与术语的协调》。中医药名词双语规范工作主要在术语学理论与方法指导下,根据以上工作文件,并综合分析中医药名词特点的基础上进行制定(洪梅,朱建平,2013:47,50)。

翻译方法主要包括"直译"和"意译",前者是指选择一个与源语相对应的词汇作为目的语。后者是指在翻译中舍弃或忽略原文表达方面的形式,诸如词汇的运用、句法的规范、修辞手段等,尽可能地保留原文的意思和风格。对于中医医史文献学基本术语的英译,能直译就直接处理。大多数名词需要使用意译法进行对等翻译,以便最大限度地传达出源语内涵,体现出源语风格。

2. 中医医史文献学基本术语分类

中医医史文献学是从史学和文献学的角度研究中医药学理论与经验、学术特征、文化内涵与发展规律的一门学科,是中医学重要的基础学科。该学科基本术语主要可分为如下几类:中医医史文献学基础术语、医政与医学教育术语、古代医生与医学分科术语、医学流派与学说术语、古代医学人物名称、古代中医学名篇名著等。总体上讲,这些术语缺乏英译版本,翻译最多且译史较久的是古代中医学名篇名著。中医医史文献学基础术语翻译问题较多、各类术语差异较大、英译难易有别,亟须规范。医政与医学教育类术语具有明显中医特色,翻译时要仔细斟酌。医学流派、学说与古代医学人物的翻译相对容易处理。

3. 中医医史文献学基本术语英译

中医医史文献学是中医药学的重要部分,该学科术语是中医学术语的基干。长期以来中医医史文献学术语的英译并不统一,很多名词缺乏英译词。目前涉及中医医史文献学名词英文翻译的国内标准主要有《中医药学名词》(全国科学技术名词审定委员会,2004),国际标准主要是《中医基本名词术语中英对照国际标准》(世界中医药学会联合会,2008)和 WHO International Standard Terminologies on Traditional Medicine in the Western Pacific Region(世界卫生组织西太平洋地区,2007)。此外在国际上具有一定权威性的中医药名词术语英译工具书有 *A Practical Dictionary of Chinese Medicine*。中医术语标准化是实现中医现代化、国际化的基础和前提。中医医史文献学名词的英译能反映中医药术语英译的基本问题。对这方面术语的翻译和标准化问题的讨论有利于我们进一步明确医史文献学术语以及其他中医术语翻译的基本原则与方法。

4. 术语英译分类探讨

4.1 中医医史文献学基础

中医医史文献学基础类术语中具有相同结构或术语部件的术语可以统一其译法,譬如"中国医学通史"、"民族医学史"、"中医学史"、"专题医学史"、"医学交流史"、"军事医学史"等,这些术语中的"医学史"、"技术史"、"交流史"建议译为"history of +(修饰语)+ 核心名词"的基本结构。譬如,"中国医学断代史"译为 dynastic history of Chinese Medicine。

4.2 医政与医学教育

医政与医学教育类术语里有不少的机构名称,如"安济坊"、"慈幼局"、"福田院"、"广惠司"等,因这些术语里的"坊"、"局"、"院"、"司"等与现今的意义出入较大,建议按照音译加意译法予以处理,这样能更好地保留术语的民族性,也有利于英文读者进行理解,譬如"安济坊"译为 Anji Fang, medical welfare facilities forthe poor and the sick in Song dynasty。

此部分有少量术语的译本较多,亟须规范。譬如,"太医署"的英译有:*Office of Imperial Physicians*(《实用汉英针灸辞典》),*Office of Imperial Medical Affairs*(《简明汉英中医词典》),*SUI-TANG*:*Imperial Medical Office*(an official organization of medical therapeutics (《汉英政治法律词典》),*The Imperial Academy of Medical Science*(《汉英中国文化词典》),*Imperial Medical Academy* (《英汉汉英医学分科词典·中医药学分册》)。太医署是古代医疗和医学教育的机构,始建于南北朝时期,隋唐臻于完备,以医疗为主,教学次之(李经纬,余瀛鳌,欧永欣,1995:1948)。根据太医署的内涵及中医药名词翻译的对应性、简洁性等原则建议译为 *Imperial Academy of Medicine*。此外,"尚药局"的译法有 *Imperial Medical Administration*(《新汉英中医学词典》),*Imperial Medical Bureau*(《汉英大辞典》),*Imperial Medical Bureau*(《实用汉英中医词典》),*Palace Medical Service*,*Imperial Medical Bureau*(《汉英政治法律词典》)。根据其中文内涵建议译为 *Medical Academy for the Emperor*。

有些术语在翻译时可先确定其公共部件再进行翻译。比如,在翻译"翰林医官院院使"时,先翻译"翰林医官院"为 Hanlin National Institution of Medicine,因为"翰林医官院"是宋代掌管医药事务的机构,主要管理宫廷统治阶级医药诸事,并对民间疾病医疗问题进行管理。院内设翰林医官院使、副使、直院等多种官职掌管该机构。并设有许多名目的大夫、郎和冠以翰林的不同职称,以分别其职位的高下(李经纬,余瀛鳌,欧永欣,1995:247)。然后可将"翰林医官院院使"意译为 supreme officials in Hanlin National Institution of Medicine。此外,古代的"教授"、"助教"等与现代的意义相差很大,翻译时宜采用"音译+意译"双译法予以处理,譬如"太医局教授"可译为:Jiaoshou in Bureau of Imperial Physicians, a professional title for medical officials in charge of teaching affairs in Song Dynasty;"太医助教"可译为:Zhujiao of Imperial Physicians, a title for medical officials in charge of the cultivation and selection of imperial physicians in ancient China。

翻译同一机构里的不同级别官职时建议采用意译法。首先统一处理公共的术语部件,比如"太医院",它是古代医疗机构名,系专门为上层封建统治阶级服务的保健组织,始设于金代,元、明、清各代均设太医院。其管理官员、医师等的职称常有变动,名目不一。例如,金设太医院提点、使、副使、判官等官职,总管全院的各类事务,并选拔技术优良的人员充任管勾、正奉上太(朱建平,2006:6—8)。结合术语翻译的简洁性、对应性原则可将其译为 Imperial Medical Institution。然后再处理由"太医院"衍生的其他术语就能更加规范。譬如,"太医局令"可译为 supreme officialof Imperial Medical Institution,"太医局提举"可译为 chief manager of Imperial Medical Institution,"太医院提点"可译为 superintendent of Imperial Medical Institution。

对于一词多义的术语翻译,可以音译然后分别增加意译处理。比如,"运气"可以是宋代太医局对医生进行考试的科目之一,主要研究一年四时气候因素之变化规律及其对人体的影响、与发病的关系等,也可指五运六气。建议将"运气"译为 yun qi (①medical examination of directing qi;②five evolutive phases and six climatic factors)。

4.3 古代医生与医学分科

这部分术语涉及了不同的"科"(医学分科、专科之义)。比如"唐代四科"、"十三科"、"杂病科"、"针灸科"、"清代九科",建议将其中的"科"统一译为 department,譬如"大方科"可译为 Dafang medical department for adult in Yuan Dynasty。如果"科"为其他意义,则需单独处理,比如"按摩科"应译为 massage subject,因为此处的"科"为教学中的科目。

4.4 医学流派与学说

对于各种"学派",如果是地名/人名为其修饰语的,可按照"地名/人名 + school"的结构进行翻译,譬如"河间学派"可译为 Hejian School。对于定语较长且需意译处理的,建议译为"school of + 定语成分"的结构进行翻译,比如"补土派"译为 school of invigorating the spleen。

5. 结　语

中医药名词的英译目的之一就是要在源语和目的语之间建立文化对等,要求译者充分体悟源语的文化意蕴,努力传达出源语的文化特色。中医医史文献学许多名词具有深厚的历史性、人文性,在目的语中往往找不到贴切的对等词,这就需要通过翻译来予以创造。由于译者个人理解和译法的差异,一个术语往往会存在多种译法。在英译时,可从参照已有工具书的译本,并结合医学技术知识,从跨文化角度进行分析,把握好中文词条内涵,比较不同译文的优缺点,再给出该词条的推荐译文;对少数缺乏参照译文或者译文欠佳的,则给出相对合理的英译文。中医术语的翻译应坚持对应性、简洁性、同一性、约定俗成等原则,按照意义明确、择优选用、形式简洁、层次分明、行文规范的方法来进行中医术语英译文的选取,从多方面予以考虑,合理运用多种译法,使译文为读者所理解和接受。

参考文献:

洪梅,朱建平.中医药名词英文翻译与规范原则关系的探讨.中国科技术语[J].2013(2):47,50.

李经纬,余瀛鳌,欧永欣.中医大辞典[M].北京:人民卫生出版社,1995.

李经纬,余瀛鳌,欧永欣.中医大辞典[M].北京:人民卫生出版社,1995.

李经纬,余瀛鳌,欧永欣.中医大辞典[M].北京:人民卫生出版社,1995.

朱建平.中医术语规范化与中医现代化国际[J].中华中医药杂志,2006(1):6—8.

中药功效术语英译实践和理论的回顾与思考

廖结英　贾德贤①

（北京中医药大学 人文学院 国际学院，北京 100029）

摘　要　文章以中药功效术语英译为出发点，分别回顾了中医英译实践和中医英译理论指导，并找出中医英译和翻译理论指导的结合点：隐喻认知和关联，通过中医语言和逻辑特点的分析以及关联翻译理论的指导优势，总结出适合中医英译的翻译理论——关联翻译理论，以期关联翻译理论在未来大量中医英译实践的验证下能稳坐中医翻译理论的宝座。

关键词　中药；功效术语；中医英译；关联理论

Study on Practice and Theory of English Translation for Chinese Medicinal Action Terms

LIAO Jieying　JIA Dexian

(School of Humanities School of International Education, Beijing University of Chinese Medicine, Beijing 100029)

Abstract　This paper reviews the practice and theory of TCM English translation from the perspective of English translation of Chinese medicinal action terms, and finds out the combination of TCM English translation and translation theory: metaphorical cognition and relevance. Through analyzing the characteristics of TCM language and logic as well as the advantage of relevance theory, the suitable translation theory "theory of relevance translation" is summarized to guide TCM translation and it may be able to sit on the throne of TCM translation theory under the verification of a large number of TCM translation practice in the future.

Keywords　Chinese medicinal; action term; TCM translation; relevance theory

---

① 廖结英，女，北京中医药大学人文学院，硕士研究生，研究方向为中医英译。贾德贤，女，通讯作者，北京中医药大学国际学院教授、主任医师，研究方向为中医英译、中药药性理论、中外药学交流史研究。

1. 中医英译实践回顾

1.1 起源和历史阶段

中医英文翻译的历史长达 300 多年。早在 1683 年,荷兰医生威廉姆顿·莱姆(Williamten Rhyme)在英国伦敦出版了英文著作《论关节炎》(*On Arthritis*),其中有一章专门介绍了针灸疗法治疗关节炎,这一英文介绍开辟了中医英译的先河。(宋晓璐,王林,2014:47—50)

中医翻译的历史源远流长,早在 1997 年李照国在《中医对外翻译三百年析》中将中医翻译分为五个阶段,但其涉及的是各种外语的翻译。而对中医英译史文献的回顾和研究中,付明明和常存库(付明明,2016:1—162)在 2016 年详细并系统地将中医英译史梳理为四个阶段:第一阶段,17 世纪—1840 年,以外国人为主体的中医西传;第二阶段,1840 年—1949 年,中医英译的实践探索阶段;第三阶段,1949 年—1989 年,中医英译理论研究初显端倪;第四阶段,1900 年至现在,中医英译"百花齐放"。第一阶段主要是针灸与脉诊相关的研究,如在伦敦出版的《论关节炎》(*On Arthritis*)中介绍针灸治疗关节炎和中医古籍翻译《中国通史》(*The General History of China*)和《中华帝国及华属鞑靼全志》(*Description of the Empire of China*);第二阶段主要是中药学相关的研究,如《本草纲目》的英文翻译和中医学著作《中国医史》(*History of Chinese Medicine*);第三阶段,中医各个领域英译经典著作和辞书不断出现,如 1975 年由中国中医学研究院编著英文著作《中国针灸学基础》(*Essentials of Chinese Acupuncture*)的出现标志着单纯的中医英译实践探索阶段宣告结束,中医英译的理论研究初显端倪;第四阶段主要是中医名词术语英译标准化和中医英译实践与理论相结合的研究。

1.2 中药学英译的研究状况

作为中医学骨干学科的中药学,在中国科学家屠呦呦获得诺贝尔生理学或医学奖的同时,也得到国际瞩目,其走向国际化、壮大其疗效和技术也需要英文翻译的大力支持。研究发现,有关中药学英译的研究主要有中药名的英译、中药说明书的英译以及中药性味、炮制、服法等的用词英译等。而有关中药功效术语英译的研究屈指可数,其中比较系统的研究是《中药功效术语内涵与英文翻译的比较研究》(常丹,2013:1—51),这一研究打开了中药功效术语英译宏观研究的大门,为进一步的细节分类研究做了重要铺垫;《中药功效术语意译法翻译的探讨》(石磊等,2016:192—192)仅通过举例探讨功效术语意译法,涉及内容较少,缺乏一定的广度;《中药功效术语英译问题初探》(朱思媛等,2016:693—695)详细深入地分析了功效术语英译存在的问题,但目前还缺乏具体的解决思路和方法;《"清热"相关功效术语中文内涵挖掘与英文翻译的比较研究》(朱思媛等,2016:1—103)从术语内涵出发详细解析了中药清热相关的功效术语,为其他分类的功效术语英译研究做了示范。

在临床中药学中,功效已经成为中药众多有关知识点中的核心部分。张廷模在《中药功效术语》(张廷模,2013:1—9)中指出,学习中药的时候,抓住功效这一核心,可以执简驭繁、事半功倍,同时中药的功效是中药学进行本草文献研究、实验研究、临床研究的出发点,也是各二级学科分科研究后综合提高的归宿。由此可见,中药学中功效术语的英译工作也极为重要。目前,虽然关于中药学英译翻译的研究工作已经取得了一定的成果,但有关中药功效术语的英译研究工作还处于研究的初级阶段。在前辈的努力下,出现了很多中药功效术语英译版本,在译文多样性的同时,译文不规范化、标准难以确立的难题也影响中药的对外传播与交流。通过总结和分析,发现造成这一局面的主要原因有:第一,忽略中药术语存在一词多义的现象,没有在具体语境下进行分析;第二,缺乏系统性的研究,造成中药功效术语英译"各行其政"多种英译版本的局面;第三,功效术语英译研究的层次尚浅,理论深度不够,没有从功效术语本质内涵出发。

2. 中医英译理论指导

2.1 中医英译中常用的理论

通过检索中国知网全文数据库发现,目前只有周义斌和王银泉(周义斌,2013:9—31)对语言学和翻译理论指导下的中医英译做了综述性研究。其研究发现中医英译中涉及的语言学理论和翻译理论有24种以上,如语言国情学、多元系统理论、语用等效理论、文化图式理论、改写理论、元翻译理论、认知语言学、接受理论、翻译美学理论、语篇分析、社会符号学、语义翻译和交际翻译、语言符号学层级理论、译语文本理论、行为语义学、源语中心论等。虽然中医英译研究中涉及24种以上语言学和翻译理论,但在具体分析中深入进行语言和理论分析的并不多,且有些文章只是提到了某一理论并没有进行理论指导下的分析,中医英译还是处于"重实践轻理论"的状态。

2.2 中医英译理论的研究现状

周义斌和王银泉将中医英译研究的不足之处归因于理论的研究,并指出不足之处主要体现在以下两方面:首先,多数研究对中医翻译的方法和技巧只是泛泛而谈,缺乏"言之有理"、"论之有据"的论证,实践经验没有总结上升为一套健全的理论体系;其次,在借鉴西方翻译理论或者语言学理论作为中医翻译理论指导的研究中,涉及的理论视角多,众说纷纭,难以达成共识,缺乏统一的中医英译理论。因此,确立一套中医翻译特色的理论显得任重道远。

早在20多年前李照国(李照国,1997:64—65)就撰文表示对中医对外翻译混乱、缺乏实际的翻译理论体系指导深深的忧虑,他呼吁建立一套具有中医特色的理论体系。他指出,若一个学科缺乏指导其健康发展的科学的、完整的理论体系,将不可避免地陷入无章法可寻的"各家学说"局面。尚未确立中医翻译理论体系的今天,在中医翻译研究的规模扩大的同时,有章可循、有法可依的中医翻译原则和理论是规范中医英译的必经之路。在现有理论的基础上,是否存在一种理论或能否创新出一种理论作为指导中医英译的宏观框架,这还需要深入研究中医语言、逻辑、文化等特点以及理论指导翻译实践的检验。

3. 关联理论指导下的中医英译

3.1 中医语言和逻辑特点

贾春华教授曾指出,研究和评判中医英译的前提是掌握中医学的语言和逻辑特点,他对中医学的语言和逻辑特点有深入的研究,并在《中医学:一种基于隐喻认知的语言》一文中开宗明义:"中医语言是一种基于隐喻认知的语言,中医逻辑是一种旨在发现而不重视证明的逻辑。"(贾春华,2009:11—12)同样,李成华(李成华,2014:85—87)就大量中医术语隐喻认知及英译研究进行了综述研究。他指出,"中医语言在本质上是隐喻的,是承载中医理论和中医文化的基础,中医术语是阐释中医理论的细胞。未充分认识中医术语的隐喻思维,以及借助西医还原论思维研究中医的错误导向,成为西方医学界质疑中医科学性的口实。中医是一种基于隐喻认知的语言,要正确认识中医,就必须准确把握中医传承的载体——语言"。中医学隐喻认知的模式有多种,隐喻尤其是在中药学中运用广泛,如法象用药中的"以形治形"、"取类比象"、"以色治病"（邱颂平，2007：47—49）。隐喻类型也有多种。例如，"诸花皆升"是一种结构上的隐喻，花朵多生于植株顶端，所以花朵入药的功能多治头部疾病；"鸽之性：喜生腾，能补人之阳气"是一种性质隐喻，因鸽子善于飞翔，属于阳性，因此能够补阳气；本体和喻体同时出现的"肺为华盖"（《脉诀乳海》·卷二·肺脏歌），肺为本体，华盖为喻体，"华盖"本指古代帝王的车盖，因肺覆盖五脏六腑之上，位置最高，因有"华盖"之称，这是从物质和方位上进行的隐喻，还有"正邪相争"、"君、臣、佐、使"等。这些都是从隐喻认知的角度运用中医学解释分析现象、诊断和治疗疾病。而"中医逻辑是一种旨在发现而不重视证明的逻辑"，这种独特的形态是伴随人类对外部世界认识不断深入而形成的，正如安军和郭贵春所说，隐喻与逻辑在意义上的暗示与牵连、概念的生成与转换、语言的理解与交流中互为表里、缺一不可，在认识论和方法论的双重意义上交叉互动，共同发挥其应有的作用（安军等，2007：100—106）。

在掌握了中医语言和逻辑特点的基础上，选择或创新一种翻译理论作为指导中医英译理论，找到二者结合的切入点，才能更好地把中医学的精髓以英文的形式传播给西方。正如李成华所说，"对中医术语隐喻现象的准确认知，有利于正确把握中医思维和中医研究的正确方向，对中医隐喻术语英译的研究，对于准确诠释中医内涵有积极意义，有利于消除西医对中医的误读和科学准确地对外传播中医"（李成华，2014：85—87）。

3.2 关联翻译理论指导中医英译的优势

3.2.1 关联理论介绍

1986 年，Sperber 和 Wilson 在合作出版的专著《关联性：交际与认知》中提出了关联理论，该理论认为话语的理解是一种"认知—推理"的互明过程（王建国，2005：21—26）。起初这一理论并不是翻译理论，直到 Wilson 的学生 Gutt 在其著作《翻译与关联：认知与语境》中提出了关联翻译理论。在阐释关联翻译原则前需要先明确两个重要概念（孟建钢，2002：32—35）：（1）最大关联，即受话者在理解话语时，只要付出最小的努力就能获取最大的语境效果；它与人的理解和认知有关。（2）最佳关联，即受话者在理解话语时，付出适当的努力就能获得足够的语境效果；它与交际行为有关。而实际上翻译是一种交际行为，人们在翻译时期望两种语言能够达到最佳关联；而人的认知是与人脑机制中的最大关联相吻合。因此，关联翻译理论要求译者要具备对原文产生多种阐释并根据最佳关联原则从中选择一个最佳译文的能力，以使译文读者在最大关联机制下建立新的认知。例如，在翻译"龙"的概念时,译者期望把含有图腾文化的"龙"译成英文,就需要选择一个词语如 dragon 来让"龙"和 dragon 有"最佳关联"以达到交际的目的。而实际上 dragon 在西方暗含凶恶之意,所以在西方人的认知语境中"最大关联"让他们想到的是凶恶,所以这也是为何当初"龙"译为 dragon 有争议的重要原因。该理论的立论基础:翻译是一个推理过程,翻译研究的对象是人的大脑机制(林克难,1994:8—11)。翻译的实质是一种进行两轮交际的跨语言活动,即"原作者—译者—译文读者",其中译者同时具有交际者和接受者的双重身份(陈昕炜,2011:92—96)。关联翻译理论对译者的要求可概括为:如何得知受话者的最大关联,如何获取两种语言的最佳关联。

3.2.2 关联翻译理论的优势

目前关于关联理论指导下的中医翻译研究越来越多,这一现象也印证了赵彦春对关联理论的如是评价:"鉴于翻译行为动态的认知关联特征,关联理论对翻译现象有着迄今为止最强的解释力。"(赵彦春,2003:117—121)关联理论对中医翻译有何优势,通过分析和总结可以得出关联理论指导翻译的五大优势:(1)关联理论是一种系统宏观的理论模式。"关联理论翻译观为翻译提供了总的指导原则。"(李成华,2014:128—129)它完全能够解释其他翻译理论可能解释不了的各种翻译现象,相比之下,其他翻译理论虽然不乏真知灼见,但大多都是从文本的语义层次上研究,忽略了翻译的本质是一种交际行为,没有这么系统宏观的理论概括。(2)解决其他翻译理论以及看似矛盾的中医翻译现象。如归化和异化理论,魏迺杰推崇中医术语应该采用异化翻译法,保留本土化特征,对谢竹藩教授运用西医术语表达中医术语提出异议。"由于这些理论本身的矛盾性,常常陷入尴尬的境地。"(孟建钢,2001:9—11)(3)阐释翻译中文化缺省的问题。中医语言具有哲学性和文化性,而且中医语言言简意赅、蕴意深厚、语言含蓄,因此英译时存在很多文化缺省现象。基于此,关联理论就要求译者对原文进行多种阐释并提供一种具有最佳内在关联性的译文,通过文化补偿使译文读者"将语篇内信息和语篇外文化知识和经验结合起来在认知语境和译语间寻求最佳关联,这样,关联理论就扫除翻译中的文化障碍和传递文化内涵方面发挥了指导意义"(周义斌等,2013:9—31)。(4)关联理论翻译观是一个科学翻译观。关联理论翻译观以人脑机制、信息方式、语言本质特性等为理论基础来探讨翻译的基本规律(赵彦春,2003:117—121)。(5)关联理论和翻译是兼容的。翻译是一种认知行为,也是一种交际行为;而关联理论所解释的两个基本点是认知和交际(丹·斯珀波等,2008:293—313)。所以二者是兼容的,关联理论可以指导和解释翻译活动和现象。

4. 总结与分析

　　文章的出发点是研究中药功效术语英译,但有关中药功效术语英译的研究较少,但中药功效作为中药学的核心部分也是中医学的一个重要组成部分,二者的研究既是包含关系又是并行关系,为方便后续研究,本文主要是对中医英译实践和理论进行的回顾和思考,旨在从中找出研究中药功效术语的方法和思路,以中药功效术语英译为出发点,总结出能够指导中医英译的翻译理论——关联翻译理论。在中医英译的300多年间,中医英译实践得到了长足的发展,也取得了硕果,从细小多支的研究慢慢朝向系统化研究迈进、从单一的实践研究向理论结合实践的发展、从学术争鸣到意见统一、从个人经验到规范和标准建立的过度等都是在中医英译研究者的不懈努力下取得的。当然,也显露出了很多问题,因为中医英译过程艰难复杂,步调缓慢,这需要不断的学术碰撞和慢慢的积淀,而以关联翻译理论为指导的中药功效术语英译或其他中医英译研究也会经历大量实践证明才会得以推广和稳坐中医翻译理论的宝座。

参考文献:

　　安军,郭贵春. 隐喻的逻辑特征[J]. 哲学研究,2007(2):100—106.
　　常丹. 中药功效术语内涵与英文翻译的比较研究[D]. 北京:北京中医药大学,2013.
　　陈昕炜. 跨文化翻译中的关联理论应用——以钱钟书《围城》中英翻译为例[J]. 广东行政学院学报,2011(1):92—96.
　　丹·斯珀波,迪埃珏·威尔逊(著),蒋严(译). 关联:交际与认知[M]. 北京:中国社会科学出版社,2008.
　　付明明. 中医英译史梳理与存在问题研究[D]. 哈尔滨:黑龙江中医药大学,2016.
　　贾春华. 中医学:一种基于隐喻认知的语言[J]. 亚太传统医药,2009(1):11—12.
　　李成华. 关联理论观照下的中医翻译—从李约瑟和魏迈杰的中医翻译观谈起[J]. 山东工会论坛,2014(1):128—129.
　　李成华. 中医术语的隐喻认知及英译研究综述[J]. 宁波教育学院学报,2014(4):85—87.
　　林克难. 关联翻译理论简介[J]. 中国翻译,1994(4):8—11.
　　李照国. 重视中医药翻译理论研究,加快中医翻译学建设步伐[J]. 中医药管理杂志,1997(4):64—65.

孟建钢. 最佳关联性对话语交际的解释力[J]. 外语学刊,2002(2):32—35.

孟建钢. 关联理论对翻译标准的解释力[J]. 中国科技翻译,2001(1):9—11.

邱颂平. 论法象用药[J]. 福建中医学院学报,2007(5):47—49.

石磊,黄剑. 中药功效术语意译法翻译的探讨[J]. 新校园,2016(5):192—192.

宋晓璐,王林. 中医术语英译研究综述[J]. 乐山师范学院学报,2014(1):47—50.

王建国. 关联翻译理论研究的回顾与展望[J]. 中国翻译,2005(4):21—26.

赵彦春. 关联理论与翻译的本质——对翻译缺省问题的关联论解释[J]. 四川外语学院学报,2003(3):117—121.

张廷模. 中药功效学[M]. 北京:人民卫生出版社,2013.

朱思媛. "清热"相关功效术语中文内涵挖掘与英文翻译的比较研究[D]. 北京:北京中医药大学,2016.

朱思媛,贾德贤等. 中药功效术语英译问题初探[J]. 中国中医基础医学杂志,2016(5):693—695.

周义斌,王银泉. 基于核心期刊文献分析的中医英译理论视角和方法研究[D]. 南京:南京中医药大学,2013.

术语翻译

从文化视角论中医术语"命门"的英译①

彭爱芬　涂宇明　周志刚②

（江西中医药大学 人文学院，江西中医药大学 国际交流处，江西 南昌 330004）

摘　要　中医术语"命门"是中医学中独有的概念，其英译在国内各种词典、教材和国际标准中译法不一。文章根据"命门"的出处和含义对其英译形式进行分析，认为中医术语的英译应结合上下文具体语境，从文化视角着手，正确传达中医术语名称中隐性的文化色彩，以促进中医文化在西方社会中的多维度发展。

关键词　文化视角；中医术语；"命门"英译

On English Translation of TCM Term "Mingmen" from the Perspective of Culture

PENG Aifen　TU Yuming　ZHOU Zhigang

(School of Humanities, Jiangxi University of TCM; International Exchange Department, Jiangxi University of TCM, Nanchang 330004, Jiangxi)

Abstract　The term "Mingmen" is a peculiar concept in TCM, which has various English versions in the dictionaries, teaching materials and the international standard. The study analyzes the English translation of "Mingmen" from the perspectives of its origin and connotation and believes that the English translation of TCM terms should be connected with the specific context, based on the cultural perspective, and accurately convey their implicit cultural colors in order to promote the multi-dimension development of TCM culture in the western society.

Keywords　cultural perspective; TCM terms; English translation of "Mingmen"

---

① 基金项目：本文系江西省社科基金项目（项目批准号 15YY04）和江西中医药大学 2015 年教改项目（项目编号 JG15040）成果之一。
② 作者简介：**彭爱芬**，江西中医药大学人文学院副教授，硕士，研究方向为英语教学、中医英语翻译。**涂宇明**，江西中医药大学人文学院讲师，硕士，研究方向为中医英语教学与翻译。**周志刚**，江西中医药大学国际交流处副教授，博士，研究方向为中医、中医英语。

中医是中华文明瑰丽的宝藏,是一门博大精深的学问。20世纪70年代以来,随着中国对外交流的日益加深,中医以其独特的理论体系,良好的诊疗效果越来越受到世界的广泛关注,这为中医发展、中医走向世界提供了前所未有的机遇。因此,中医药术语翻译的重要性非同小可。但中医体系根植于中国几千年的传统文化,在西方各国语言中很难找到对等的词语,虽然针灸是最早被西方世界所认识和接受的,但一些术语的英译存在着分歧甚至是误译,为促进中医术语英译国际标准化的统一,根据"命门"的实际内涵,本文拟从文化视角来论述中医术语"命门"的英译。

1. "命门"的含义

中医学认为"命门"蕴藏先天之气,集中体现肾的功能,故对五脏六腑的功能发挥着决定性的作用,故而赋名,意指人体的生命之本。但关于"命门"的部位和功能,历代医家多有争论,提出种种见解。主要概括起来有以下几种。

1.1 "命门"在《黄帝内经》中的含义

这个词最早见于《灵枢·根结》篇:"太阳根于至阴,结于命门,命门者,目也";《素问·阴阳离合论》亦有"太阳根起于至阴,结于命门,名曰阴中之阳"的记载。但笔者考证文献后发现历史上对此句中"命门"的解读各不相同。《黄帝内经》的白话译文定义其为眼内角的睛明穴,此处太阳指足太阳膀胱经,其根植于至阴穴,起始于睛明穴。张家玮因此把句中"命门"解读为足太阳膀胱经的睛明穴(张家玮,2002:8—10);李经纬等也把此句中的"命门"定义成睛明穴的别称(李经纬,1995:458,942)。还有其他的诠释,如贾耿研读《内经》脏腑经络与目的关系以及明代张景岳的"睛明所夹之处是为脑心,乃至命之处,故曰命门"(贾耿,2004:19—21)等依据出发,从"诸脉者,皆属于目"、"目者,宗脉之所聚"、"足太阳之脉,起于目内眦"等方面,从现代医学的角度阐释了《内经》"命门者,目也"的理论蕴义(贾耿,2004:19—21)。

1.2 "命门"在藏象学说中的含义

"命门"在秦汉以后开始作为藏象学说中的一个概念,自《难经》始作为人体部位提出。但"命门"有四种学说(印会河,1984:42):一是右肾说,如《难经·三十九难》中:"肾两枚,非皆肾也,其左者为肾,右者为命门。命门者,诸神精之所舍,元气之所系也,故男子以藏精,女子以系胞,其气与肾通。"二是将两肾俱称"命门"的,如明代张景岳《类经附翼》说:"命门总主乎两肾,而两肾皆属于命门。"三是根据命门穴在十四椎下陷中的部位,认为"命门"是在两肾之间。四为肾间动气说,首倡者明朝的孙一奎在仔细考证《灵枢》和《素问》后在他的《医旨绪余·命门图说》中指出,"命门乃两肾中间之动气,非水非火,乃造化之枢纽,阴阳之根蒂,即先天之太极,五行由此而生,脏腑以继而成"。

1.3 "命门"在《针灸甲乙经》中的含义

"命门"的另一含义指经络穴位名,代码 DU4(但在国际标准中已统一为 GV4),出自《针灸甲乙经》,别名"属累"、"精宫",属督脉经,位于腰椎的第二、三棘突之间(李经纬,1995:458,942)。另外《医宗金鉴·刺灸心法要诀·奇经八脉总歌》中有"腰俞阳关入命门,悬枢脊中中枢长"和"十六阳关十四命,三一悬枢脊中央"之说(原注:"十四椎下,命门穴也。")。此处十四椎实际指脊椎,因此与《针灸甲乙经》中是指同一位置。同时"命门"在《针灸甲乙经》中还是石门穴的别名,属任脉,位于脐下两寸(李经纬,1995:458,942)。还有一说就是前文提到的《灵枢·根结》中有人称作"睛明穴"的别称,但在针灸典籍及临床使用中并未发现此说法,这一问题不属于本研究范畴,因此本文仅提及并不展开讨论。

由此可见,诸家对"命门"的形态和位置见解不一,但对其在人体生命活动中的作用都十分重视,并逐渐趋同认为"命门"是元气的根本,是人体产生热能的发源地,能帮助三焦的气化,在各脏腑的生理活动过程中都发挥着重要作用,和人体的性机能和生殖功能密切相关,因此"命门"这个名称的命名是一种比喻手法,用来表示生命之门的含义。

2. "命门"的不同译文

"命门"是中医上一个独特的概念,中医英译过程中对于"命门"这个术语的翻译常常容易引起混淆,首先这个术语的出处不同,所指含义亦不同;其次,英语中缺乏与之完全对等的单词。因此,不同学者从不同角度出发,对"命门"的英译有不同见解。以下是笔者在一些中医辞典或教材以及国际标准中查找到的一些译法,如下表:

辞典、教材及国际标准名	译法
《简明汉英黄帝内经词典》（李照国，2011:259）	eyes
《中医药学名词》（全国科学技术名词审定委员会，2005:23）	vital gate
《中医基础理论》（英汉对照版）（吴昌国，2002:73）	Mingmen (life gate)
《WHO传统医学名词术语国际标准》（世界卫生组织，2009:18）	life gate
《汉英双解中医小辞典》（张廷模，2003:190）	gate of the life
《简明汉英中医词典》（李照国，2002:197）	Mingmen/vital gate/life gate
《中医基本名词术语中英对照国际标准》（李振吉，2008:24,480）	life gate/Mingmen (GV4)

由上表可见，在辞典、教材和国际标准中，"命门"的英译主要体现为 eyes, vital gate, Mingmen, life gate, gate of life 五种形式。从时间上来看，"命门"的英译形式趋向为 life gate 和 Mingmen (GV4) 两种。但到底统一为哪一种更妥当就很值得研究。

3. "命门"的英译分析

功能翻译理论中的翻译行为理论指出翻译成功与否是看目的语读者能否在意义和形式上理解并接受译文。从"命门"的出处和含义来看，上述表格中的几种翻译形式都有可取之处。现做如下简述。

3.1 "命门"在《黄帝内经》中的英译

如前所述，学者贾耿在论证《内经》"命门者，目也"时引用《内经》："十二经脉三百六十五络，其血气皆上于面而走空窍，其精阳气上走于目而为精。""五脏六腑之精气皆上注于目为之精……裹撷筋、骨、血、气与脉并为系，上属于脑。""目者，五脏六腑之精也，营卫魂魄之所常营也，神气之所生也。"来说明命门目具有非常重要的地位，因为目是十二经脉血气之精华和五脏六腑之精气及营卫魂魄所常营奉养的地方。同时，又从足太阳之脉的走行来阐释"目为命门的根本意义在于生命之门目通过目系与集先天之元精元气元神于一体的脑心所居的生命之室相联通"，正如明代张景岳在阐释"命门者，目也"时指出的那样，"睛明所夹之处是为脑心，乃至命之处，故曰命门"。因此，学者贾耿得出现代医学对"命门者，目也"的解释："目为命门，意在命室，睛明所指，意在脑心，所以目为命门，太阳起于睛明，其意义之重大不只在于目睛命门，而在于通过目系与之相通的脑心所居的生命之

室。"(贾耿,2004:19—21)

从这个层面上来说,"命门"的实际含义就是指"目"。翻译时从真正内涵和信息传递的准确性上考虑,笔者建议采用李照国先生在其编撰的《简明汉英黄帝内经词典》中的译法,把其翻译为 eyes。例如,"命门者,目也"就翻译为"The so-called life gate refers to the eyes."(李照国,2011:259)这样不仅能把原文的基本意思传达出来,还能完整准确地表达原文的文化意象,对于源语言和目的语读者都容易理解和接受。若当作睛明穴别称,将在下文和其他穴位名别称的英译一起论述。

3.2 "命门"作为藏象名词的英译

命门学说是脏腑学说的组成部分,"命门"作为人体部位属于肾的范畴。肾的功能主生长发育、主生殖、主水、主纳气,生髓充脑化血及濡阳温煦各脏腑的功能,五行上属水。命门中有水也有火,因此命门之火是水中之火,乃先天之真气,此气自下而上,与后天之胃气相接,由此而生生不息。由此可见,从"命门"作为人体部位及其主治功能的角度看,译为 vital gate 和 life gate 的形式都能非常明确地表达其含义。

因此,究竟该如何翻译"命门"较为准确呢?有些译者考虑到"命门"是一个具有丰富民族特色的词语而想保留文化特色,故而将其音译为 Mingmen (吴昌国,2002:73)。有些译者认为采取意译法译为 vital gate/life gate/gate of life 就可以表达"生命之门"的意思(张廷模,2003:190)。其实,这些做法都有一定的道理。

笔者认为,"命门"作为藏象名词的英译可以采用音译加意译法译为 Mingmen (life gate),主要原因是:第一,既保留了民族的特色,又不用担心国外读者由于文化背景的不同而曲解这个概念,还保留了"生命之门"这一形象的比喻。第二,李照国先生曾经提出了中医名词术语的五大翻译原则:"①自然性原则;②简洁性原则;③民族性原则;④回译性原则;⑤规定性原则。"(李照国,1997:74)在意译时,笔者认为译文 life gate 在回译性或简洁性方面都要优于 vital gate/gate of life。第三,vital 在牛津字典中有"与生命有关的,维持生命所必需的"、"极重要的、必不可少的"和"充满活力、生气勃勃的"三种含义(Hornby,2002:169),这在理解时容易造成歧义。

Mingmen (life gate)这个译文从长远来说对文化的传播是很有好处的,既把"命门"通过拼音介绍给国外读者,同时也能把它所表达的丰富内涵传播出去。

3.3 "命门"作为经络穴名的英译

"命门"作为经络穴位名称时,《针灸甲乙经》中提到两种说法:一说是属督脉经,位于腰椎的第二、三棘突之间;另一说是属任脉经,石门穴的别称(李经纬,1995:458,942)。在翻译时这两种情况应该区别对待。现行的穴名翻译一般都是按照国际标准中的国际代码加拼音的英译形式。笔者认为,此译法仅考虑易于统一形式、便于规范,但从文化的层面上来说并不可取,因为未能把这一名称的原有风貌体现出来。通过对前人的翻译研究以及自己的研究实践和思考,笔者建议在翻译经络穴位名称时采用三译法,即"拼音名+国际代码+意译"。如果有必要的话还可以对其进行适当的简单释义。笔者目前正尝试此方面的研究,现把"命门"作为经络穴位名称时的情况逐一分析如下。

3.3.1 作为督脉穴名的英译

"命门"作为督脉经穴时,位于腰部,在第二腰椎与第三腰椎棘突之间。腰为肾之府,且督脉起于胞中,贯脊属肾,故本穴可治疗腰脊强痛、遗精、阳痿、月经不调、痛经等功能(李经纬,1995:458,942),可见此穴位含义为人体的生命之本,故名"命门"。根据"命门"穴位的内涵和三译法,笔者认为,"命门"作为督脉穴名的英译,比较理想的形式是:命门(Mingmen,GV4,life gate)。此译文通过增加意译 life gate,一方面可以使国外读者明白拼音名 Mingmen 的英文含义是 life gate;另一方面,可以引导和启发读者去联想为什么译者把它翻译为 life gate。针灸教授者或著书者可以在这个概念首次出现时做出注解,如:This acupoint (Mingmen) is between Shenshu (BL23, Kidney Transport), like the gate for Kidney qi. Kidney is the source of life, so it is called as life gate. 这样就可以把穴位名称和位置、主治等功能联系起来,给针灸学习者带来极大的便利,从而也在另一侧面反映我国中医学的科学性和整体性,同时还是对针灸文化的一种传承和传播。

3.3.2 作为其他穴位名别称的英译

上文提到,《针灸甲乙经》中石门穴的别称为"命门"(李经纬,1995:458,942),还有"命门"是睛明穴别称的说法(李经纬,1995:458,942)。笔者认为,既然是别称,那就应该以正统的穴位名称为准,此时石门穴和睛明穴则为标准穴位名称,"命门"只是别称,因此在翻译时就统一采取国际标准:石门(Shimen,CV5,Stone Gate)和睛明(Jingming,BL1,Eye Brightness),以便于读者在理解上和属督脉经的"命门"穴位准确区分。例如,在《灵枢经·根结》中与"命门"有关的语句:"太阳根于至阴,结于命门,命门者,目也",李照国先生就翻译为:"[The Bladder Channel of Foot] Taiyang roots in Zhiyin (BL67) and ends in Mingmen. Mingmen refers to Jingming (BL1) located near the canthus of the eye."(李照国,2008:101)在该译文中,"命门"就直接翻译成了 Jingming(BL1)。

4. 结束语

通过上述"命门"一词的英译情况分析研究可见,这一术语在不同时期的中医典籍中指代含义不同,翻译时必须紧密结合典籍成文的背景时间,结合上下文具体语境,准确定义其内涵,采用适当的翻译方法,如在《黄帝内经》中采用直译法;在作为藏象名词时采用音译加意译法;在作为经络穴名时采用三译法,但应注意作为督脉经穴位和作为其他穴位的别称时内涵不同而采用不同的译法。由此可见,对具有鲜明的中国文化色彩的中医术语进行英译,其过程不仅仅是简单的语言转换,必须从文化视角阐释中医学的独特性,正确传达中医术语中隐性的文化色彩,既要让国外读者领略中医文化的魅力,又要实现传达医学意义的目的,以促进中医文化在西方社会中的多维度发展。

参考文献:

贾耿. 论《内经》"命门者,目也"的理论蕴义[J]. 中国中医基础医学杂志,2004(10):19—21.

李经纬,邓铁涛. 中医大辞典[M]. 北京:人民卫生出版社,1995.

李照国. 黄帝内经·灵枢1[M]. 西安:世界图书出版西安公司,2008.

李照国. 简明汉英黄帝内经词典[M]. 北京:人民卫生出版社,2011.

李照国. 简明汉英中医词典[M]. 上海:上海科学技术出版社,2002.

李照国. 中医英语翻译技巧[M]. 北京:人民卫生出版社,1997.

李振吉. 中医基本名词术语中英对照国际标准[M]. 北京:人民卫生出版社,2008.

全国科学技术名词审定委员会. 中医药学名词[M]. 北京:科学出版社,2005.

世界卫生组织(西太平洋地区). WHO 西太平洋地区传统医学名词术语国际标准[M]. 北京大学第一医院中西医结合研究所译. 北京:北京大学医学出版社,2009.

吴昌国,朱忠宝. 中医基础理论(英汉对照)[M]. 上海:上海浦江教育出版社,2002.

印会河. 中医基础理论(五版教材)[M]. 上海科学技术出版社,1984.

张家玮. 命门学说源流考[J]. 北京中医药大学学报,2002(1):8—10.

张廷模,贾波,廖崇德. 汉英双解中医小辞典[M]. 北京:人民卫生出版社,2003.

Hornby, A. S. *Oxford Advanced Learner's Dictionary*[Z]. 牛津高阶英汉双解词典第四版. 北京:商务印书馆,2002.

中医药名词术语部件英译规范研究思路与方法
——以方剂学科术语部件英译为例①

赵永红　万莉莉　杨宜花　洪梅②

（江西中医药大学人文学院,江西 南昌 330004；江西中医药大学科技学院,
江西 南昌 330004；中国中医科学院中国医史文献研究所,北京 100700）

摘　要　基于中医药学名词英译的核心原则和方法,文章以方剂学科术语部件英译为例,"以源语为导向",从文化背景、目的语内涵两个方面,对中医药名词术语部件英译规范进行了研究,并给出了推荐英译词,以期促进中医药名词术语部件英译的规范,进而促进术语部件相关术语的规范,推动中医药学名词术语英译的规范化研究。

关键词　中医药名词；术语部件英译；规范

Scheme and Approaches on the Standardization of the English Translation of Components of TCM Terms

ZHAO Yonghong　Wan Lili　YANG Yihua　HONG Mei

(School of Humanities, Jiangxi University of TCM, Nanchang 330004, Jiangxi; Science and Technology College of Jiangxi University of TCM, Nanchang 330004, Jiangxi; China Institute for History of Medicine and Medical Literature, China Academy of Chinese Medical Sciences, Beijing 100700)

Abstract　Based on the principles and methods for English translation of TCM terms and guided by the source language, the paper, from cultural background and target language connotation, studies the scheme and approaches on the standardization of the English translation for components of TCM terms. Meanwhile, recommended translations are discussed and presented for the purpose of promoting the translation standardization of components of TCM

---

①　基金项目：本文系科技部 2012 年度科技基础性工作专项重点项目（No.2012FY130100）、校社科项目"清代中医养生文化的翻译与传播研究"（2014RW013）成果之一。

②　作者简介：**赵永红**,男,江西中医药大学人文学院讲师,硕士,主要研究方向为中医英语翻译、跨文化交际。**万莉莉**,女,通讯作者,江西中医药大学人文学院讲师,硕士,主要研究方向为英美文学、中医英语翻译。

terms and relevant terms as well as TCM terms.

Keywords　TCM term; English translation of term component; standardization

1. 前　言

　　术语是指在特定专业领域中一般概念的词语指称。术语有单词术语（single-word term）和多词术语（multi-word term），术语部件是指（component）组成多词术语的词。特定专业领域中结合紧密、生成能力强、使用额语言片断也可看作术语部件，如"阴虚"、"阳虚"。中医方剂学配伍术语介于中药学和方剂学中间，其中有很多术语有基础部件加修饰语组成。术语英译和核心部件的统一则可以保持其他相关多词术语的统一。在英译方剂学科术语时，我们应尽可能先对其术语部件的英译进行规范。

2. 中医药名词英译规范原则

　　中医药学名词（TCM terms）是中医药领域中中医药概念的语言指称，即中医药概念在汉语或其他语言中的名称。中医药名词规范工作就是根据预先确定的命名规则，系统建成规范的中医药系统术语集（TCM nomenclature）。中医药中英双语术语工作就是利用等义现象（equivalence）在英语中寻找到中文中医药名词的等义术语（equivalent term），在中文术语规范工作的基础上对中文术语已有的英文名进行规范（洪梅，朱建平，2013：47，50）。英文术语的规范与中文术语规范的工作原则主要参考全国科学技术名词审定委员会于1996年制定的"科学技术名词审定原则及方法"，国家标准委：GB/T20001.1—2001标准编写规则第1部分：术语；GB/T10112—1999术语工作原则与方法；GB/T15237—2000术语工作词汇第1部分：理论与应用；GB/T16785—1997术语工作概念与术语的协调。中医药名词双语规范工作主要在术语学理论与方法指导下，根据以上工作文件，并综合分析中医药名词特点的基础上进行制定（洪梅，朱建平，2013：47，50）。

　　术语学既要研究专业术语的理论，又要研究专业术语工作的实践和方法。因此，我们可以把术语学定义为研究全民语言词汇中的专业术语规律的一门语言学科，它要研究专业术语的理论、实践和方法。在进行英文术语规范研究时应遵循"中医药名词术语英译规范原则"，即对应性、系统性、简洁性、同一性、回译性、民族性、约定俗成和协调统一，对术语的英译既要反映中医本意，又要符合英语语言习惯。中医药名词双语规范工作主要在术语学理论与方法指导下,根据以上文件,并在综合分析中医药名词特点的基础上进行。

2.1 对应性原则

对应性原则指的是翻译前要搞清楚术语的内涵,"以源语为导向",这就要求译者了解中医文化内涵,英译时尽可能保持中医概念的完整性和独立性,保持术语的目的语内涵与源语内涵在语言和文化基本对等。

2.2 简洁性原则

简洁性原则指术语英译尽可能简明扼要。术语的一大特点就是简明扼要,用字少而表意深刻,在翻译时一定要尽可能简洁。在翻译术语时,"除了要客观准确以外,还应注意译语的信息密度。所谓信息密度,指的是:在计算机中记忆储存的单位信息所占用的空间越小,运载这一单位信息的词的信息密度就越高;一单位信息从发送者到接收者所需要的时间越少,运载这一单位信息的词的信息密度就越高。"(李照国,1996:32)。

2.3 同一性原则

在同一性上,目的语要符合翻译的同一性要求,即同一概念中术语只用一个英文术语表达,达到一词一义的单义性,也就是说,中医药名词术语部件英译时要尽可能找到与源语对应的目的语。

3. 中医药名词术语部件英译规范思路与方法

3.1 文献检索

3.1.1 英译文献检索

文章收集并整理了目前涉及中医药术语英译的国内标准《中医药学名词》(中医药学名词)(全国科学技术名词审定委员会,2004)、国外标准《中医基本名词术语中英对照国际标准》(中医基本名词术语中英对照国际标准:408)(世界中医药学会联合会 WFOCM,2008)和《WHO 西太区传统医学术语标准》(WHO International Standard Terminologies on Traditional Medicine in the Western Pacific Region),2007(WHO)。另外在国际上具有一定权威性的中医药名词术语英译参考资料有 *A Practical Dictionary of Chinese Medicine*(Nigel,Ye,1998:xiv,xxiv,xvii,xxii)和方剂教材 *Formulas & Strategies*(Dan

Bensky,1990）。通过检索英译标准相关文献中与方剂学科术语部件有关的英译,统计每条方剂学科术语部件英译的出现频次,根据出现频次确立每条术语部件英译的权重,结合源语的内涵、国内外权威参考文献中的对应目的语内涵、英语语言表达习惯,确立该条术语部件英译的推荐英译,形成方剂学科术语部件的规范英译。特别需要指出的是,术语规范工作要求与国际国内标准接轨并进行协调,由于中医术语英译有些已达成共识,有些仍存在争议,故采取以国际国内标准为主要参考文献、其他重要参考文献为辅进行英译对比工作,并择优作为规范用词。

表1 对国内外标准和国外权威性辞典中涉及的方剂学科部件"方、剂、药、解、清、补、固"的英译相关文献进行了检索,反映了方剂术语部件英译的概况。

表1 方剂学科术语部件的英译相关文献检索及推荐英译

术语部件	中医药学名词	WFOCM	WHOWPR	PDOCM	Formulas & Strategies	推荐英译
方	prescription	formula	formula / recipe prescription	formula	formula	formula
剂	formula	formula	formula	formula/ remedy	formula	formula
药	medicine / drug	medicinal	medicinal	/	drug / ingredient	medicinal
解	resolve / relieve	release	release	resolve	release	relieve
清	clear	clear	clear	clear	clear	clear
补	supplement / benefit	tonify	tonify	tonify	tonify	tonify
固	astringe / consolidate arrest / astringent	astringent strengthen	/	/	stabilize	arrest
祛	desiccate / expel	dispel / expel	dispel		expel / treat	dispel

3.1.2 目的语内涵检索

表2对国内外标准和国外权威性辞典中涉及的方剂学科术语部件"方、剂、药、解、清、补、固"的英文含义进行了检索。

表2 方剂学科术语部件的英文内涵、参考文献中的英译及出现频次

术语部件	英译/出现频次	英文含义（柯林斯词典）
方	formula/4	a list of the things that sth is made from, giving the amount of each substance to use
	prescription/1	an official piece of paper on which a doctor writes the type of medicine
	recipe/1	a set of instructions that tells you how to cook sth and the ingredients you need for it
	remedy/1	a successful way of curing an illness or dealing with a problem or difficulty
药	medicinal/3	medicinal substances or substances with medicinal effects can be used to treat and cure illnesses
	drug/2	a substance used as a medicine or used in a medicine
	medicine/2	a substance that you drink or swallow in order to cure an illness
	ingredient/1	one of the things from which sth is made
解	resolve/2	find a solution to
	relieve/1	free from a burden, evil, or distress
	release/3	eliminate substances from the body, it causes it to leave its container or the substance that it was part of it
补	supplement/1	to add something to something to make it larger or better
	benefit/1	something that aids or promotes well-being
	tonify/4	to make a part of the body firmer, smoother and stronger, by exercise or by applying special creams, etc.
固	astringe/1	constrict or bind or draw together; become constricted or compressed
	arrest/1	cause to stop; hold back, as of a danger or an enemy
	consolidate/1	strengthen sth so that it becomes more effective or secure
	astringent/2	tending to draw together or constrict soft organic tissue
	stabilize/1	make stable and keep from fluctuating or put into an equilibrium
	strengthen/1	give a healthy elasticity to; make strong or stronger

(续表)

术语部件	英译/出现频次	英文含义(柯林斯词典)
祛	desiccate/1	remove water from; preserve by removing all water and liquids from
	expel/3	force sth out from a container or from body
	dispel/2	drive away, disperse, scatter
	treat/1	subject to a process or treatment, with the aim of readying for some purpose, improving, or remedying a condition

3.2 英译规范思路与方法

3.2.1 了解文化背景

中医翻译与中医文化密切相关。译者在翻译时必然会介绍与传播源语言所体现的文化。美国著名的翻译理论家 Eugene A. Nida 曾说过:"对于真正成功的翻译而言,熟悉两种文化甚至比掌握两种语言更重要,因为词语只有在其作用的文化背景中才有意义。"(谢竹藩,2000:706)因此,他指出,"Language and culture cannot exist without each other."(刘干中,吕维柏,谢竹藩,1992:327)语言是文化的载体,使用不同语言的民族之间必然存在文化差异,而这种文化差异就构成了翻译的障碍。因此,翻译的一大目的就是要在源语(source language)和目的语(target language)之间建立文化对等(cultural equivalence),要求译者充分体悟源语言的文化意蕴,努力传达源语的文化特色。语言对比固然重要,但更要注意"深层"文化对比研究,包括思维方式、思维习惯、传统文化等。语言既是思维的工具,又是思维的表现形式,思维方式制约句子结构,不同文化之间思维方式有同有异(王峻岩,1995:61—65)。

3.2.2 一词多译与目的语内涵研究

中医药名词的英译与其他自然科学术语不同,汉语是源语,英语是目的语,很多名词具有深厚的历史人文性,在目的语中往往找不到贴切的对等词,往往需要通过翻译来创造对等词。由于个人理解和方法论的迥异,一个术语往往会存在多种英译。从表 1 可以看出,方剂分类术语的目的语形成了"一词多译"态势,而目的语言内涵与源语内涵是否对等是决定术语英译质量的关键之处。译者应在中医药名词术语翻译原则指导下,对目的语言与源语的内涵并参照国际国内标准,仔细斟酌,反复思量与比较,尽可能实现目的语言信息与源语信息在意义和文化层面上的最接近、最自然的对等。

在英译时,可以从"词条英译文部分一致"和"词条英译文不一致"两个方面对不同英译进行英文词义研究和比较,并结合医学技术层面,从跨文化角度的意义分析,对照中文词条,比较不同译文的优缺点,再给出该词条的推荐译文。或对个别或少数标准缺项多而英译文又欠佳的,另外给出新的相对合理的英译文。

从表 1 看,术语部件"方"在表 1 中有 formula,prescription,recipe,remedy 四个目的语,在五大参考文献中出现频次(见表 2)分别为 4、1、1、1,formula 一词出现频次最高。WFOCM 和 HOWPR 均使用了 formula,《中医药学名词》使用了 prescription (见方论、经方、时方) 和 recipe (见验方) 两个词汇,结合四个目的语的英语内涵(见表 2),推荐 formula 为其目的语。

"药"有 medicinal,drug,medicine,ingredient 四个目的语,其五大参考文献出现频次(见表 2)分别为 3、2、2、1,medicinal 一词出现频次最高。在翻译"药"一词时,WFOCM 和 HOWPR 均使用了 medicinal,《中医药学名词》使用了 medicine (见药对和佐制药) 和 drug (见君药、臣药等词条) 两个词汇。结合其英语内涵(见表 2)和出现频次,其英译分别推荐使用 formula 和 medicinal。

"解"在表 1 中有 resolve,relieve,release 三个目的语,其出现频次(见表 2)分别为 2、1、3,尽管 release 的出现频次最高,但比较这三个目的语的英文含义后,会发现 relieve 的英文含义最切近源语内涵,故选用 relieve 作为"解"的目的语。

"补"在表 1 中有 supplement,benefit,tonify 三个目的语,其出现频次(见表 2)分别为 1、1、4,结合出现频次和英文含义后,会发现 tonify 的英文含义最切近源语内涵,而且从表 1 的术语词条"补益剂"可看出,WFOCM 和 Formulas & Strategies 均使用了 tonify 一词,故参照英译规范原则、国际标准和目的语内涵,推荐选用 tonify 作为"补"的目的语。

"固"在表 1 中有 astringe, arrest, consolidate, astringent, stabilize, strengthen 六个目的语,其出现频次(见表 2)分别为 1、1、1、2、1、1,"固"的情况比较复杂,原因在于当这个词与不同词搭配时,会出现微妙的意义差别。比如"固涩"(astringent)、"固表止汗"(consolidating superficies for arresting sweating)、"涩肠固脱"(astringing intestine and arresting proptosis)、"固崩止带"(arresting leucorrhea and metrorrhagia)这四个词语就选用了不同的目的语,在与"固"有关的这几个术语中,arrest 出现频率最高,结合其英语内涵(见表 2),其英译推荐使用 arrest。

"祛"在表 1 中有 desiccate,expel,dispel,treat 四个目的语,其出现频次

(见表2)分别为1、3、1、1,结合出现频次和英文含义后,会发现 dispel 的英文含义最切近源语内涵,而且两个国际标准都把"祛"翻译为 dispel,另外,从目的语内涵对比看,dispel 的内涵更贴近源语。比如 WFOCM 和 WHOWPR 都把"祛湿剂"翻译为 dampness-dispelling formula。故综合各种因素,推荐选用 dispel 作为"祛"的目的语。

4. 小 结

建立规范化的中医药名词术语部件英译对中医药名词基本术语的英译具有重要的指导、统领作用。在确定中医药名词术语部件英译规范译文时,既要有一定的中医文化背景知识,又要"以源语为导向",把握术语概念的内涵,做到目的语与源语在语言交际维度上的对应,又要从源语内涵方面进行分析,尽可能做到英译准确、规范。

参考文献:

洪梅,朱建平. 中医药名词英文翻译与规范原则关系的探讨[J]. 中国科技术语,2013(2):47,50.

李照国. 论中医名词术语的翻译原则[J]. 上海科技翻译,1996(3):32.

刘干中,吕维柏,谢竹藩. 中医基本理论名词术语英译探讨(四)[J]. 中国中西医结合杂志 1992,(6):327.

全国科学技术名词审定委员会. 中医药学名词[M]. 北京:科学出版社,2004.

世界中医药学会联合会. 中医基本名词术语中英对照国际标准[M]. 北京:人民卫生出版社,2008.

谢竹藩. 关于中医名词术语英译的讨论[J]. 中国中西医结合杂志,2000(9):706.

王峻岩. 英语专业高年级英译汉教学当议[J]. 山东外语教学. 1995(2):61—65.

Bensky, Dan. *Formulas & Strategies*[M]. Seattle:Eastland Press, 1990.

Wiseman, Nigel & Ye, Feng. *A Practical Dictionary of Chinese Medicine*(second edition)[M]. Brook line, MA:Paradigm Publications,1998.

WHO International Standard Terminologies on Traditional Medicine in the Western Pacific Region[M]. World Health Organization, Manila, Philippines,2007.

概念隐喻视角下针刺术语直译法研究
——以《(汉英对照)针刺手法图解》为例①

秦国丽②

(安徽中医药大学 国际教育交流学院,安徽 合肥 230036)

摘 要 本文试将概念隐喻与隐喻英译标准用于分析针刺术语的翻译。以概念隐喻为基点,以隐喻翻译原则为标准,对选取的针刺手法术语进行分析。

关键词 针刺手法术语;概念隐喻翻译原则;翻译方法

Acupuncture Terminology Literal Translation with the Guidance of the Conceptual Metaphor
—Taking Diagrams of Acupuncture Manipulations for Example

QIN Guoli

(School of International Education and Exchange, Anhui University of Chinese Medicine, Hefei 230012, Anhui)

Abstract Under the guidance of the Conceptual Metaphor Translation methods, this article evaluates the terminology translation adopted. Based on the metaphor translation standard, from the perspective of its three major principles, selected terms of manipulation were analyzed, and conclusions were Macle.

Keywords terms of acupuncture manipulation; standard of Conceptual Metaphor Translation; translation approach

在世界中医药学会联合会主持制定的《中医基本名词术语中英对照国际标准》(International Standard Chinese-English Basic Nomenclature of Chinese

---

① 基金项目:本文系安徽中医药大学青年基金项目(No. 2015qn010)、安徽省高校人文社科研究项目(No. sk2015A378、No. sk2016A0525)研究成果。

② 作者简介:**秦国丽**,女,安徽中医药大学讲师。研究方向为针刺术语英译。电子信箱:glqin110@163.com。

Medicine)中,收录了 4000 余条中医基本名词术语的英语翻译。然而,目前针刺手法及术语翻译仍然无原则可依。

1. 研究对象

本文涉及的语料——《(汉英对照)针刺手法图解》(第二版)——是国内第一本用汉英双语编写的针刺技术总结的著作。该书由刘炎教授主编,由李照国教授主译。两位学者以翔实、客观的语言、精准的英译总结了多种针刺手法及其翻译。研究本书中针刺术语的翻译有重要的交流和传播价值,有利于国外针灸医师学习与交流。

2. 理论基础及研究方法

隐喻是丰富语言的修辞工具,不仅是语言特征,也是认知特征(束定芳,2000:3)。本文以隐喻翻译原则为标准,以采用直译法翻译的针刺术语为对象,对选取的针刺手法术语进行分析。第一,保持隐喻特征;第二,接通汉英隐喻的关联文化内涵;第三,根据语境弥补文化喻体缺失译文。(刘法公,2008:121)本研究从以上三个原则出发,分析各针刺术语翻译实例,力求避免因为形似意异、貌合神离而导致的文化内涵缺失,寻求适当的译文。

本书共有针刺术语 257 种,其中 171 种术语采用了直译法,它们分布在前 3 章和第 6 章。由于篇幅的限制,本文通过抽样的方式,将 171 种直译法的译文按顺序编号,以 1 为起点,取抽样间隔为 10,共取 18 个作为研究对象。

3. 研究过程

例 1 "两指持针法"针刺基础。持针法,就是捏拿针的方法。持,就是握固、捏拿,持针法即术者握固、操持针具的方法。两指持针法,用拇、食二指指端捏拿针柄(李照国,2008:3)。译文 holding with double fingers 中,holding(持)与 double fingers(两指)在结构与内容上都与原术语对应,double 与 two 相比,更符合西方人士的用语习惯,简洁明了。

例 2 "刺手与押手"进针手法。刺手的作用主要是掌握毫针,押手的作用主要是固定穴位皮肤(李照国,2008:11)。本法可以减轻痛感,行针顺利,并能调整和加强针感,提高治疗效果。译文 the needling hand and pressing hand 表达很贴切,保留了原文的结构,一目了然,是最佳翻译。

例3 "揣法"针刺前后辅助手法。这是针刺之前必行的辅助手法,揣孔穴之所在。本术有利于准确取穴,并有利于得气(李照国,2008:30)。只有揣准穴,才能有好的针刺效果,所以被杨继洲列为"下手八法"之首。另有翻译认为此法可翻译为 fathoming(identification of a point by massage),也即为通过按摩弄清、找出穴位之所在。结合两种翻译结果,并补译本手法中的隐含的内涵。试译为:fathoming(nailing, pressing, forking, rotating, shaking)。尝试的翻译结果虽完整,却以简洁为代价,因此翻译结果仍值得商榷。

例4 "揉法"针刺前后辅助手法。本法即用中指或食指指腹部揉按所针穴位(李照国,2008:37)。本法若用于针刺前,可使肌肉松弛、气血宣散。若用于出针之后,可散气止血。kneading 在英语文化中有"揉、捏(面团、湿黏土等)"之意。利用隐喻翻译转换之后,本术的思维意象能够"映射"在目标语接受者的思维中,转换为揉捏、按摩、推拿(肌肉)之想,与本术的揉按穴位相似。便于西方针灸学习者理解、进行操作。以 kneading 一个单词翻译,与原文相应又十分简洁。

例5 "摆法"行针辅助手法。本术与摇法相类似,是针刺得气后将针提起少许,摇摆针身的手法(李照国,2008:43)。但摇是上下左右的摇振针柄,用以散风、泻热,摆则是针刺得气后,即将针提起少许,夹持针柄,一左一右地来回摆动,用以催气。swaying 在英文中的含义是"摇摆,摇动",内容与原文相应,同时又保留了文化特色,增强了译文读者对隐喻译文的感受能力。

例6 "倒法"行针辅助手法。本术是将针身扳侧卧于俞穴而行针的方法,故又称卧刺法(李照国,2008:50)。针刺得气后,将针提到浅层,扳倒针身,针尖指向病所,行捻转方法或其他手法,使针感向病所传导。"倒"针身的结果是针侧卧,并不是真的把针倒置,将本术译为 bending 符合原文的内涵,符合概念隐喻中喻体的特征。

例7 "提插补泻法"常用补泻手法。以下插为主者是补法,上提为主是泻法(李照国,2008:55)。在隐喻转换过程中,漏译了提插"经脉"的概念。按照概念隐喻翻译的第三条原则——"根据语境弥补文化喻体缺失",将本术译为 strengthening & reducing techniques by lifting and thrusting needle。较为完整地再现了本术的内涵和整体含义,达到预期的功能和目的。同时,本术的英译也涉及"补泻"、"经脉"的译法,这一问题将在例8和例11中分别做进一步的研究。

例8 "平补平泻法"常用补泻手法。这是指针刺入一定深度得气后,缓慢均匀地提插、捻转即可出针（李照国，2008：59）。本术是指不分补泻的以得气为主的一种手法。normal strengthening and reducing techniques 完整地再现了原文的内涵。针灸疗法中的"补法"和"泻法"也常译作 reinforcing technique 和 reducing technique。因此，"世中联"将针灸的"补泻"译作 reinforcement and reduction，使用了它们的名词形式，如将"迎随补泻"译作 directional reinforcement and reduction。WHO 译作 supplementation and draining，语义上与流行译法基本一致。在其他著作中，李教授将本术译为 neutral supplementation and draining method，也不无道理（李照国，2008：35）。

例 9 "龙虎升降法"复式补泻手法。龙虎升降是指通过左右拇指交替捻转，并结合提插行针的一种方法。龙，指左转；虎，指右转；升指提，降指插，本术又称龙虎升腾法。（李照国，2008：65）进针得气后，医者以左右手交替运针，右手拇指向前，捻针左转；左手拇指向前，捻针右转；一左一右，两手同时并用，前可配合下按上提，即下插上提之法，以促使经气运行。

在所选语料中，李照国等翻译者采用了直译，dragon-tiger-ascending-descending method，简洁又保留了中医特色，符合本术的结构和字意，但并未准确地译出本术中喻体的隐喻思维，左右捻转和上下提插的操作手法也影响到治疗效果。"左青龙右白虎，前朱雀后玄武"是我国古代建筑风水模式，其中的四灵是道教中的四方之神。对于"龙虎"所指代的方位意象，目标语接受者完全是陌生的，无法产生方位联想。将它们直译为 dragon and tiger 便意味着完全放弃了术语当中包含的方位隐喻意象。由于东西方文化语言中并没有相对应的文化概念和意象，只能尝试将其还原为 left 和 right。另外，译文也应突出上下提插入、双手拇指同时运针的重要性。因此，此术试译为 left-right-ascending-descending method，强调了运针的方向和上下提插。

例 10 "单刺术"其他针法。本术是一针单刺、手法简单而刺激轻微的手法，用于小儿及无受针经验或身体极度虚弱者（李照国，2008：82）。针、刺、术、法都代表针刺手法，可供参考的翻译为 method，needling，manipulation，technique 等。李教授遵循本术的结构，既翻译了刺也翻译了术，形成了翻译上的重复。科技翻译应当使用简洁的形式、以较高信息密度来表达本术的内涵，可以减译 method 一词，直译为 single needling。

例 11 "经刺"《内经》九刺法。本术主要治疗经脉本身的病变，并单独取用腧穴治疗，故称经刺。（李照国，2008：90）传统上"经脉"译为 channel 或 meridian，在 WHO1991 年所颁布的针灸穴位名称国际标准化方案中，"经脉"译作 meridian，本术同样也选择了 meridian。事实上这两种译法都很流行，虽然 meridian 更符合规范化的发展方向，而 channel 并没有纳入规范化的范围。在实际运用中,这两种译法都各有特色,都能够代表"经脉"。参考WHO 的标准以及概念隐喻的第三条原则,根据语境弥补文化喻体缺失,试将此术补译为 meridian vessel needling,初看起来似乎"多此一举",但也更利于理解中西方隐喻思想的异同,在目标语接受者的思维中产生意象的映射。

例 12 "恢刺"《内经》十二刺法。本术刺后可恢复机体原来的活动功能,故名。(李照国,2008:97) rehabilitating 在英文中是"使(重病患者)康复"之意。在"世中联"的标准中,本术译作 lateral needling,其中 lateral 强调针刺方向是"侧面的,横向的",翻译的方法是意译法。在《汉英中医辞典》中,本术又被译作 soothing puncture。三者翻译分析之后,可以认为三种翻译方法都保障了原文的喻体意象在译文中的再现,避免缺失原文的喻体内涵。

例 13 "直针刺"《内经》刺法。(李照国,2008:99)本术将施针处皮肤捏起,再沿皮肤入针,针可直入无避,故名直针刺。perpendicular 意为"垂直的;成直角的"。李教授在其他著作中也曾将本术译为 vertical needling,vertical 是"垂直的"之意。(李照国,2008:207)根据本术实际含义,应翻译为 horizontal needling,以传递平行于皮肤的意象,有利于目标语接受者理解和接受。

例 14 "三刺法"《内经》刺法。本术即是将皮内、皮下、分肉间分为浅、中、深三层的刺法。(李照国,2008:107) triple needling techniques 从直译的翻译结果来看就是刺三针("三刺"出现在很多针刺手法术语名称中),而本术实际操作方法是先刺浅,以逐邪气,而来血气;后刺深,以至阴气之邪;再后刺极深,以下谷气。然而,直译为 triple needling techniques 则无法突出这一"由浅入深的针刺顺序"的隐含意义,导致学习者对针刺手法的误解。可根据"直译喻体,增加释义"的原则,试将本术译为 the shallow, middle and deep layers needling,突出本术的浅、中、深刺三层意思。

例 15 "上腹芒针五排刺"透穴针术。(李照国,2008:124)主要用于肥胖病,上腹肥胖明显者。术语名称稍显复杂,但传达的刺法内容完整。使用意译法翻译本术,会降低信息密度,而使用音译法翻译,又使学习者如堕云里,但使用直译法能够在目标语接受者思维中产生映射,因此直译本术中的文化概念和意象是最佳方法。

例 16 "倒八针术"艺术针法。本法因针刺腹部的天枢、外陵、大巨、水道八个穴点呈倒八字形而得名。(李照国,2008:166)选取足阳明胃经的天枢、外陵、大巨、水道八穴,向内侧足少阴肾经方向或中线任脉斜刺,形成一个形似颠倒的四个八字,针数计八针。本术形状类似倒置的汉字八,译者将其译为 inverted eight needling。虽然结构组合上完全对应原文内容,但英语词组的含义不等于每个单词的意义之和,西方针灸操作者很难在脑海中构建出乂的形象。因此,建议试将 inverted eight needling 改为 inverted character eight needling。

例 17 "额旁Ⅱ线平行刺"艺术针法。本术因平行针刺头针额旁Ⅱ线而得名。(李照国,2008:176)parallel(平行的)传达了本术的刺法,翻译结果符合西方针刺手法学习者的思维和用语习惯。译法虽然略长,但本术的针刺手法得到了很好的传递,可以视为较好的译文。

例 18 "穴位指针法"特种针刺法。本法是指医者用手指按压患者体表腧穴,确认病情及穴位,又称腧穴指法、点穴法。(李照国,2008:198)finger-pressure 是指用手指按压患者穴位,译文简洁,在结构内容上也与原文完全对应,有利于连接文化关联内涵。

4. 总　结

直译法结构上符合针刺手法,简洁明了,保留针灸传统文化特色。范仲英提出,直译指保持原文的语言结构、用词、比喻,要求翻译结果连贯易懂(范仲英,1994:57)。名称中包含针刺手法信息的术语和原文较长的术语应直译,忠实于原文的喻体特征。而复式针手、艺术针法、透穴针术则不适用于直译法,无法让译文读者产生与原文读者一样的概念隐喻。

参考文献:

束定芳.隐喻学研究[M].上海:上海外语教育出版社,2000.
刘法公.隐喻汉英翻译原则研究[C].南开大学,2008.
刘炎,李照国.针刺手法图解(汉英对照)[M].上海:上海科学院出版社,2008.
李照国.中医基本名词术语国际标准化研究[M].上海:上海科学技术出版社,2008.
范仲英.实用翻译教程[M].北京:外语教学与研究出版社,1994.

中医药术语英译的"望文生义"现象及对策[①]

赵永红　杨宜花　万莉莉　洪　梅[②]

（江西中医药大学人文学院，江西　南昌 330004；江西中医药大学科技学院，
江西　南昌 330004；中国中医科学院中国医史文献研究所，北京 100700）

摘　要　本文基于中医药学名词英译的基本原则，探讨了某些术语英译"望文生义"问题及其原因，并从中医药文化背景、语言结构等方面，提出了应对措施，以期促进中医药学名词术语英译的规范化研究。

关键词　中医药术语英译；望文生义；对策

On the Phenomenon of "Superficial Understanding" of English Translation for TCM Terminology and Countermeasures

ZHAO Yonghong　YANG Yihua　WAN Lili　HONG Mei

(School of Humanities, Jiangxi University of TCM, Nanchang 330004, Jiangxi;
Science and Technology College of Jiangxi University of TCM, Nanchang 330004, Jiangxi;
China Institute for History of Medicine and Medical Literature, China Academy of
Chinese Medical Sciences, Beijing 100700)

Abstract　Based on the principles for English translation of TCM terms, the paper studied the issue of "superficial understanding" and the causes of some TCM terms. Such countermeasures as stressing the cultural background of TCM and utilizing proper language structure are proposed for the purpose of promoting the unification of English translation for formula classification terms and study on the standardization of TCM terminology.

Keywords　English translation of TCM terminology; superficial understanding; countermeasure

---

[①]　基金项目：本文系科技部 2012 年度科技基础性工作专项重点项目（No. 2012FY130100）、校社科项目"清代中医养生文化的翻译与传播研究"（2014RW013）成果之一。

[②]　作者简介：**赵永红**，男，江西中医药大学人文学院讲师，硕士，主要研究方向为中医英语翻译、跨文化交际。**万莉莉**，女，通讯作者，江西中医药大学人文学院讲师，硕士，主要研究方向为英美文学、中医英语翻译。

1. 前　言

中医是中国五千年历史的璀璨明珠,是与哲学的完美融合。随着中医药的国际化进程,中医药的英译成了其走向世界的重要纽带。中医文化的传播离不开语言的桥梁作用,由于中医语言的特殊性、文化哲学内涵的深刻性以及语言表达的局限性,中医的西传一直受到阻碍。近年来,由于国际上对中医热情日益高涨以及国家大力支持中医文化传播,并将中医文化推广和交流作为中华文化传播的切入点,中医术语英译作为中医英译的重要组成部分也得到了巨大的发展。由于中医术语名词词典编著者在翻译一些术语时存在"望文生义"的误译现象,一定程度上影响了中医的传播。

2. 中医药名词英译规范原则

在进行英文术语规范研究时应遵循"中医药名词术语英译规范原则",即对应性、系统性、简洁性、同一性、回译性、民族性、约定俗成和协调统一,特别是对应性、简洁性和同一性原则,对术语的英译既要反映中医本意,又要符合英语语言习惯。

2.1　对应性原则

对应性原则指的是翻译前要搞清楚术语的内涵,"以源语为导向",这就要求译者了解中医文化内涵,英译时尽可能保持中医概念的完整性和独立性,保持术语的目的语内涵与源语内涵在语言和文化上基本对等。

2.2　简洁性原则

简洁性原则指的是方剂英译尽可能简明扼要。术语的一大特点就是简明扼要,用字少而表意深刻,在翻译时一定要尽可能简洁。"英文译词要像汉语中医原文一样具有简明和精炼的特点。中医名词术语内涵丰富且简明扼要,简洁是中医术语的突出特点之一。要保留中医文化的民族特征,将中医术语完整、形象地搬进英语。因此,在翻译过程中,应注意充分发挥口标语即英语的语言优势,扬其所长,把中医术语用简练而又传神的词语来表达。因为现代科技术语不能冗长,所以译文应简短为好。尽管中医术语原文多为简洁的短语或句子,但英译应该尽量避免使用句子。"(宋海英,张庆荣,2009:2138)。

2.3 同一性原则

在同一性上,目的语要符合翻译的同一性要求,即同一概念中文术语只用一个英文术语表达,达到一词一义的单义性,也就是说,中医药名词术语部件英译时要尽可能找到与源语对应的目的语。

3. 文献检索及存在问题

3.1 文献检索

文章收集并整理了目前具有一定权威性的涉及中医药术语英译的参考资料《Nigel, Ye, 1998: iv, xxiv, xvii, xxii》、《简明汉英中医词典》(李照国,2002)、《英汉汉英医学分科词典·中医药学分册》(孟和,1998)、《实用汉英中医词典》(张奇文,2001)、《新汉英中医学词典》(方廷钰,陈锋,王梦琼,2003)、《汉英流行病学词典》(崔宜庆,潘先海,沈行良,2007)。通过检索权威辞典中涉及的易"望文生义"的某些中医药术语的英译相关文献,结合源语的内涵、英语语言表达习惯,确立该条术语部件英译的推荐英译,形成相对规范的英译。

表1对权威辞典中涉及的易"望文生义"的某些中医药术语的英译相关文献进行了检索,反映了某些中医药术语英译容易出现的"望文生义"现象。为了更好地理解源语的内涵,表1中也给出了全国科学技术名词审定委员会《中医药学名词》(2004:170—171)一书中所列举的各个名词的中文定义。

表1 易"望文生义"的某些中医药术语英译及
相关文献检索及推荐英译(附中文定义)

术语	中文定义	PDOCM	《简明汉英中医词典》	《英汉汉英医学分科词典·中医药学分册》	《实用汉英中医词典》	《新汉英中医学词典》	《汉英流行病学词典》	推荐英译
培土生金	运用五行相生中"土生金"的理论,通过补气健脾以治疗肺虚证或肺脾两虚证的治法。	banking up earth to engender metal	banking up earth to generate metal; supplementing spleen to strengthen lung	supplementing spleen to nourish lung	reinforcing spleen (earth) to strengthen lung(metal)	nourishing kidney and liver	enriching water [kidney] to nourish wood [liver]	supplementing spleen to nourish lung

(续表)

术语	中文定义	PDOCM	《简明汉英中医词典》	《英汉汉英医学分科词典·中医药学分册》	《实用汉英中医词典》	《新汉英中医学词典》	《汉英流行病学词典》	推荐英译
滋水涵木	运用五行相生中"水生木"的理论，通过滋肾水以治疗肝阴虚证或肝肾阴虚证的治法。	enriching water to moisten wood	enriching water to nourish wood	nourishing liver yin to tonify renal yin	providing water for growth of wood; nourishing the liver and kidney			nourishing kidney and liver
益火补土	运用五行相生中"火生土"的理论，通过补心火以治疗脾阳虚证的治法。	boosting source of fire to disperse the shroud of yin		boosting source of fire for invigorating spleen; nourishing renal yang	reinforcing yang	reinforcing earth 补土	replenishing fire	replenishing heart to invigorate spleen
金水相生	运用五行相生中"金生水"的理论，通过滋养肺阴与滋养肾阴并用，以治疗肺肾阴虚证的治法。		mutual promotion between lung and kidney	mutual promotion between lung and kidney		mutual generation between metal (lung) and water (kidney)	mutual generation between metal and water	mutual promotion between lung and kidney
泻南补北	运用五行相克中"水克火"的理论，通过泻心火和滋肾水并用，以治疗肾阴不足，心火偏旺证的治法。		purging south and nourishing north; purging heart-fire and nourishing kidney-water	purging heart fire to nourish renal water				purging heart fire to nourish renal water
扶土抑木	运用五行相克中"木克土"的理论，通过培补脾土和平抑肝木并用，以治疗肝木乘脾证的治法。				restraining hyperactivity of the liver and reinforcing the spleen	wood impinging earth		tonifying spleen to restrain liver

（续表）

术语	中文定义	PDOCM	《简明汉英中医词典》	《英汉汉英医学分科词典·中医药学分册》	《实用汉英中医词典》	《新汉英中医学词典》	《汉英流行病学词典》	推荐英译
佐金平木	运用五行相克中"金克木"的理论，通过清肃肺气和平抑肝木并用，以治疗肝木亢盛证的治法。		supporting metal to suppress wood; supporting lung to suppress liver	supporting lung to suppress liver	treating the lung (metal) to subdue hyperactivity of the liver (wood)	supporting metal to suppress wood		supporting lung to suppress liver
釜底抽薪	指用寒下药从下泻去实热，治疗里热结实证的治法。	raking the firewood from beneath the cauldron	taking away firewood from under the cauldron (elimination of asthenia-heat with cold and purgative drugs)		removing burning wood from under the boiler	taking away firewood from under cauldron		treating interior excess syndrome with cold cathartic medicinals
逆流挽舟	指用疏表除湿之药，治疗表邪入里之证，使邪由里出表的治法。	hauling the boat up stream	boatingup thestream therapy	application of pungent-cool diaphoretics for dysentery		boating up stream		application of pungent-cool diaphoretics for dysentery
刚柔互济	指将刚燥之药与柔润之药同用，以治疗阴血或阳气不足证的一种配伍形式。		刚柔 yin and yang ② hard and soft	刚柔 yin and yang, hard stems (yang stems) and soft terms (yin terms)	刚柔 the hard and the soft: the tough and the delicate			combined use of dry and moist medicinals

3.2 存在问题及原因

从表 1 可看出，不少译者在翻译某些中医药名词术语时会出现"望文生义"的现象，使得读者特别是外国读者很难理解诸如 enriching water to moisten wood（滋水涵木），banking up earth to engender metal（培土生金）这样的术语英译所体现的内涵，从而严重影响中医药名词术语的对外传播。造成"望文生义"现象的原因是没有透过术语表面去把握其背后蕴含的意义；过于拘泥于词与词的形式对等，忽略了意义上的自然对等，把中医术语翻译看作语言符号的转换，而没有看作一种文化等值的转换活动，使得不了解中国传统医学文化的读者困惑迷茫。

4. 应对思路与方法

4.1　了解文化背景

中医翻译与中医文化密切相关。某些中医药名词术语具有丰富、独特的中国文化底蕴和鲜明特点，蕴含着丰富的哲学文化意味。语言是文化的载体，使用不同语言的民族之间必然存在文化差异，而这种文化差异就构成了翻译的障碍。译者在翻译时首先一定要认真研读、体悟其中文定义的表述，深刻理解这些中医药名词术语所蕴含的中国文化，在充分、准确理解其内涵的基础上，认真思考其对应的目的语，尽可能在源语和目的语之间建立文化对等。美国著名的翻译理论家 Eugene A. Nida 曾说过："对于真正成功的翻译而言，熟悉两种文化甚至比掌握两种语言更重要，因为词语只有在其作用的文化背景中才有意义。"（刘宓庆，1991：47）

4.2　使用恰当语言结构

明确术语内部的逻辑关系和语义关系，特别是四字格术语内部的逻辑关系和语义关系，它们彼此的语义关系并不像表面结构那么简单，各词素之间存在着紧密的逻辑关系，这种关系完全由术语内涵决定，一般来说，英语在行文用词上对逻辑关系的体现相当明了，汉语则习惯以上下文语义衔接，如"釜底抽薪"指的是用寒下药从下泻去实热，治疗里热结实证，是一种因果关系，译语 treating interior excess syndrome with cold cathartic medicinals 就体现出了这种关系；"滋水涵木"指的是通过滋养肾和肝以治疗肝阴虚证或肝肾阴虚证，从而两个词组是一种并列关系，译成 nourishing kidney and liver；"佐金平木"指通过清肃肺气和平抑肝木并用，以治疗肝木亢盛证，从而二者可以是一种目的关系，因此译成 clear heat to extinguish wind。

正如刘宓庆所说，"表层结构相同是靠不住的，不仅内容上很可能不一致，逻辑形式上也很可能不一致"。因此，确定四字结构之间暗含的逻辑关系,深入理解其含义,用清晰、简洁的目的语反映出术语的内涵尤为重要。

确定语义关系主要分为两个步骤。第一步是分析理解术语内涵。在汉语里,一个词的词性是由其在句子中的意义所决定的,由此在一个中医术语中,每个词素的词性由每个词素的意义所决定,这说明只有准确把握术语内在关系才能正确选择英译结构形式。

第二步是归纳到语言结构层面上,根据语义关系确定合理的英语形式。以滋水涵木、培土生金两个四字结构的翻译为例,从汉语言的角度来分析,二者都是并列短语,据此将它们翻译成 nourishing kidney and liver 和 supplementing spleen and nourishing lung 是否恰当呢?滋水涵木实际上指的是一种疗法,滋水与涵木其实是一种并列关系,故译为 nourishing kidney and liver;而培土生金滋则是通过补气健脾以治疗肺虚证或肺脾两虚证,两者之间是目的关系,故译为 supplementing spleen to nourish lung 为佳。

5. 小　结

建立规范化的中医药名词术语英译对中医药名词基本术语的英译具有重要的意义。在确定某些特殊的中医药名词术语英译规范译文时,既要在中医文化背景知识上"以源语为导向",把握术语概念的内涵和内在逻辑关系,又要做到目的语与源语在语言交际维度上的对应,切忌"望文生义",从而做到其英译准确、规范,易于理解和对外传播。

参考文献:

崔宜庆,潘先海,沈行良. 汉英流行病学词典[Z]. 济南:山东科学技术出版社,2007.
方廷钰,陈锋,王梦琼. 新汉英中医学词典[Z]. 北京:中国医药科技出版社,2003.
李照国. 简明汉英中医词典[Z]. 上海:上海科学技术出版社,2002.
刘宓庆. 汉英对比研究的理论问题[J]. 外国语,1991(5):47.
孟和. 英汉汉英医学分科词典:中医药学分册[M]. 北京:世界图书出版公司,1998.
全国科学技术名词审定委员会中医药学名词[M]. 北京:科学出版社,2004.
宋海英,张庆荣. 中医基础理论术语英译的原则[J]. 中华中医药学刊 2009(10):2138.
张奇文. 实用汉英中医词典[M]. 济南:山东科学技术出版社,2001.
Wiseman, Nigel & Ye, Feng. *A Practical Dictionary of Chinese Medicine* (second edition)[M]. Brookline, MA: Paradigm Publications,1998.

从译文整体性论中医英译[①]

任俊伟　涂宇明[②]

（江西中医药大学 人文学院，江西 南昌 330004）

摘　要　谈及中医英译，学界往往有两个倾向：一为倾向于借助国外翻译理论，二为结合具体实例大谈翻译原则与方法。本文着眼于译文作为一文本，从衔接文意、理清逻辑、简化表达三个方面结合，笔者具体翻译实践探讨如何才能使译文成为上下贯穿、内外沟通的有机整体。

关键词　中医英译；衔接文意；理清逻辑；简化表达

On TCM English Translation from the Perspective of Translation's Integrity

REN Junwei　TU Yuming

(College of Humanities, Jiangxi University of Traditional Chinese Medicine,
Nanchang, 330004 Jiangxi)

Abstract　When it comes to TCM English translation, there are generally two handlings: one depends on foreign translation theories too much and the other focuses on translation principles and methods associated with specific examples. This paper, treating translation as a text which needs such rules as connecting meanings, clarifying logic and simplifying expressions, discusses how to make the translation become an organic unity by associating with the translation practice of the author of this paper.

Keywords　TCM English translation; connecting means; clarifying logic; simplifying expressions

---

[①] 基金项目：本文系江西中医药大学校级课题"《中医生命学》英译原则与方法研究"阶段性成果。

[②] 作者简介：**任俊伟**，江西中医药大学讲师，硕士，从事中医英语翻译与研究工作。**涂宇明**，江西中医药大学讲师，硕士，研究方向为中医英语教学与翻译。

1. 引 言

初做翻译,容易受制于原文,导致译文变成简单地从一种语言向另一种语言转换,看似做到了忠于原文,其实容易造成译文阅读上的障碍,大大降低其可读性,严重妨碍原文文意的表达。实际上,译文一旦产生,虽然与原文存在千丝万缕的关系,但实乃一内在的统一体,具有整体性的特征——行文、文意、表达自成体系。下面本文就从衔接文意、理清逻辑、简洁表达三个方面入手,结合中医英语翻译中遇到的相关具体问题进行详细分析。

2. 衔接文意

汉语为意合文字,语义自身可以内在相连,不一定要借助衔接词或者起到衔接作用的词。而英语则为形合文字,上下文的语义变换需要借助大量衔接词或者起到衔接作用的词汇。因此,在把中文译成英文的时候,要注意添加此类贯通文意的词汇,才能"把汉语'松散'的流水句整合为结构严密、逻辑清晰的英语表达形式"(郑玲,2013:175)。

例1 从气、血、津液的相对属性来分阴阳,则气具有推动、温煦等作用,属于阳;血和津液,都为液态物质,具有濡养、滋润等作用,属于阴。(印会河,2006:54)

"气具有推动、温煦等作用","血和津液,都为液态物质,具有濡养、滋润等作用"分别与"属于阳","属于阴"之间的逻辑关系原文并未言明,但结合阴阳学说内容,不难发现其中存在的因果关系。又鉴于阴阳之间的对立关系,因此,笔者做了如下翻译:Qi is classified into yang since it has such functions as promoting and warming while blood and body fluids into yin since they, in liquid state, have such functions as nurturing and moistening. 整个译文两个长句由连词 while 衔接,而每个长句内两个短句又由连词 since 相连,使得译文逻辑明晰,语义清楚。

此外,除却连词衔接文意之外,还可以借助于能起到连缀上下文意的词或者词组,比如代词、副词、介词词组,乃至从句。

例2 藏象学说,即是通过对人体生理、病理现象的观察,研究人体各个脏腑的生理功能、病理变化及其相互关系的学说。藏象学说,在中医学理论体系中占有极其重要的地位,对于阐明人体的生理和病理,指导临床实践具有普遍的指导意义。(印会河,2006:28)

原文中"藏象学说"出现两次,在这种情况下,第二次出现的时候可以用代词 it 来替代。翻译如下:Visceral manifestation theory studies physiological functions, pathological changes and interactions of zang-organs and fu-organs by observing physiological and pathological phenomena of human body. It, quite important in traditional Chinese medical theory, can be universally applied to explaining physiology and pathology of human body and instructing clinical practice. 译文中 it 由于有了 quite important in traditional Chinese medical theory 这一补足语的解释说明,又紧随前句,令其指代的意义更加明确,读者可根据代词的使用规范轻而易举清楚其所指,客观上又使文意上下贯通,浑然一体。

例3 温邪上受,首先犯肺,逆传心包,肺主气属卫,心主血属营。(叶桂,2012:6)

原文"首先"一词暗示温热邪气伤人的先后次序,因此翻译时可通过添加相关词汇来彰显这种先后顺序。译文如下:When warm pathogenic qi attacks the upper body, the lung will be first invaded, and then the pericardium may be transmitted reversely. The lung governs qi and belongs to defense aspect. The heart governs blood and belongs to nutrient aspect. 译文通过添加了副词 then 来与前文 first 相应,因而起到沟通文意的效果。

例4 由此可以说明,中医学对于发病学的认识,是与外因是变化的条件,内因是变化的根据,外因通过内因而起作用的原理相符。(洪广祥,2015:25)

原文有两层意思:一、内外因关系;二、中医发病学与之原理相同。翻译的时候可以处理成两个句子,完全没有问题。但运用从句使得句子成分之间逻辑关系明晰、文意紧凑。译文如下:The idea equally applies to pathogenesis in traditional Chinese medicine that the external cause, as condition for changes, starts to work through the internal cause which is fundamentally responsible for changes. 译文使用 that 引导同位语从句来处理内外因关系的那层意思,又用 which 引导的定语从句来处理有关内因的作用描述,上下文意因之而环环相扣、紧密相连。

显然,译文中众多衔接文意方式的应用只为译文文意流动无碍,读者可凭此轻而易举明晓译文所传达的意蕴,易于整体上把握译文内涵。

3. 理清逻辑

由于作者个人疏忽,书中难免存在逻辑上的冲突,作为译者绝不能僵硬地为忠于原文不加修饰地进行翻译,否则势必会造成译文逻辑上的矛盾,给读者造成阅读上的障碍。这种由非作者主观愿望产生的逻辑问题,译者应该结合上下文语境对作者真实意图进行把握,而后采取妥善处理,尽管表达上不同原文,但整体上符合作者真实意愿,因而可谓做到了对原文最大的忠实。

例5 提起学中医的背功,在理、工、农、医、人文诸学科中更是无出其右者。这方面我是有体会的:昔日年少学徒时,对中医基础理论尚未入门,师傅便责令终日背药性、背汤头、背脉学。我在中医诸门课程中,除了方剂(汤头)要求适当背诵外,别的知识都不要去背,而是要学通弄懂,掌握要点。中医经典著作精华居多,芜杂也有。除言辞古奥艰涩外,也有条文语焉不详,文义不明,甚至矛盾抵牾,大可不必只字不差地死记硬背。犹如学习马列主义经典著作,主要是领会和掌握基本立场、观点和方法,分析问题指导实践就行。(洪广祥,2015:22)

"提起学中医的背功,在理、工、农、医、人文诸学科中更是无出其右者",给人这样的感觉:中医特别强调背功。而"我在中医诸门课程中,除了方剂(汤头)要求适当背诵外,别的知识都不要去背,而是要学通弄懂,掌握要点",又让人觉得:中医其实并不需要大量去背。二者前后多少逻辑上会有抵触之嫌。其实结合下文便知,作者反对的是死记硬背,并非反对背书本身。因此,翻译时笔者删去了"我在中医诸门课程中,除了方剂(汤头)要求适当背诵外,别的知识都不要去背",而是在前文"中医强调背功"的语义基础上,突出"理解要点、反对死记"的文意,译文如下:Traditional Chinese medicine requires higher reciting skill than other subjects, such as science, engineering, agriculture, and humanities. I have such impressions: when I was young and knew little about traditional Chinese medicine, my teacher asked me to recite everyday things like properties of medicinals, formulas and pulse diagnosis. More importantly, one should understand the main points rather than merely learn by heart the original text since there are still problems in the medical classics, such as unclear and even contradictory expressions. It is similar to the way we learn the classics of Marxism and Leninism: mastering their basic ideas and methods and putting them into our practice.

例6 一个医生的水平大致可以这样衡量,如果他诊察某一患者半个小时或一个小时后,能够正确解释问诊问出来的每一个症状,以及望闻切诊发现的每一个体征,特别是疾病变化过程中的一些拐点症状、体征的变化,都能做出较为正确的解释,那这个医生基本上可以心里坦然了,因为这个病主

要的问题自己都了解清楚了。(姚梅龄,2012:71)

从"一个医生的水平大致可以这样衡量"来看,并结合上文"如果要求一个比较正规的中医必须解释自己所能了解到的,而且是病人所有讲出来的每一个症状,是并不过分的"(姚梅龄,2012:71),给读者的期待是下文要谈判断一个医生正规与否的标准,最后当是一个具体的判断,然而"那这个医生基本上可以心里坦然了,因为这个病主要的问题自己都了解清楚了",却是在谈论医生弄清疾病主要问题方可心安,与上文逻辑上多少有些脱节。因此,笔者翻译时果断把本句话改译为"这样的医生方可称为合格"。译文如下:It is quite acceptable to ask a qualified doctor of traditional Chinese medicine to explain every symptom he knows or the patient tells him. The skill of a doctor can be measured this way: if he diagnoses a patient for half or an hour, he can correctly explain symptoms or signs obtained from the four examinations, especially the key ones which indicate pathological changes. Such a doctor can prove himself qualified.

此外,有时中文本身并无明显逻辑问题,但鉴于译文本身已形成的上下文语境,为英文表达上的便利,译者也可以适当改变中文的逻辑以融入译文的语义洪流之中。

例7 开始他们所学的课程、课时及教师的教学大纲基本上与国内的中医院校差不多,只是实习基地难以满足,除了用图片幻灯录像等手段介绍病例外,他们还与国内的中医院校医院合作办学,定期派高年级的学生和教师来实习和进修。在科研方面,美国中医针灸研究院、中国医学科学院(加州)、中华医学会(加州)通过组织学术交流,从国内来的专家教授那里获得中医研究的最新信息,了解新的中医科研动态,与国内专家、教授开展中医、针灸方面的科研合作,如中国传统医学院与北京中医学院进行长期教学、科研等学术活动,科罗拉多州中医学院与黑龙江中医学院,美国中医针灸研究院与上海中医学院。在科研方面更是多学科的,加州中国医学科学院还组织数批美国中医针灸代表团前往中国进行学术讨论,并于国内十多个省级中药厂、医疗器械厂开展新产品、新器械的研究和开发。在医药方面,十多个美国中医针灸协会与国内的中药厂有业务往来,现在美国的中药店像雨后春笋比比皆是,大多生意兴隆,如中国传统医学院(纽约)与国内大中型药厂建立了广泛的联系,共同开发适合美国市场的新药品,他们每年从国内进口很多中药饮片、各类成药,几乎国内所有的中成药和中药饮片都可以在他们的附属中国药材公司找到,这些药品包装精美,价格公道,颇受广大华人和美国人民的欢迎。(洪广祥,2015:232)

译文如下：Their curriculum, class periods and syllabus are similar to those of TCM colleges in China. Against rare practice bases, the colleges not only use pictures, power points and videos to introduce medical cases, but also cooperate with TCM colleges in China by sending students and teachers for further education in China. Besides, they obtain the latest information about TCM researches from Chinese experts and professors by organizing activities of international academic exchange and actively take part in research cooperation with TCM universities in China. For example, the long-term teaching and research cooperation between American Traditional Chinese Medical College and Beijing TCM College, between Colorado TCM College and Heilongjiang TCM College, between American Academy of Medical Acupuncture and Shanghai TCM College. The cooperation can be shown in other aspects. For example, California Academy of Chinese Medical Sciences sent several groups of acupuncture-moxibustion professionals to China for academic exchanges and meanwhile enthusiastically cooperates with a dozen of Chinese pharmaceutical factories and medical apparatus and instruments factories to develop new products and instruments; a dozen of American associations of acupuncture and moxibustion have business with our Chinese pharmaceutical factories, which greatly contributes to the fact that Chinese medicine shops in America boom rapidly. New York Traditional Chinese Medical College is a good example. It commits itself to developing new drugs suitable for American market with large and medium Chinese pharmaceutical factories in China and every year imports a large amount of prepared slices of herbal drugs and Chinese patent drugs. All kinds of Chinese medicinals in China are almost available in its Company of Chinese Medicinal Materials and quite popular with Chinese Americans and American people for their delicate pack and reasonable price.

不难发现，所选中文语义大体上是通过"在科研方面"、"在科研方面更是多学科的"及"在医药方面"这些表达来衔接的，但笔者并未忠于作者所设定的语意衔接词，而是从译文语境入手，另立新词。中文第一句话显然在谈论中外中医机构教学方面的合作，紧着第二句话谈论科研方面的合作，笔者在翻译时并未直接翻译"在科研方面"，而是从译文本身的语义流动入手，用 besides 来贯通上下。同样，"在科研方面更是多学科的"，笔者依据第二句话译文中出现的 cooperation 一词，以 The cooperation can be shown in other aspects 承上启下，并用 for example 把下文所提到的"医疗器械和医药产品的研究开发"作为实例,英文行文上自然就明晰畅达。此外,第二句话的翻译上笔者也是绞尽脑汁。本句话主语在讲"美国中医针灸研究院、中国医学科学院(加州)、中华医学会(加州)",后面居然举例"如中国传统医学院与北京中医学院进行长期教学、科研等学术活动,科罗拉多州中医学院与黑龙江中医学院,美国中医针灸研究院与上海中医学院",此逻辑前后矛盾;另外,本句以"在科研方面"开端,例证时又提到"教学",逻辑前后出错。英译时,理清逻辑只是第一步,如何处理又是关键。为了保证英文逻辑上的顺畅,笔者不得不在中文逻辑上做出适当的修改:删掉中文的主语"美国中医针灸研究院、中国医学科学院(加州)、中华医学会(加州)",换成前文的they;同时,由于实例中提到了"教学",所以不得不独立成句,以示实例为译文第一句、第二句分别提到的"教学"、"科研"服务。

中文逻辑上前后出现矛盾,如果译者不进行清理,必然会影响译文整体的表达效果,因此作为合格的译者当须花时间理顺上下文逻辑矛盾,翻译时明晰逻辑关系,以便于读者理解译文。

4. 简洁表达

中文表述,尤其是讲稿之类的文字,难免有语义重复的地方,由于"英语文法向来讲究简洁明快"(李照国,1997:370),在英译时就要删繁就简使得译文文意流动畅达自然;此外,译文中散落于上下文语境而读者又容易察觉的内容,译者也可以进行删除,令译文整体上简洁明了。

例8 中医药的特色表现在许多方面(包括中医药理论、诊断、治疗、护理以及预防疾病的方法等),而最根本的是它的理论核心,即整体观念和辨证论治的原则。当然,辨证论治是中医的主要特色,一个有素养的中医师在诊治疾病的过程中,必须根据这个体系去诊治病人。中医强调理、法、方、药的一致性,这就是说整个诊治过程是一个统一的整体。辨证论治是中医学的重要特点和精华,是中医诊治疾病时所必须遵循的原则。所谓"辨证",就是分析、辨别、认识疾病的症候。"论治"就是根据辨证的结果,确立相应的治疗法则。辨证论治过程,实际上就是认识疾病和解决疾病的过程。辨证论治之所以是祖国医学的一个特点,是因为不同于一般的"对症治疗",一个病的不同阶段,可以出现不同的症候;不同的疾病,在其发展过程中可能出现同样的症候。因此同一疾病的不同症候,治疗方法就不同,而不同疾病只要症候相同,运用同一治疗方法,可以取得良好的疗效。由此可见"辨证"的"证"是疾病的原因、部位、性质,以及致病因素和抗病能力相互斗争情况的

概括。(洪广祥,2015:240—241)

译文如下:These features are displayed in many aspects, including theories of TCM, diagnosis, treatment, nursing, and the ways to prevent diseases, among which the most fundamental are its theoretical cores, the concept of holism and treatment based on syndrome differentiation. As the main feature of TCM, syndrome differentiation and treatment requires that qualified doctors should regard the treatment as a whole and maintain unity among principles, methods, formulas and medicinals. Syndrome differentiation means to analyze, differentiate and understand the syndromes of diseases and treatment means to establish therapeutic principles based on the syndrome differentiation. Actually, it is a process of understanding and curing diseases. Besides, it is quite different from symptomatic treatment: a disease at different stages can have different syndromes which require different treatments; different diseases in their progress can have the same syndromes which can have the same treatments. It follows that a syndrome can reflect cause, location and nature of diseases, and conditions of pathogenic and healthy qi.

中文第二、四句话都是在强调"辨证论治"在中医学中的地位,且语言表达上跟首句相似,第三句话旨在突出"理、法、方、药的一致性"。为新加意义,因此笔者翻译时删除了"辨证论治是中医学的重要特点和精华",而是用 As the main feature of TCM 来代替,起到了承上启下的作用,"是中医诊治疾病时所必须遵循的原则",笔者并未直接翻译,而是借具有强制性意味的 require 一词间接表达,把翻译的重心投向第三句话上去。中文倒数第二、三句话旨在说明中医存在同病异治、异病同治,因而不同于一般的"对症治疗",如果机械依照中文的表述进行翻译,译文就显得臃肿。因此,笔者就英文行文走势运用定语从句省略笔墨的同时,令行文更紧凑,逻辑性更强。

例9 因此,宗气虚衰,卫阳不固,抗御病邪能力低下,是导致反复感邪而引发肺心病急性加重的重要诱因。宗气属阳气范畴。肺心病的宗气虚衰,可视为阳气虚衰。随着病情的发展和加重,由宗气虚衰逐步出现全身阳气的虚衰,或称为真元虚衰。此时,患者体力下降突出,免疫调节能力低下,脏器功能衰竭明显,感染也愈频繁。随着病情的进展,最终可导致呼吸衰竭、心力衰竭和并发症的发生。临床经验揭示,痰瘀伏肺,宗气虚衰为肺心病的关键病机,它贯穿肺心病的各个阶段。上盛下虚,本虚标实为肺心病的症候特征。补虚泻实为肺心病的全程治则。(洪广祥,2015:170)

译文如下:Sudden worsening of pulmonary heart disease is caused by repeated attack of pathogens mainly when pectoral qi declines without effective protection of defensive yang. Since pectoral qi belongs to the category of yang qi, in the disease it is in fact decline of yang qi. With the progress of the disease, general declination of yang qi or declination of original qi occurs. At the moment, the patients have poor immunity with obvious exhaustion of organs and repeated infections. With further development of the disease, it ultimately leads to respiratory failure, heart failure and other complications. Clinical experience tells that phlegm-stasis hidden in the lung and decline of pectoral qi are the key pathogenesis in all stages of the disease. Since its syndrome is characterized by upper excess and lower deficiency, and root deficiency and tip excess, the general therapeutical principle is to tonify deficiency and purge excess.

第一句话中"宗气虚衰，卫阳不固"已经表达出了由于宗气衰弱导致机体无力有效卫外御邪的意思，因此笔者在翻译时有意将"卫阳不固"译作 without effective protection of defensive yang，借以囊括"抗御病邪能力低下"之意，因而起到了节省文字之用。第二、三句话由于存在明显的因果关系，因此使用 since 可以合为一句。鉴于"肺心病"与"宗气虚衰"，在前句译文中已经出现，并形成了良好的上下文语境，所以笔者以 the disease 代前者，后者索性省译，以避免与下文阳气之"虚衰"重复。第四句话中"发展"和"加重"语义重复，二者选一翻译即可，由于译文 With the progress of the disease 以及前文有关肺心病宗气虚衰病机阐述所做的良好语义铺垫，后半句就可直接译为 general declination of yang qi or declination of original qi occurs，"宗气虚衰"可省译。第五句话中"体力下降突出"与"免疫调节能力低下"，笔者认为意义接近，因此选择省译前者，直接译为 At the moment, the patients have poor immunity with obvious exhaustion of organs and repeated infections，以达到简洁表达目的的同时，并未造成语义的损失。第六句话中虽然文字表述为"随着病情的进展"，但结合前文可知，实为病情的进一步恶化，因此译为 With further development of the disease，以示不同于译文上文中的 With the progress of the disease，同时也可达到与之前后呼应的语义效果。第七句话"临床经验揭示"后面部分表面看起来两个动词"为"与"贯穿"，当译为两个短句，但在英文特有语境下使用介词便可合二为一，达到简洁文字、明晰意旨的目的：Clinical experience tells that phlegm-stasis hidden in the lung and decline of pectoral qi are the key pathogenesis in all stages of the disease. 最后两句话中，前句讲辨证，后句讲治则，形成因果关系，因此使用 since 合为一句。

通过以上例证，不难发现，译者在翻译时，从文章的上下文角度考虑，在不损失原文文意的前提下,完全可以对译文内容进行精简,以更好实现译文整体上的表达效果。

5. 小　结

译文也是文章,因此文章行文上的衔接、文意上的明晰、表达上的简洁等基本规范同样适用于译文。英译时,译者可以结合译文上下语境动用一切能起衔接作用的词汇(包括连词)来贯通文意,不必完全拘泥于原文;若文意出现逻辑矛盾时,译者当从中文整体语境出发,在准确把握作者表达意图基础上做出准确判断,翻译时要理顺上下文意之逻辑;若原文表达冗繁,或者部分内容可从译文语境中发掘时,译者当保原文文意不流失前提下大胆删除,凝练语言。只有做到以上三点,译文方能上下贯穿、内外沟通,成为一有机整体。

参考文献:

洪广祥(口述),刘良徛等(整理).走进国医大师洪广祥[M].北京:中国中医药出版社,2015.
李照国.中医英语翻译技巧[M].北京:人民卫生出版社,1997.
姚梅龄.临证脉学十六讲[M].北京:人民卫生出版社,2012.
叶桂,潘静娟(校).温热论[M].上海:上海第二军医大学出版社,2012.
印会河.中医基础理论[M].上海:上海科学技术出版社,2006.
郑玲.中医英语译写教程[M].北京:中医古籍出版社,2013.

互文性视阈下的中成药说明书英译研究[①]

刘艾娟[②]

(北京中医药大学 人文学院,北京 100029)

摘　要　互文性是某一文本与其他文本之间相互关联的一种现象。中医语言多用隐喻、取象比类的手法,中医翻译工作者常常面临多种先前文本。如果要达到交际目的,译者应该充分考虑中医文本的体裁类型,结合目标受众的认知特点,考虑哪种先前文本在译文中被更多分量地参照,然后采用适当的语言表达形式,实现语篇的意图性。中成药说明书是一种实用文本,它的主要目的是要传递信息,其受众不一定具有中医知识。译者在翻译过程中,应该充分考虑中成药说明书语篇的意图性和受众的期待,遵循"读者中心论"的翻译原则,更多地使用归化策略,尽量使用目标语受众熟悉的语言形式,让消费者增加对中成药的认同度。

关键词　中成药说明书；英译；互文性

English Translation of Package Inserts of Chinese Medicine from the Perspective of Intertextuality

LIU Aijuan

(School of Humanities, Beijing University of Chinese Medicine, Beijing 100029)

Abstract　Intertextuality refers to a phenomenon that every text is an absorption and transformation of already existing texts. TCM language possesses such characteristics as vagueness, ambiguity and polysemy, with many cases of metaphor and analogy as well. The translators of Chinese medicine are usually confronted with various pre-texts. It is held that the translators should take such factors into consideration as the genre type of TCM texts and the readers' cognitive ability, and then decide which pretext would be referred to in order to achieve the communicative purpose. The main purpose of English package inserts of Chinese medicine is to convey the information and guide the consumers to take the medicine properly. Thus,

---

① 基金项目:教育部人文社科基金项目(13YJA740032)。
② 作者简介:**刘艾娟**,北京中医药大学人文学院副教授,研究方向为应用语言学。

Chinese medicine package inserts translators should bear these factors in their mind such as the intentionality of English package inserts of Chinese medicine and the consumers' expectation. They are suggested to adopt the "reader-orientated" principle and domestication strategy of translation, make full use of intertextual references and choose proper ways of expression when constructing English texts of package inserts of Chinese medicine. This practice will facilitate a better understanding and acceptance of Chinese medicine by the international community.

Keywords　package inserts of Chinese medicine; English translation; intertextuality

1. 前　言

互文性（intertextuality）又称为"文本间性"、"文本互涉"或"文本互指性"，它是指符号系统的互换（Vieira,1999），最初由法国符号学家克里斯蒂娃于 1969 年提出（Kristeva,1986）。互文性理论是西方结构主义和后结构主义催生的一种文本理论（程锡麟,1996），它涉及"文学的意义生成、文本的阅读与阐释、文本与文化表意实践之间的关系"（祝朝伟,2004:71）。众多学者对互文性理论进行了传承和发扬，基于互文性视角的翻译研究是近年来兴起的热门研究方向之一。当代著名翻译理论家列弗维尔（Lefevere）提出，翻译包含"跨文化文本转换过程中综合多种因素的互文活动"（转引自秦文华,2002:54）。事实上，互文性具有开放性的理论张力和阐释力，这使得互文性理论在跨学科、跨文化、跨语际的翻译研究领域具有广泛的应用价值（吴璐燕,2009）。国内学者主要把互文性理论应用于文学翻译（如：蒋骁华,1998；刘琦,2004）、机器翻译（如：夏家泗,杨绍北,2004）、实用文本翻译（如：刘迎春,王海燕,2008），其中实用文本的翻译研究主要集中在广告翻译、公示语翻译、旅游资料英译等（如：吴钟明,邱进,2004；龙江华,2007；倪英姿,2008）。目前，将互文性理论应用于中医药翻译的研究很少。本文在哈蒂姆和梅森（Hatim & Mason,1990）的理论框架下，讨论药品说明书语篇的互文性现象，从互文性角度探索中成药说明书的英译策略与方法。

2. 互文性的含义与分类

克里斯蒂娃首次提出互文性这一概念时指出，"任何文本都是由引文的镶嵌品构成，任何文本都是对其他文本的吸收和转化"（Kristeva,1969:146，转引自 Hatim & Mason,1990:125）。换言之，"文本之间存在着错综复杂的关联"（熊锡源,2005:497），这就是互文性。在文献中，互文性有不同含义。艾伦曾感叹,任何试图给互文性下一个根本性定义的尝试都注定会失败（转引自辛斌,2006:119,2008:6)。学者们根据自己的需要,给互文性赋予不同的解释和运用。广义的互文性指"任何文本与赋予该文本意义的知识、代码和表意实践之总和的关系,而这些知识、代码和表意实践形成了一个潜力无限的网络"(程锡麟,1996:72)。克里斯蒂娃和巴特(Barthes)是广义互文性的主要代表。狭义的互文性指"一个文本与可以论证存在于此文本中的其他文本之间的关系"(程锡麟,1996:72)。法国批评家热奈特(Genette)和里法泰尔(Riffaterre)是狭义互文性的主要代表。秦海鹰(2004:29)在梳理西方学术界互文性理论的缘起和发展时,对互文性这一术语做了简明界定,它是某一文本把其他文本纳入自身的现象,是某一文本与其他文本之间相互关联的一种特性。其他文本包括先前的文学作品(文本)、后人的文学作品(文本),甚至整个社会历史文本。相互关联可以通过各种写作手段来实现,包括明引、暗引、拼贴、模仿、重写、戏拟、改编、套用等,它也可以通过"读者的主观联想、研究者的实证研究与互文分析等互文阅读方法"来实现。莱姆克区分了两种类型的互文关系。一种是某一文本内部各成分之间的参照关系,另一种是不同文本之间的参照关系(Lemke,1985,转引自 Hatim & Mason,1990:125)。

文学研究中,互文性是指某一文本与激发它的那些先前的文本(前文本)之间的关系。根据西比奥克的阐述,互文文本分为以下几种情况:参照(reference)、陈词滥调(cliché)、文学典故(literary allusion)、自我引用(self-quotation)、惯用语(conventionalism)、谚语(proverb)和诠释(meditation)(Sebeok,1986:829)。哈蒂姆和梅森(1990)指出,这一分类不是很完备,而且关注的是互文过程中的分离成分,而不是过程本身。Lemke(1985)的分类弥补了这一缺陷。文本之间的关系(互文)包括:(1)体裁互文性,它以体裁归属作为基本标准,如对"委员会会议"这一体裁的参照;(2)主题或话题互文性,如对广岛原子弹爆炸话题的参照;(3)结构互文性,它体现形式上的类似性,如 Reaganomics 这样的混合词;(4)功能互文性,包括交际目的/目标的相似性,如"道歉"可以用不同方式表达。

3. 互文性在翻译研究中的应用

互文性被学者们应用到不同领域,最早、最多的要属文学研究领域。例如,国内学者程锡麟(1996)介绍了西方文学领域对互文性的界定、阐释和互文性理论的发展,归纳了传统的文学研究与互文性理论视域下文学研究的差异,并指出,尽管互文性理论存在不足之处,它有利于拓宽文学批评和理论的视野,对当今的文化批评具有重大意义。秦海鹰(2004)勾勒了西方互文性理论的历史背景和基本走向。在语篇研究领域,互文性已经成为一个重要的概念。有学者指出,互文性可以是一般的解码实践,也可以是具体的编码策略,研究者们可以同时从这两个方面对语篇进行互文性分析(Hatim & Mason,1990;辛斌,2008:10)。

作为阐释学一部分的互文性理论在翻译研究中具有广泛的应用价值。有学者论述了互文性与翻译研究的关系(如:秦文华,2002;李运兴,2004;祝朝伟,2004),认为"其理论理据与翻译研究存在根本的契合"(祝朝伟,2004:71),"翻译本身就是一种互文性活动","互文性理论应该成为翻译研究中的重要内容"(秦文华,2002:54)。哈提姆和梅森合著的《语篇与译者》(Hatim & Mason,1990)详细地讨论了翻译研究中的互文性问题。

首先,译者遇到互文信号(intertextual signals)。互文信号是文本成分,它们触发互文搜索过程,使符号处理过程开始运转。互文信号在文本中都是可见的成分,这是它们的一个重要特性。虽然互文信号并不构成互文参照,但它们是互文参照的关键提示。

识别互文信号之后,译者开始建构各种路径,使信号与其前文本相关联。这些路径是双向的,可以是信号与前文本链接,或者是前文本与信号连接。前文本是互文信号的源泉,互文信号指涉它们,或者由它们激发。前文本可以分为两大类:第一类是具体语言系统成分,包括词、短语、小句、小句序列等。第二类是符号系统单位,包括文本(text)、话语(discourse)、体裁(genre)。从互文信号到其前文本,需要跨越一个符号区域,这个区域叫作互文空间。在此,文本使用者评估互文参照的符号地位。在互文参照的符际(inter-semiotic)翻译中,译者需要考虑如下问题:(1)在交际过程中,某一互文参照的信息地位如何?(2)该互文参照的意图地位如何?(3)作为与其他符号相互作用的符号,该互文参照的符号地位如何?第一个问题涉及互文信号的形式(form),第二个问题涉及互文信号的功能(function),第三个问题评价符号产出过程中某一符号的优先性。但是,译者的最终抉择还是要落到作为符号建构的符号实体上,译者是传达形式还是内容,抑或两者同时兼顾?内容和形式的比重如何?

换言之,在把符号转换为另一种语言时,主要目标是要衡量符号的哪些方面要保留,哪些方面要舍弃。在实践中,译者的首要任务是保留互文参照的符号建构,它必然包含意图性。表达信息性的外延意义则退居其次。最后还有一个关键步骤,即重新评估该符号对源文本所起的符号学作用。它包括以作为符号系统单位的特定体裁、话语或文本的特点来描述该符号,翻译过程中,必须尽量保留该符号作为符号系统单位的价值。若可能,甚至还要保留该互文参照作为语言系统项目的功能,即互文参照在前文本和(或)源语寄主文本中是词、短语、小句还是小句序列。

中成药说明书是一种目的性很强的文本,译者在翻译时需要妥善处理各种互文参照,体现其交际意图性。下面我们将首先讨论中成药产品说明书的体裁和语言特点,为下面中成药说明书英译策略的探讨提供基础。

4. 中成药说明书的体裁和语言特点

药品说明书是一种科技文本,中药说明书和西药说明书都属于这一体裁(或语类)。在语篇分析中,体裁是一个含义非常广泛的词语,它可以指任何具有显著特征的"语篇类型"(text type),包括文学的和非文学的、口头的和书面的语篇。每种体裁都有属于自己的独特"意义潜势"(meaning potential),"包括具体的语义范畴、修辞方式、使用规则和惯例"(辛斌,2001)。

一种体裁代表一个类别的语篇。这个类别的语篇具有相似性,包括所出现的交际情景的相似性、交际目的的相似性、意义模式的相似性,以及形式特征的相似性(张德禄,2002)。根据系统功能语言学的相关理论,每个语篇都有体裁结构潜势(generic structure potential),体裁结构包括语篇的必要成分(obligatory elements)和可选成分(optional elements),其结构遵循一定的次序。其次,体裁结构由情景构型(contextual configuration)决定,而情景构型由话语范围(field)、话语基调(tenor)、话语方式(code)组成,它决定着体裁结构潜势在现实中的表现形式。具体来说,话语范围决定必要成分,话语基调和话语方式决定可选成分及其顺序。体裁是通过语域(register)实现的,而语域是通过语言来实现的(Halliday & Hasan,1989)。

如果某一语篇具有体裁结构潜势中的所有必要内容,它就属于体裁结构潜势所描述的这一特定体裁。对比中成药说明书和西药说明书的构成项目,我们可以发现,一些项目是两种药品说明书的共核,如药品性状、适应证、禁忌、用法用量等。事实上,这些构成项目内容是药品说明书这一语类的必要成分。换言之,包含相同必要成分,即药品性状、适应证、禁忌、用法用量等构成项目的语篇属于药品说明书体裁。

话语范围提供语篇需要传递的信息。在药品说明书这类语篇中,需要传递的信息具体为药品说明书的必要构成项目。话语基调指交际活动中参与者的社会地位关系,药品说明书是指导病人安全用药的语篇,建构者通过使用各种语言形式,表达语篇的客观性和权威性。例如,在"药品性状"、"药理作用"等项目中,建构者使用陈述句来描写药品的外观、气、味等,体现"陈述"或"提供"功能。在"用法用量"、"贮藏"等项目中,使用祈使句、被动句、带命令语气的情态动词 should, must,体现"命令"或"提供"功能。话语方式指语篇的语言载体形式,即语言交际的媒介(Halliday & Hasan, 2001)。药品说明书的语言特点是正式的书面语体,建构者通过这种特定的话语方式,向消费者传递相关信息。

药品说明书使用书面正式语体,以专业、客观的语气介绍药品的相关信息,指导消费者用药。西药说明书的话语方式具有典型的科技语篇的语言特点,讲求客观、精练、准确。但是,中成药说明书的话语方式却有明显的不同特点,受中医语言讲究"抑扬顿挫、四六成句"(李照国,1993)的影响,中药说明书中时常出现语义前后重复的四字词语。这一现象在"功能主治/适应证"这一项目中尤为明显,如"消食化滞"、"消痞化积"、"软坚散结"、"祛邪扶正"等表述形式。面对中药说明书与西药说明书之间的不同语篇特点,中药英文说明书建构者需要遵循一定的原则,使用合适的策略,建构成功的中成药英文说明书。下面我们将在互文性视阈下探讨中成药说明书的英译策略。

5. 互文性视阈下的中成药说明书英译策略和方法

贝克指出,受众理解语篇的能力取决于他们的期望和生活经历。不同社会甚至同一社会的不同个体或群体都有不同的经历,对事物和情景的组合方式及相互联系持有不同的态度(Baker, 2000)。中医药翻译是一种面对国外受众的跨语言、跨文化的交际活动,它涉及不同的文化背景、价值观念、社会心理、风俗习惯、语言习惯等因素。中医药翻译工作者需要考虑国外受众的心理习惯、信息需求和语言表达方式等因素,争取国外受众的认同。中成药英文说明书除了指导消费者安全用药之外,它还有一个重要的目的,是要说服国外受众接受中成药产品。如果国外受众对中成药产品及其说明书缺乏认同,中医药国际化道路将被受阻。属于中国特有的文化要想被另一种文化中的人们了解、接受,我们需要依赖受众熟悉的语言形式,满足受众的信息需求,尊重受众的思维习惯,在受众心中建立起认同感。具体而言,我们需要了解受众所熟悉的先前文本,利用互文参照,建构成功的中成药英文说明书语篇。

如前所述,先前文本分为两大类。第一类由实际的语言系统成分组成,它们包括词、短语、小句、小句序列。第二类由符号系统单位组成,它们包括文本、话语、体裁。文本由一套具有互为关联的交际功能的有序结构组成,以达到整体修辞目的。话语指的是语言交际者的表达方式,与他们对待社会文化活动的特定态度相关。体裁是与特定的社会场景类型相关的文本规约形式。文本注重修辞,与话语方式(语境的语篇成分)相关。话语关注态度,与话语基调(语境的人际关系)相关。体裁重视规约性,与话语内容(语境的经验构成)相关。社会场景反应在规约性的体裁上,以交际者的态度表达,由文本来实现(Hatim & Mason,1990)。

中英文对照的中成药说明书的目的是让读者了解药品的功能主治/适应证、用法用量、禁忌等,一方面指导消费者安全用药,另一方面"激发他们的购买欲望,最终使他们采取购买该药品的行为"(欧阳利锋,2002)。在翻译中成药说明书的时候,译者应该充分考虑它的交际目的,了解国外消费者所熟悉的药品说明书构成项目(西药说明书),利用他们的先前文本知识,采用他们熟悉的项目格式,使他们更容易理解和接受中成药产品。具体而言,译者可以采用明引、暗引、拼贴、模仿、重写、戏拟、改编、套用等互文手段(秦海鹰,2004),完成中英文对照的中成药说明书的语篇建构,使消费者能在新文本中快速辨别出以前曾经接触过的文本(西药说明书)的各个项目,让他们有似曾相识的感觉,提高他们对中成药产品的认同度。此外,在具体的语言表达形式方面,建构者应该充分利用目的语的互文参照,尽量使用目的语受众熟悉的语言符号,让读者更容易地准确获取信息。例如,药品构成项目的英文表达大部分在西药说明书中已有既定的表达方式,译者可以把西药说明书作为前期文本,套用它的相关词汇表达。至于中医药特有的表达方式,译者应该充分考虑《中国药典》或国际标准化术语体系等权威文本,引用已有的表达方式,提高中成药英文说明书的表达规范性。有一份中成药说明书把"活血化瘀,行气止痛"翻译成 Activating blood circulation to dissipate blood stasis, and promoting circulation of qi and to relieve pain,事实上,"活血化瘀,行气止痛"这一功能在中医中经常出现,《中国药典》有相关表述。译者可以参照《中国药典》这一权威的先前文本,把它翻译为 To activate blood, eliminate stasis, move qi and relieve pain。修改过的表达方式不仅实现了相关中医药术语翻译的统一化和规范化,还满足说明书应该具有简洁性的要求。"外用"和"口服"在说明书中也属于高频词,但是,有研究发现,它们在中药说明书中的翻译五花八门,错误率较高,有的说明书干脆把该信息省略(刘艾娟等,2016)。例如,"口服"的译文有 take by mouth, take orally, taking orally, to be taken orally, oral use, for oral, for oral use, for oral taken only, oral administration,oral taken,oral,by mouth 等。其实,"外用"和"口服"两个词在《中国药典》中均出现了,为了提高中成药说明书英译的统一规范性,建议译者参照《中国药典》,把它们统一译为 for topical administration(外用)和 for oral administration(口服)。

在互文参照引导下,中成药英文说明书建构者应该力图做到既传达源语言的内容又兼顾源语言的形式。如果不能做到二者兼顾,译者就要根据语篇的意图性和受众的期待进行取舍。受众对信息的接受将受其语言文化环境的制约,因此译者需要充分了解受众的话语方式和接受习惯,了解什么样的话语符合目标语受众的期待,了解采取什么样的方式和方法传递信息才能让目标语受众更容易接受(陈小慰,2007),而不是照搬国内中成药说明书的语篇模式和行文方式。例如,上文提到的"消食化滞"、"消痞化积"、"软坚散结"、"祛邪扶正"等表述形式翻译时不能拘泥于源语言的结构形式,而应该尊重目的语受众熟悉的西药说明书的话语方式,即讲求精练,简化原文烦琐冗长的表达,采取归化的翻译策略,译为 relieving dyspepsia, diminishing mass,eliminating mass,expelling pathogen(李照国,1993)。

6. 结 语

互文性具有开放性的理论张力和阐释力,在中医药翻译研究领域具有广泛的应用价值。中医语言具有文学性、哲学性、模糊性、多义性的特点,中医翻译工作者常常面临多种先前文本:一是源语先前文本,因为中医语言多用隐喻、取象比类的手法;二是目标语先前文本,即受众熟悉的先前文本。如果要达到交际目的,译者应该充分考虑中医文本的体裁类型,结合目标受众的认知特点,考虑哪种先前文本在译文中被更多分量地参照,然后采用适当的语言表达形式,实现语篇的意图性。中成药说明书是一种实用文本,它的主要目的是要传递信息,一方面让消费者认同中成药产品,另一方面指导消费者安全用药,其受众不一定具有中医知识。译者在翻译过程中应该充分考虑中成药说明书语篇的意图性和受众的期待,遵循"读者中心论"的翻译原则(都立澜等,2014:1118),更多地使用归化策略,尽量使用目标语受众熟悉的语言形式,让消费者增加对中成药的认同度。

参考文献：

陈小慰.外宣翻译中"认同"的建立[J].中国翻译,2007(1):60—65.

程锡麟.互文性理论概述[J].外国文学,1996(1):72—78.

都立澜,刘艾娟,陈铸芬.中医病机术语翻译中的显化现象研究[J].国际中医中药杂志,2014,36(12):1115—1119.

蒋骁华.互文性与文学翻译[J].中国翻译,1998(2):20—25.

李运兴.学习翻译的四条途径和三个层面[J].中国翻译,2004(6):58—60。

李照国.中医名词术语的结构和英译[J].中国翻译,1993(6):28—30.

刘艾娟等.中成药说明书英译现状调查分析[A].世界中医药学会联合会翻译专业委员会换届大会暨第七届学术年会论文集[C],2016.

刘琦.文学翻译的互文性研究[J].西南民族大学学报,2004(4):399—401.

刘迎春,王海燕.互文视角下的合同法规翻译[J].中国翻译,2008(6):64—68.

龙江华.互文性理论与公示语的汉英翻译[J].郑州航空工业管理学院学报,2007(4):84—86.

倪英姿.旅游资料中的互文性及翻译方法[D].中南大学硕士学位论文,2008.

欧阳利锋.中医药说明书的英译[J].中国科技翻译,2002(2):17—20.

秦海鹰.互文性理论的缘起与流变[J].外国文学评论,2004(3):19—30.

秦文华.在翻译文本新墨痕的字里行间——从互文性角度谈翻译[J].外国语,2002(2):53—58.

吴璐燕.国内互文性翻译研究综述[J].牡丹江大学学报,2009(3):94—96.

吴钟明,邱进.互文性在广告翻译中的应用[J].上海科技翻译,2004(2):41—44.

夏家泗,杨绍北.互文性给机器翻译带来的启示[J].中国翻译,2004(3):83—87.

辛斌.体裁互文性与主体位置的语用分析[J].外语教学与研究,2001(5):348—352.

辛斌.互文性:非稳定意义和稳定意义[J].南京师大学报(社会科学版),2006(3):114—119.

辛斌.语篇研究中的互文性分析[J].外语与外语教学,2008(1):6—10.

熊锡源.互文性概念在翻译研究中的应用[A].国际译联第四届亚洲翻译家论坛论文集[C],2005.

张德禄.语篇研究概览[J].外国语,2002(4):13—22.

祝朝伟.互文性与翻译研究[J].解放军外国语学院学报,2004(4):71—74.

Allen, G. *Intertextuality*[M]. London：Routledge, 2000.

Baker, M. *In Other Words: A Coursebook on Translation*[M]. Beijing：Foreign Language Teaching and Research Press, 2000.

Halliday, M. A. K. & Hasan, R. *Language, Text and Context: Aspects of Language in a Social-Semiotic Perspective*[M]. Geelong：Deakin University Press, 1989.

Halliday, M. A. K. & Hasan, R. *Cohension in English*[M]. Beijing：Foreign Language

Teaching and Research Press.

Hatim, B. & Mason, I. *Discourse and the Translator* [M]. London: Longman, 1990.

Kristeva, J. *Desire in Language: A Semiotic Approach to Literature and Art* [M]. Paris: Seuil, 1969.

Kristeva, J. *The Kristeva Reader* [M]. Oxford: Basil Blackwell, 1986.

Lemke, J. L. Ideology, intertextuality, and the notion of register[A]. In J. D. Benson & W. S. Greaves (eds), *Systemic Perspective on Discourse* (Vol 1)[C]. Norwood, N. J.: Ablex Publishing Corporation, 1985.

Sebeok, T. A. *Encyclopedic Dictionary of Semiotics* (Vols 1−3)[M]. Berlin: Mouton de Gruyter, 1986.

Vieira, E. R. P. Liberating Calibans: Readings of Antropofagia and Haroldo de Campos' Poetics of transcreation [A]. In S. Bassnett & H. Trivedi (eds), *Post-Colonial Translation— Theory and Practice*[C]. London & New York: Routledge, 1999.

构式语法框架下中医典籍的"四字格"和英译文的"四词格"的对应关系及其表达方式①

原苏荣　金　辉　张　斌②

（上海师范大学 外国语学院，上海 200234）

摘　要　本文基于构式语法理论，通过对中医典籍的汉语"四字格"和英语"四词格"的对应关系及其表达方式考察，发现"四字格"和"四词格"有其对应性，且具有相同/相似的表达方式。其特点：一是"四字/词格"是学得的形式和意义以及话语功能的对子；二是由复句紧缩而成；三是结构框架大多是由成对的副词性关联词语组合而成，且具有韵律性特征。其"四字/词格"都可能遵循从凝固化到构式化到习语化的变化过程和特点。

关键词　"四字/词格"；对应关系；表达方式；特点规律

On Four-Character Pattern in Chinese Medicine Classics and Four-Word Pattern in English Translations from the Perspective of Construction Grammar

YUAN Surong　JIN Hui　ZHANG Bin

(Foreign Languages College, Shanghai Normal University, Shanghai 200234)

Abstract　Based on Construction Grammar, through exploring the corresponding relationship between Chinese four-character pattern and English four-word pattern and their expressing ways in Chinese medicine classics, this article finds that there are some correspondences and same/similar expressing ways of them. The shared features of the four-character and the four-word pattern are that: 1. both are the learned form-meaning and

---

① 基金项目：本文系上海市哲学社会科学"十二五"规划项目"汉英特殊类词语——副词性关联词语多视角比较研究"（2014BYY003）、上海市教委人文社科类科研创新项目（B-9123-14-001010）部分成果。

② 作者简介：**原苏荣**，上海师范大学外国语学院教授，博士，硕士生导师，研究方向为语言学、对比语言学和翻译研究。**金辉**，上海师范大学外国语学院副教授，硕士生导师，研究方向为翻译研究和语料库语言学。**张斌**，上海师范大学外国语学院讲师，研究方向为翻译研究和英语教学法。

discourse function pairings; 2. both are reduced from the complex sentences; 3. both are formed by paired adverbial conjunction combination and have the rhythmic characteristics. It points out that both Chinese four-character pattern and English four-word pattern follow the change process from the quasi-fixed to the constructional to the idiomatic.

Keywords four-character pattern and four-word pattern; corresponding relationship; expressing ways; rules and characteristics

1. 引　言

构式语法理论（Construction Grammar）是 20 世纪 80 年代后期由 Fillmore，Goldberg 等人提出的一种新兴语法理论和研究方法。Fillmore（1988：36）提出：（1）构式是规约性的句法表征；（2）构式是习语性的；（3）词项本身就是构式；（4）构式就像一个由母亲和女儿组成的核心家庭树。Lakoff（1987：538）指出，"一个语法构式的特征越是有理据性，它就越像一个好的格式塔"。他认为好的构式塔容易认识、容易掌握，使用也方便。Goldberg（2005，2006）继承了 Fillmore 和 Lakoff 的"模式观"，提出语法分析的所有层面都涉及构式：构式是业已习得的形式和意义或话语功能的对子，包括词素、词、习语、部分由固定词汇填充的短语结构（如 the Xer，the Yer）。陆丙甫（2008）认为，语块（chunk）是"人类信息处理能力的实际运用单位"。根据构式和语块理论，"每个构式都是由语块构成，语块是构式的构成单位"（苏丹洁，2009）。本文研究的"四字格"和"四词格"既有构式的属性，也有语块的特点。其构式主要由两个语块构成，其形式框架可标码为：A1（S1）+ A2（S2），其中 A 代表副词性关联词语，前置标 A1、后置标 A2 构成成对的关联标记，连接前件 S1、后件 S2。A1 加 S1 称为前块，A2 加 S2 称为后块，如"不盛不虚"中的"不盛"为前块，"不虚"是后块。英语也可由两个语块构成，如 neither strong nor weak（不盛不虚）中的 neither strong 是前块，nor weak 是后块。可见，这里汉语和英语都为两个语块，形式对称，意义关系一样，都表示并列关系。

学界对"四字格"和"四词格"研究可概括为三个方面：（1）汉语"四字格"的研究，如冯树鉴（1985）提出了"四字格"分为成语和根据一定语境灵活组合的普通词语两大类；张斌（1988）将四字短语称之为类固定短语。（2）"四字格"在译文中的运用，如郭卫民（2009）。（3）对汉语"四字格"和英语"四词格"的比较研究，如原苏荣（2012）。以往研究以对汉语"四字格"为多，缺乏对"四字格"和"四词格"的比较研究，对中医典籍的"四字格"和"四词格"比较研究更是缺乏。

构式理论方法在特殊句式研究上取得了不少成绩,但应用构式语法理论对中医典籍中的"四字格"和"四词格"比较研究还少见。本文以构式语法理论为依据,以真实的文本语料为佐证,集中探究:(1)"四字格"和"四词格"的性质特点;(2)"四字格"和"四词格"中构式框架成分对应关系;(3)副词性关联词语在"四字格"和"四词格"中的表达方式,并讨论产生以上问题可能的原因是什么,遵循的规律特点有哪些。

2. 中医典籍的"四字格"和"四词格"的性质特点

无论是汉语的"四字格"还是英语的"四词格",它们都种类繁多,且有各自的结构框架,在我们的研究中,有必要把研究对象局限在一个较少的范围内(原苏荣,2013a:33)。本研究讨论范围局限在构式框架中含成对的副词性关联词语的"四字/词格"。

汉语的"四字格"中间有不少"成对的成分",已经具有"类型标记"的意义,它们构成了类固定短语的构式框架,大都是由固定词汇填充的短语结构。这些成对的成分在句法上大都是副词性的,它们在关联功能上跟"副词性关联词语"相同,如:"不……不……"、"忽……忽……"等。它们是学得的形式和意义或话语功能的对子(Goldberg,2006:5)。请看例句:

例1 帝曰:"病在中而不实不坚,且聚且散,奈何?"(《黄帝内经·素问》)

英语中也有类似"成对的成分"构成一种"四词格"构式,如:neither … nor …(不……不……),now … now …(忽……忽……)等。例如:

例2 Huangdi asked, "The disease inside is *neither* substantial *nor* hard. [It sometimes] accumulates and [sometimes] disperses. How to deal with it?"(帝曰:"病在中而不实不坚,且聚且散,奈何?")(《黄帝内经·素问》,李照国译)

许多"四字/词格"的结构框架是由成对的副词性关联词语组合而成,且不少"四字/词格"都是前后两个片段组成的联合结构,如:半利半结、又浸又炙、*now* rising *now* sinking(忽上忽下)、*half*-believing *half*-doubting(半信半疑)等,它们的内部语块结构是"偏正+偏正"。

在英语中,我们把诸如 *neither* Xu(Deficiency)*nor* Shi(Excess)(不实不虚)、*both* tired *and* hungry(又累又饿)、*either* true *or* false(非真即假)等"四词格"称为成对组合构式。正如 Goldberg(2006:5)指出的那样,它们是由固定词汇组合的短语结构。

汉语"四字格"中具有关联作用的副词有两类：一类本身就是关联副词，如"便"、"亦"、"再"等；另一类本身不是关联副词，但在"四字格"里有关联作用，如"忽肥忽瘦"中的"忽……忽……"起关联作用，是成对的副词性关联词语。汉语"四字格"中成对的副词性关联词语可以表达逻辑关系，如"愈补愈瘀"，也可以表达事理关系，如"又吐又烦"等。

在英语中，从常用的成对关联构式 neither ... nor ..., either ... or ... 和 both ... and ... 等构成的"四词格"来考察，英语的"四词格"主要表示并列、选择之类的事理关系。

汉语、英语中的"四字/词格"，有些已经充分凝固化，成为固定短语——成语，还有很多则有较强的"类化"功能，结构上分为凝固化的成对形式的构式框架，如"不盛不虚"中的"不……不……"和可以自由变化的部分，如"不盛不虚"中的"盛"和"虚"、"不实不坚"中的"实"和"坚"、"不表不里"中的"表"和"里"。语法上研究，人们对后一种情况感兴趣。因为"不……不……"从句法上分析是一种"能产的"紧缩结构，是一种语法构式。英语如 now cold now hot（忽冷忽热），now ... now ...（忽……忽……）从句法上分析也是一种"能产的"紧缩结构、语法构式。

本文研究的汉英"四字/词格"大多是结构上凝固化的成对的构式框架，且具有较强的"类化"功能和上述结构性质特点。构式的能产性（Goldberg, 2006：13）是其重要的特点之一。这些构式具有习语性或规约性的表征（Fillmore, 1988：36），且具有容易认识、容易掌握、应用方便的特征（Lakoff, 1987：538）。

3. 中医典籍构式框架成分的对应关系比较

有关联作用的副词在"四字格"中出现得很多。有些"四字格"从古汉语相沿习用直到现在，是成语，结构类型属固定短语。例如：

例3　若夫法天则地，随应而动，和之者若响，随之者若影，道无鬼神，独来独往。（《黄帝内经·素问》）

更常见的变化形式是保留一些成分，形成框架，替换其他部分，构成了一种"类固定短语"。这种类固定短语中作为框架的成分，多是成对的副词性关联词语叠用。我们可以把这类构式称为词语形式和意义的对子（Goldberg, 2006：5）。例如：

例4　"不……不……"：不发不泄

例5　"一……便……"：一上便痊

多元视域

汉语的"四字格"和英语的"四词格"有一定的对应。例如,英语 neither haughty nor humble 翻译成汉语是"不亢不卑"。英语的 neither ... nor ...称"关联副词",汉语的"不……不……"是副词性关联词语,性质是一样的。下面的例子,也是以副词性关联词语 half ... half ...(半……半……)为框架的英语"四词格"。

例 6　 *half*-believing, *half*-doubting(半信半疑)

其他框架构式有 now ... now ...(忽……忽……)、either ... or ...(非……即……)、both ... and ...(又……又……)等。

但是这种对应比较少,常见的英语半固定短语翻译成汉语大多可以或者必须译成"四字格"。其中作为语法框架的都有副词成分,但不像汉语"四字格"中那样,构成成对的关联成分,只能说是非常宽泛意义上的副词性关联词语。例如:

例 7　Sometimes beats *once* in one exhalation and *once* in one inhalation …(有一呼一至,一吸一至……)(《黄帝八十一难经》,李照国译)

例 8　Qibo answered, "[If] there is no growth and transformation, [it is] the period of stoppage."(岐伯曰:"不生不化,静之期也。")(《黄帝内经·素问》,李照国译)

汉语的"四字格"充分体现了汉语的韵律性特点:二二组合,平仄交错,和谐悦耳,简洁明快。究其原因,汉语"四字格"是汉语追求双音化和对称的结果。而英语除一些如 neither ... nor ..., now ... now ...与汉语"四字格"对应可以称为"四词格"外,其他都有不同的表达法:有的用单个副词或副词词组表达,如 once;还有许多其他的表达构式,如 no growth and transformation。虽然有些"四字格"和"四词格"框架成分形式上不对应,但意义是对应的,这从汉语译文可以证明。

4. 中医典籍构式框架中成对的副词性关联词语的表达方式比较

4.1　同一个副词成对连用

汉语中同一个副词连用做"四字格"的语法构式框架的很多,如:"忽……忽……"(忽清忽乱)、"又……又……"(又浸又炙)。

英语中,也有同一个副词连用,作关联词语的情况,但数量比汉语少。比如例 6 中的 *half*-believing, *half*-doubting。

用重复作为修辞手段,英语中比汉语中少得多。这是修辞对比中一个

153

很有趣的现象。原因可能跟文化审美有关,中国尚同,英(美)国尚异(重视个性)。汉语自古以来就喜欢用重复、排比、对偶,这些都有重复性质。

4.2 不同的副词成对使用

汉语中不同的副词成对使用做"四字格"的语法框架的也不少,如:"一……即……"、"非……即……"、"一……再……"、"半……不……"。

嵌入的成分是同一个动词或形容词,如:一刺再刺。据我们考察,英语中没有这种表达方式的"四词格"。

嵌入的成分是不同的词。嵌入的成分是动词,词性相同,前后成分意义相似、相对或不同,如:一感即痛、非风即寒、半生不熟。英语中有类似框架,如 neither … nor …和 either … or …。在这种关联构式里从例句中能够概括出,可嵌入动词、动名词/现在分词等。这充分表现出英语这种形态语言不同于汉语的一大特点。

嵌入的成分为形容词。汉语里常见这类"四字格",如:忽肥忽瘦、半虚半实。英语相类似的"四词格"关联构式 neither … nor …同样可嵌入形容词。例如:

例 9 [If the pulse of Renying is] *neither* strong *nor* weak, [the disease can be treated by] Channel-Needling [which means to needle the Acupoints located on the Channel proper according to the location of disease]. [Such a treatment] is called Channel-Needling. (不盛不虚,以经取之,名曰经刺。)(《黄帝内经·灵枢》,李照国译)

例 9 neither strong nor weak 中的 strong(健壮的)、weak(虚弱的)都是形容词。从英语例子可以看出,嵌入的成分与汉语一样,词性相同,意义不同也不一定相对。

4.3 副词与连词成对使用

汉语"四字格"中有关联作用的副词与连词搭配使用的常见构式只有"不……而……"、"一……而……"两个,如:不用而痛、一言而毕。

英语中副词与连词搭配使用组成的"四词格",最常用的是 both … and …关联构式。但在中医典籍英译文中少见,多用不同的表达法。例如:

例 10 Qibo answered, "The predominance of Yang leads to fever, closure of Couli (muscular interstices), asthmatic breath with the movement of the body, fever without sweating, dryness of teeth, dysphoria and abdominal distension."

(岐伯曰:"阳胜则身热,腠理闭,喘粗为之俯仰,汗不出而热,齿干以烦

冤,腹满……")(《黄帝内经·素问》,李照国译)

从以上讨论我们可以部分证明构式研究的关键,就是现有一些固化的框架成分,然后可以填进去一些可变成分,随着可变成分也专化了,就成了习语。汉、英"四字/词格"的情况基本如此。且汉英这种构式都可能遵循从凝固化、构式化到习语化的变化过程或规律。

我们发现"四字/词格"的成因,一是人们在使用语言交际时,需遵循一定的语用原则。根据关联的交际原则,每一个话语或明示的交际行为都应设想它本身具有最佳关联性(Sperber & Wilson,1995:158)。人们在使用语言交际时,往往要遵循经济原则。经济原则指的是交际中人们以最少的投入来获得最佳的交际效果。在能够准确表达自己思想的前提下,人们一般采用简练的格式,而"四字/词格"恰好适应了这一需求。二是汉语的韵律性特征——语素的单音节性和组合上的非形态性,而英语特征是语素不限于单音节性以及组合上的形态性。

本文认为"四字/词格"的结构特点:一是由复句紧缩而成的,二是结构框架大多是由具有关联功能的副词组合而成的。例如,"不胖不瘦"等,其复句形式是"既不胖,也不瘦"。用现代汉语解释就是由复句紧缩而成,即由分句整合而成的复句变异形式。首先,是分句之间没有了语音停顿,书面上不用逗号,某些成分(如"既"和"也")被缩略掉了。其次,"四字格"中多用副词性关联词语表达某种关系,如上例"四字格"中"不……不……"表示并列关系。

英语中,也有类似情况,如:

例 11　[If] the pulse *now* appears *now* disappears, or temporally stops and restarts, the patient will die. (脉忽去忽来,暂止复来者,死。)(《脉经》,(西晋)王叔和著)

例 11 中的 *now* appears *now* disappears 是由复句 the pulse *now* appears, (the pulse) *now* disappears. 紧缩整合而成的"四词格"形式。首先,分句之间没有了语音停顿,书面上不用逗号,主语 the pulse 被缩略掉了。其次,"四词格"中起关联作用的副词 now … now …表示并列关系。

5. 结　语

本研究探讨了中医典籍的"四字格"和"四词格"的性质特点,讨论了汉语的"四字格"和英语的"四词格"构式框架成分的对应关系,比较了"四字格"和"四词格"中成对的副词性关联词语的表达方式。对比研究发现,汉英具有关联作用的副词构成的"四字格"和"四词格"既有共性,也有各自的特点:(1)"四字/词格"是学得的形式和意义的对子,且具有习语性、能产性的特征。(2)"四字/词格"成因和结构特点相似,都具有韵律性特征和一定的修辞效果。具有关联功能的副词在汉语"四字格"中的作用尤为突出,凸显其简明凝练的特点,是英语所不能比的。(3)汉语"四字格"二二组合,声律对仗,抑扬顿挫,和谐悦耳;英语"四词格"则受语法和语义制约,除少数与汉语的"四字格"对应外,其他只能用不同的形式表达相应的汉语"四字格"。(4)由于汉英民族修辞倾向和表达习惯的不同,二者在诸多方面有所差异。汉民族的文人墨客喜用"四字格",并把它作为判别语言艺术水平的标准之一,因为"四字格"工整匀称、音韵齐整,可排比使用,具有很强的修辞效果和浓郁的文采。而英语崇尚言以简洁为贵(Brevity is the soul of wit.),反对文字的堆砌,是重音节、重节奏的语言。从另一方面看,英语崇尚言以简洁为贵,其实汉语同样也讲求简洁。只是汉语是音节语言,重视韵律、音步;英语是音素语言,更重视节奏配合、轻重抑扬。还因为英语作为拼音文字,其单词有长有短,音节多少不一,一词几义不一,因此较难做到像汉语那样音韵齐整,词语对称。

总之,我们进行跨语言研究,应该遵循"大同小异,求同存异"的原则,去探索研究语言间的共同特点、共性规律和差异及其原因,以达到对不同语言的进一步认识(原苏荣,2008:72)。

注 释

汉语中一般说一个音节书写起来就是一个字,而英语中的一个单词含一个或一个以上的音节;汉语字典以字为单位,英语词典以词为单位,所以汉语叫"四字格",而英语叫"四词格"。

关于"副词性关联词语",参见:原苏荣,陆建非(2011:126),原苏荣(2013b:22)。

英语"四字格"均以下划线标示;英语"四词格"的汉译文是"四字格",如果与汉语"四字格"相对应的我们用下加点标示,如不对应的则用下划线标示。

本研究所讨论的"副词"就是我们研究的"副词性关联词语"。

both … and …有副词功能,修饰限制谓词,即 both V/A and V/A,如:… and when we both laughed and reddened, casting these looks back on the pleasant old times …(当我们两个笑得满脸通红,回忆着恍如隔世的往昔那段快乐时光的时候……)(Charles Dickens, *David Copperfield*)。因此,Hendriks(2001)和 Johannessen(2005:419)等认为 both … and …中 both 和 either … or …中的 either 为关联副词。

需要指出的是,并不是所有的"四字/词格"都是复句紧缩而成。因为有不少"四字/词格"是语言合用中早已约定俗成的一种紧凑凝练形式。结构凝固以后,慢慢形成固定构式,人们又经常使用就成了习惯语,其形成过程:凝固化→构式化→习语化。

参考文献:

冯树鉴."四字格"在译文中的运用[J].中国翻译,1985(5):19—22.
郭卫民.英译汉中汉语四字格的运用探索[J].山东外语教学,2009(4):84—87.
黄帝八十一难经(李照国译)[M].西安 北京 广州 上海:世界图书出版公司,2008.
黄帝内经·灵枢(李照国译)[M].西安 北京 广州 上海:世界图书出版公司,2008.
黄帝内经·素问(李照国译)[M].西安 北京 广州 上海:世界图书出版公司,2005.
陆丙甫.语序类型学理论与汉语句法研究[C].// 沈阳,冯胜利.当代语言学理论和汉语研究.北京:商务印书馆,2008:124—256.
苏丹洁.构式理论、语块理论和语法教学[C].// 对外经济贸易大学.首届全国语言语块教学与研究研讨会论文.北京:对外经济贸易大学出版社,2009.
原苏荣,陆建非.汉英副词性关联词语篇章衔接功能比较[J].上海师范大学学报(哲社版),2011(2):117—127.
原苏荣.典型事件宾语的形式分类及其认知基础[J].外国语,2013a(2):33—43.
原苏荣.汉语的"哈"与英语的 Eh[J].外国语,2008(3):64—72.
原苏荣.汉语的"四字格"和英语"四词格"[Z].上海师范大学 2012 跨文化交际国际研讨会,2012:1—9.
原苏荣.汉英副词性关联词语比较研究[M].上海:上海三联书店,2013b.
张斌.固定短语和类固定短语[J].世界汉语教学,1988(2):65—67.
Fillmore, C. J. The Mechanisms of "Construction Grammar"[J]. BLS, 1988(14): 35—55.
Goldberg, A. E. Constructions at Work: The Nature of Generalization in Language[M]. Oxford: Oxford University Press, 2006: 5, 13, 227.
Hendriks, P. Edgar Allan Poe and the Case of the Misbehaving Coordinators: "Either", "Both" and "Neither" in Coordinate Structures[D]. Unpublished manuscript, University of Groningen, 2001.
Johannessen, J. B. The Syntax of Correlative Adverbs[J]. Lingua, 2005(115): 419—443.
Lakoff, G. Women, Fire and Dangerous Things: What Categories Reveal about the Mind[M]. Chicago: Chicago University Press, 1987: 538.
Sperber, D. & Wilson, D. Relevance: Communication and Cognition[M]. Oxford: Blackwell, 1995: 158.

从五脏藏五志论针灸穴名意译和现行针灸国际标准[①]

涂宇明[②]

(江西中医药大学 人文学院,江西 南昌 330004)

摘 要 在追溯针灸国际标准化历史和批判现行针灸国际标准不足的基础上,以五脏藏五志为切入点,本研究例证了穴名意译的重要性,提出了针灸穴名宜采用"三译法"来传达其暗含的文化内涵,并给出了比较规范的针灸国际标准范例,以期对标准的修订完善有所裨益。

关键词 五脏藏五志;针灸穴名意译;三译法;现行针灸国际标准

On Free Translation of Acupoints and Current International Standard of Acupuncture and Moxibustion: From Five Organs Storing Five Wills

TU Yuming

(College of Humanities, Jiangxi University of Traditional Chinese Medicine, Nanchang 330004, Jiangxi)

Abstract Based on the brief retrospect to the history of international standardization of acupuncture and moxibustion, and the critique of current international standard of acupuncture and moxibustion, the paper from the angle of five organs storing five wills illustrates the importance of free translation of acupoints, advocates three-essential-element method to translate acupoints so as to convey their implied cultural connotation, and proposes the ideal format for international standard of acupuncture and moxibustion to provide reference for its future improvements.

Keywords five organs storing five wills; free translation of acupoints; three-essential-element method; current international standard of acupuncture and moxibustion

---

① 基金项目:本文系 2015 年度江西省社会科学研究"十二五"规划项目"文化语境视角下中医术语英译的实证研究"(项目批准号:15YY04)阶段性论文之一。

② 作者简介:**涂宇明**,江西中医药大学讲师,硕士,研究方向为中医英语教学与翻译。

我国国粹之一的古老的中医,尤其是针灸,在国外传播已经有很长的历史了。在传播的过程中翻译和经穴名称的标准化起到了举足轻重的作用。回顾历史,"早在1958年,中国针灸学者就开始了针灸穴名国际标准化的工作。在比较了汉语拼音穴名与英文威妥玛式等拼音穴名优缺点之后,决定采用汉语拼音穴名作为国际标准化穴名方案基础。1959年出版了第一本带有汉语拼音穴名的针灸书。1980年,中国针灸学会成立了穴位研究委员会。1982年公布了'针灸穴名国际化方案'"(王德深,1988:1)。同时很多国家也成立了针灸穴名委员会,但是各国所制订的方案很不一致。后来,为了规范和统一,世界卫生组织总部于1991年颁布国际标准《国际针灸命名推荐标准》(WHO,1991),近又于2008年6月颁布并于2009年修订出版了《世界卫生组织标准针灸经穴定位(西太平洋地区)》(黄龙祥,2010)。为适应中医药在全世界的发展和响应各国代表在2003年世界中联"中医药国际标准化研讨会"上提出的研究制定中医名词术语英译标准的建议,我国的世界中医药学会联合会于2008年3月颁布了《中医基本名词术语中英对照国际标准》(李振吉,2008)。这些标准的面世在一定程度上规范了针灸穴名的翻译,但同时也存在着一些不足,简述如下。

1. 现行针灸国际标准的不足

现行针灸国际标准的制定也造成了针灸文化的殒损,削弱了中医文化的传播。最明显的一点就是穴名作为针灸的一部分,具有非常丰富的内涵。腧穴命名,最早的记载见于《内经》,《素问·阴阳应象大论》称:"气穴所发,各有处名。"它是古代医家在当时历史条件下,根据他们对宇宙间事物的认识,从天文、地理、物象、解剖、方位、生理、针刺的疗效等各个方面逐步总结而成,如日月、紫宫、华盖等以天文之类来命名,承山、丘墟等以地理之类来命名,承泣、劳宫等以人体生理功能来命名。正如孙思邈《千金翼方》所说,"穴名立意深奥,可顾名知用","凡诸孔穴,名不徒设,皆有深意"。由此可见,穴名的翻译不仅仅是语码的转换,更重要的是针灸文化的传播。但是根据现有的国际标准穴名都是按照拼音名加国际代码的简译方式来翻译的。对不认识汉字的外国人来说,只能拼读出其发音和死记硬背这些枯燥的代码而对穴名的丰富内涵却知之甚少,实为可惜。下面笔者以五脏藏五志为切入点来谈谈针灸穴名意译的有关问题。

2. 五脏藏五志和穴名翻译的关系

2.1　五脏藏五志与部分腧穴的关系

五脏藏五志起源于《内经》,《素问·宣明五气》所说的"心藏神、肺藏魄、肝藏魂、脾藏意、肾藏志,是谓五藏所藏"。它们之间存在着紧密的关系,《灵枢·本神》对此有一段精辟的论述:"随神往来者谓之魂,并精而出入者谓之魄,所以任物者谓之心,心有所忆谓之意,意之所存谓之志……"。笔者在这里不是要探讨中医基础理论的问题,而是从这个切入点出发来说明穴位名称之间是存在一定联系的,是具有相当文化内涵的,如图1,膀胱经第二侧线上与各背俞穴相平的穴位,其命名与同一水平的背俞穴多有联系。如第三胸椎棘突下督脉旁开1.5寸为肺俞,肺藏魄,故与肺俞相平膀胱经第二侧线上为魄户穴。同理,心俞与神堂相平,肝俞与魂门相平,脾俞与意舍相平,肾俞与志室相平等。如图2所示,运用五脏藏五志就可以把部分相关的背俞穴和膀胱经穴完全联系起来。

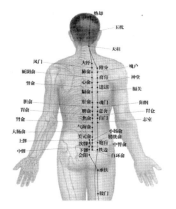

背俞穴	五脏藏五志	膀胱经穴
心俞	心藏神	神堂
肺俞	肺藏魄	魄户
肝俞	肝藏魂	魂门
脾俞	脾藏意	意舍
肾俞	肾藏志	志室

图1　足太阳膀胱经局部图

图2　背俞穴、膀胱经穴和五脏肺藏五志关系图

2.2　腧穴内涵与穴名翻译的关系

由此可见,中国的中医文化博大精深,源远流长,中医学的整体观念是其他医学所望尘莫及的。既然腧穴具有十分丰富的内涵,那么在对外传播和翻译时就应该把其内涵体现出来。但是目前的翻译状况令人担忧。国际标准(不管是世界卫生组织的标准还是世界中医药学会联合会的标准)所采用的国际代码加拼音的简洁译法虽然给穴名的标准化带来了一定程度上的

统一,但是在很大程度上也抹杀了针灸文化在国外的传播与传承。这一现象与如今许多国外人士和政府对中医的重视和热情形成了一定的反差。因此,翻译作为文化传播的桥梁就必须更加重视中医文化而不仅仅是中医技术层面上的传播与传承。要做到这一点并非易事,也不可能一蹴而就。笔者认为一个有效的方法就是对其进行画龙点睛式的简洁的意译。为此,让我们先来回顾下目前针灸穴名意译的研究现状。

3. 针灸穴名意译的重要性

3.1 穴名意译的研究现状

经穴命名的英译问题在较早就引起了国内外学者的关注。从笔者所收集到的资料分析,早在 20 世纪 60 年代初,Felix Mann 著有《针刺治疗疾病》一书,其中对中国传统经穴命名均采用英文意译,对国际的针灸学术交流产生了一定的影响(张晟星,1983:43—47)。1982 年,《汉英常用中医词汇》(广州中医学院,1982)一书逐一列出各个经穴的英文意译。而后,学者张晟星在借鉴前两书的基础上,进一步系统地研究了经穴的内涵并于 1983 年在《中国针灸》杂志上发表论文《经穴命名的英语意译探讨》(张晟星,1983:43—47),将十四经穴逐一进行英文意译。1984 年著有《经穴释义汇解》一书(张晟星,戚淦,1984)。1983—1987 年间学者周裕清、周国雄等发表系列论文四篇谈《针灸穴名英文及其他外文意译初探》(周裕清,周国雄等,1983:94—106;1984:147—157;1985:81—93;1987:72—81),将针灸穴名意译成英、德、法三种外文。英国著名中医翻译家 Nigel Wiseman(魏迺杰)编写的《实用英文中医辞典》(Wiseman,2002)、《英汉·汉英中医词典》(魏迺杰,2006)在 WHO 针灸经穴的命名基础上增加经穴名的英译,极力主张翻译经穴的意思。我国著名中医翻译家李照国在其专著《中医基本名词术语英译国际标准化研究》的第二章"针灸穴位名称国际标准化的回顾、展望与反思"中,从"音译之法,有待探究;原则方法,依实而化;穴位内涵,力当明辨"三个方面对现行的穴名国际标准进行了反思,也极力提倡对穴位名称进行意译,以便有助于西方读者了解和把握穴位的定位、功能和主治(李照国,2008:29—47)。此外,有一澳大利亚网站上对所有的穴名进行了翻译,笔者从网站的参考文献推测是来自 John McDonald 所著的书 *Acupuncture Point Dynamics*,但因缺乏资料,无法证实。除上述情况外,很少有研究者比较系统地研究和翻译所有经穴的穴名,即使偶有论及者也是呈零星状态。

3.2 穴名意译重要性举例分析

为了更好地论述穴名意译的问题,笔者选取了五个代表译文来做比较分析:一个是《中医基本名词术语中英对照国际标准》(李振吉,2008)(简称:现行国际标准,下同);国内选用《汉英常用中医词汇》(广州中医学院,1982)(简称:广中医版,下同)和学者张晟星(张晟星,1983:43—47;张晟星,戚淦,1984)的版本(简称:张版,下同);国外选用了《英汉·汉英中医词典》(Wiseman,2006)和澳大利亚网的版本①。从图3可知,这五个译文的焦点是如何翻译腧穴名中的"俞"字,是直接保留拼音Shu,还是翻译成Transport,还是其他的译文呢?心俞、肺俞、肝俞、脾俞和肾俞都是背腧穴,根据定义,背腧穴是指五脏六腑之气输注于腰背部的俞穴。背俞穴与相应脏腑位置的高低基本一致。所以在翻译时如果把核心点"五脏六腑之气输注于腰背部"表达出来,外国针灸学习和使用这就知道某个穴位和某个脏腑的关系,也能知道其大概的位置与相应脏腑位置的高低基本一致。在这些译文中,笔者更倾向于 Wiseman 的译文。因为既然在国际标准的穴位中已经有拼音的 Shu,那么在穴名意译时似乎没有必要再沿用拼音的 Shu,而可以考虑用 Transport 来表达"五脏六腑之气输注于腰背部"的意思,这样也同时是对"俞"字的解释。

	现行国际标准	澳大利亚网	Nigel Wiseman	张版	广中医版
心俞	Xinshu(BL15)	Heart Shu	Heart Transport	Heart Shu	Heart Shu
肺俞	Feishu(BL13)	Lung Shu	Lung Transport	Lung Shu	Lung Shu
肝俞	Ganshu(BL18)	Liver Shu	Liver Transport	Liver Shu	Liver Shu
脾俞	Pishu(BL20)	Spleen Shu	Spleen Transport	Spleen Shu	Spleen Shu
肾俞	Shenshu(BL23)	Kidney Shu	Kidney Transport	Kidney Shu	Kidney Shu

图 3

	现行国际标准	澳大利亚网	Nigel Wiseman	张版	广中医版
神堂	Shengtang(BL44)	Mind Hall	Spirit Hall	Spirit Hall	Spiritual House
魄户	Pohu(BL42)	Door of the Corporeal Soul	Corporeal Soul Door	Vigour Door	Soul Shelter
魂门	Hunmen(BL47)	Door of the Ethereal Soul	Hun Gate	Soul Gate	Soul Gate

(续表)

	现行国际标准	澳大利亚网	Nigel Wiseman	张版	广中医版
意舍	Yishe（BL49）	Thought Shelter	Mentation Abode	Mental Room	Thought Refuge
志室	Zhishi（BL52）	Will Chamber	Will Chamber	Will Cabinet	Room of Will

图 4

从图4可知，下面五个穴名的翻译中，其译文丰富多彩，用词各不相同，各有千秋。其用词的区别除了在"神、魄、魂、意、志"以外，对"堂、户、门、舍、室"的翻译也是大相径庭。笔者认为，除了张版把"魄户"译为 Vigour Door 欠妥以外，其他的译文基本上都已达意。各个版本倒是对"志"的翻译比较统一，都译为 Will。那么，究竟哪种译文更胜一筹呢？要讨论这个问题，应该考虑译者的不同翻译思想和对穴名整体译文的思索。为更好地了解译者的思想，笔者统计了该四大版本十四经穴中含有"堂、户、门、舍、室"的所有穴名的译文。现总结如图5：

		现行国际标准	澳大利亚网	Nigel Wiseman	张版	广中医版
堂	神堂	Shengtang（BL44）	Mind Hall	Spirit Hall	Spirit Hall	Spiritual House
	玉堂	Yutang（CV 18）	—	Jade Hall	Jade Hall	Lung Hall
户	气户	Qihu（ST 13）	—	Qi Door	Qi Door	Energy Gate
	魄户	Pohu（BL42）	Door of the Corporeal Soul	Corporeal Soul Door	Vigour Door	Soul Shelter
	脑户	Naohu（GV 17）	Brain Window	Brain's Door	Brain Door	Brain Window
门	其他20个穴，以魂门为例	Hunmen（BL47）	Door of the Ethereal Soul	Hun Gate	Soul Gate	Soul Gate
	章门	Zhangmen（LR 13）	Chapter Door	Camphorwood Gate	Chapter Gate	Bright Door
	期门	Qimen（LR 14）	Cycle Door	Cycle Gate	Cyclic Gate	Cyclic Door

(续表)

		现行国际标准	澳大利亚网	Nigel Wiseman	张版	广中医版
舍	气舍	Qishe (ST 11)	—	Qi Abode	Qi Room	Energy Room
	府舍	Fushe (SP 13)	—	Bowel Abode	Mansion Room	Converging House
	意舍	Yishe (BL 49)	Thought Shelter	Mentation Abode	Mental Room	Thought Refuge
室	志室	Zhishi (BL52)	Will Chamber	Will Chamber	Will Cabinet	Room of Will

图 5

广中医版译文中：2个含有"堂"的穴名，1个译为 House，1个译为 Hall；3个含有"户"的穴名，1个译为 Gate，1个译为 Shelter，1个译为 Window；22个含有"门"的穴名，19个译为 Gate，2个（章门、期门）译为 Door，1个（幽门）译为 Pylorus；3个含有"舍"的穴名，1个译为 Room，1个译为 House，1个译为 Refuge；1含有"室"的穴名，译为 Room。

张版译文中：2个含有"堂"的穴名，都译为 Hall；3个含有"户"的穴名，都译为 Door；22个含有"门"的穴名，都译为 Gate，其中幽门译为 Hades Gate（Pylorus）；3个含有"舍"的穴名，都译为 Room；1个含有"室"的穴名，译为 Cabinet。

Nigel Wiseman 版译文中：2个含有"堂"的穴名，都译为 Hall；3个含有"户"的穴名，都译为 Door；22个含有"门"的穴名，都译为 Gate；3个含有"舍"的穴名，都译为 Abode；1个含有"室"的穴名，译为 Chamber。

澳网版译文中：很遗憾的是澳网的译文不全，但是根据能查阅到的部分穴名来看，1个含有"堂"的穴名译为 Hall；2个含有"户"的穴名，1个译为 Door，1个译为 Window；22个含有"门"的穴名，16个译为 Door，2个译为 Gate，4个没有查到；1个含有"舍"的穴名，译为 Shelter；1个含有"室"的穴名，译为 Chamber。

从上述分析可知，从规范化和标准化的角度来考察"堂、户、门、舍、室"的翻译，Nigel Wiseman 版和张版译文的规范化和标准化程度较高，对穴名中相同意义但并无本质差异的"堂、户、门、舍、室"之间进行了统一，如堂（Hall）、户（Door）、门（Gate）。而澳网版和广中医版的译文则相对较凌乱，如广中医版"堂、舍"都译为 House，而"舍、室"都译为 Room。这不符合名词术语的原则之一——"一个理想的术语名词应该不能具有多义性，而且最好不要有同义词。这也就是说,一个名词不应该被用来表达一个以上的概念,而每个概念最好只用一个名词术语来代表"(魏遒杰,2006)。这只是从"堂、户、门、舍、室"的译文进行了初步的横向分析。尽管如此,但是 Nigel Wiseman 在翻译"魂"字时,在魂[ethereal soul(stored by the liver)]、魂不藏(ethereal soul failing to be stored)、魂门(Hun Gate)中,前两者都统一,但却在"魂门"的译文上用了音译,这让笔者甚为不解,因为笔者认为这三个术语中"魂"是一个意思,并无本质差别。还有就是他对源语的误译,如章门译为 Camphorwood Gate,因为根据词典 Camphorwood 是表示樟木、樟树的意思。译为 Chapter Gate 也是错误的,把它理解成了章节的意思。这是就某个译者的纵向译文分析。

由此可见,穴名虽然简短,但却意味深长,我国中医药文化在国外迅猛发展的大好形势下,在针灸穴名已经标准化的基础上,进一步研究穴名意译以更好地传播其文化内涵就显得非常重要,但要译好实非易事,需要医界、译界及其他相关行政部门的共同努力和合作。

4. 现行针灸国际标准的完善

鉴于以上所述,笔者建议现行针灸国际标准最好能采用"三译法+穴名简释"的方式对经穴进行逐一的规范化和标准化研究,并对现行标准进行修订和完善。在实际的使用中,可采用简化的"三译法":"穴名拼音名+国际代码+英文意译名"。但因为国际标准是一个指导性的纲领,故穴名简释部分不能少,主要是供针灸学习、研究和从业者提供参考以便能更好地了解其名称内涵。在实际的翻译中考虑简洁性原则,还是主要以"三译法"为主,但考虑到读者的需求,在传播的前期阶段,在临床教学、教材的编写或资料的翻译时,可以灵活地利用简释,如在第一次出现时进行口头阐释、文中注、脚注或尾注,而以后出现就直接使用三译法。待到读者慢慢理解和接受了三译法后,就直接使用三译法,这也符合人类认识事物本质的过程。

好的简释对腧穴的内涵、功用、位置、与脏腑的关系、穴位和穴位之间的联系起到一个提纲挈领、画龙点睛、彼此联系为有机整体的作用。例如,背俞穴12穴(肺俞、厥阴俞、心俞、肝俞、胆俞、脾俞、胃俞、三焦俞、肾俞、大肠俞、小肠俞、膀胱俞)分布于背腰部,与相应脏腑位置的高低基本一致,与相应脏腑有密切关系,除治疗相应脏腑病外,还可治疗与该脏腑相关联的五官病、肢体病,这样的简释有利于记忆和理解穴位的真正内涵。图6是笔者对五脏藏五志所涉及的穴名按照"三译法+穴名简释"格式所做的尝试性翻译,尤其是穴名简释部分自感捉襟见肘很不成熟,也不够简洁而精炼,有待进一步深入研究和完善,请大家批评指正。

	三译法+穴名简释	
	拼音名 (国际代码,意译)	穴名简释
心俞	Xinshu (BL15, Heart Transport)	It is the back transport acupoint of the heart into which heart qi is transported. It locates in the upper back region, at the same level as the inferior border of the spinous process of the fifth thoracic vertebra (T5), 1.5 B-cun lateral to the posterior median line. And its indications include angina pectoris, palpitation, hematemesis, insomnia, amnesia, dreaminess, epilepsy, cough, night sweating, etc.
肺俞	Feishu (BL13, Lung Transport)	It is the back transport acupoint of the lung into which lung qi is transported. It locates in the upper back region, at the same level as the inferior border of the spinous process of the third thoracic vertebra (T3), 1.5 B-cun lateral to the posterior median line. And its indications include cough, asthma, hematemesis, hemoptysis, bone-steaming fever, tidal fever, night sweating, nasal obstruction, etc.
肝俞	Ganshu (BL18, Liver Transport)	It is the back transport acupoint of the liver into which liver qi is transported. It locates in the upper back region, at the same level as the inferior border of the spinous process of the ninth thoracic vertebra (T9), 1.5 B-cun lateral to the posterior median line. And its indications include jaundice, hypochondriac pain, hematemesis, redness of eyes, dizziness, night blindness, depressive psychosis, manic psychosis, epilepsy, pain in the back and spine, etc.
脾俞	Pishu (BL20, Spleen Transport)	It is the back transport acupoint of the spleen into which spleen qi is transported. It locates in the upper back region, at the same level as the inferior border of the spinous process of the eleventh thoracic vertebra (T11), 1.5 B-cun lateral to the posterior median line. And its indications include abdominal distention, jaundice, vomiting, diarrhea, dysentery, hematochezia, edema, backache, etc.
肾俞	Shenshu (BL23, Kidney Transport)	It is the back transport acupoint of the kidney into which kidney qi is transported. It locates in the lumbar region, at the same level as the inferior border of the spinous process of the second lumbar vertebra (L2), 1.5 B-cun lateral to the posterior median line. And its indications include enuresis, seminal emission, impotence, irregular menstruation, leucorrhea, edema, tinnitus, deafness, lumbago, etc.

(续表)

	三译法 + 穴名简释	
	拼音名 （国际代码，意译）	穴名简释
神堂	Shengtang（BL44, Spirit Hall）	It relates to and locates at the level of Xinshu（BL15, Heart Transport）, like a hall houses the spirit because the heart stores the spirit and Xinshu（BL15, Heart Transport）is the back transport acupoint of the heart. It locates in the upper back region, at the same level as the inferior border of the spinous process of the fifth thoracic vertebra（T5）, 3 B-cun lateral to the posterior median line. And its indications include asthma, cardiac pain, palpitation, stuffy chest, cough, stiffness and pain in the back, etc.
魄户	Pohu（BL42, Corporeal Soul Door）	It relates to and locates at the level of Feishu（BL13, Lung Transport）, like a door for lung qi because the lung stores the corporeal soul and Feishu（BL13, Lung Transport）is the back transport acupoint of the lung. It locates in the upper back region, at the same level as the inferior border of the spinous process of the third thoracic vertebra（T3）, 3 B-cun lateral to the posterior median line. And its indications include pulmonary tuberculosis, haemoptysis, cough, asthma, neck rigidity, pain in the shoulder and back, etc.
魂门	Hunmen（BL47, Ethereal Soul Gate）	It relates to and locates at the level of Gānshu（BL18, Liver Transport）, like a gate for liver qi because the liver stores the ethereal soul and Ganshu（BL18, Liver Transport）is the back transport acupoint of the liver. It locates in the upper back region, at the same level as the inferior border of the spinous process of the ninth thoracic vertebra（T9）, 3 B-cun lateral to the posterior median line. And its indications include pain in the chest and hypochondriac region, back pain, vomiting, diarrhea, etc.
意舍	Yishe（BL 49, Thought Abode）	It relates to and locates at the level of Pishu（BL20, Spleen Transport）, like an abode gathers spleen qi because the spleen stores the thoughts and Pishu（BL20, Spleen Transport）is the back transport acupoint of the spleen. When the spleen is peaceful, one will naturally have clever thoughts. It locates in the upper back region, at the same level as the inferior border of the spinous process of the eleventh thoracic vertebra（T11）, 3 B-cun lateral to the posterior median line. And its indications include abdominal distension, borbrygmus, vomiting, diarrhea, difficulty in swallowing, etc.

(续表)

三译法 + 穴名简释	
拼音名 （国际代码，意译）	穴名简释
志室 Zhishi (BL52, Will Chamber)	It relates to and locates at the level of Shenshu (BL23, Kidney Transport), like a chamber gathers kidney qi because the kidney stores the will and Shenshu (BL23, Kidney Transport) is the back transport acupoint of the kidney. Only when the kidney qi is sufficient can one's will be in full play. It locates in the lumbar region, at the same level as the inferior border of the spinous process of the second lumbar vertebra (L2), 3 B-cun lateral to the posterior median line. And its indications include seminal emission, dysuria and stiffness and pain in the loins and spine, etc.

图 6

5. 结束语

中医学非常重视人体本身的统一性、完整性及其与自然界的相互关系，它认为人体是一个有机整体，构成人体的各个组成部分之间，在结构上是不可分割的，在功能上是相互协调、相互为用的，在病理上是相互影响着的。五脏藏五志就是这种整体观的表现之一。在对外交流和传播中医文化时，如何体现这种整体观，如何采用正确的方式去翻译穴位名称，使其保留原有风貌，揭露其所蕴含的文化内涵和诊疗意义就显得十分重要。而现行的做法还有待改善，文中所论述的采用"三译法 + 穴名简释"的方式对经穴翻译进行规范化和标准化的建议也只是笔者的个人看法，可行与否也有待进一步研究，在此抛砖引玉供大家批评指正。

① http://www.acupuncture.com.au/education/acupoints/points.html

参考文献：

广州中医学院. 汉英常用中医词汇[M]. 广州：广东科技出版社，1982.

黄龙祥审定，岗卫娟等译. 世界卫生组织标准针灸经穴定位（西太平洋地区）（中英文对照）[M]. 北京：人民卫生出版社，2010.

李照国. 中医基本名词术语英译国际标准化研究：理论研究、实践总结、方法探索[M]. 上海：上海科学技术出版社，2008.

李振吉. 中医基本名词术语中英对照国际标准[M]. 北京：人民卫生出版社，2008.

王德深. 针灸穴名国际标准化手册[M]. 北京:人民卫生出版社,1988.

魏迺杰(Nigel Wiseman). 英汉·汉英中医词典[M]. 长沙:湖南科学技术出版社,2006.

张晟星,戚淦. 经穴释义汇解[M]. 上海:上海翻译出版公司,1984.

张晟星. 经穴命名的英语意译探讨[J]. 中国针灸,1983(3).

周裕清等. 针灸穴名英文及其他外文意译初探(之二、之三、之四)[J]. 暨南理医学报,1983(1);1984(4);1985(4);1987(2).

WHO. A Proposed Standard International Acupuncture Nomenclature:Report of a WHO Scientific Group, 1991. http://www.who.int/medicinedocs/en/d/Jh2947e/#Jh2947e.3. 2008-4-23.

Wiseman, Nigel. *A Practical Dictionary of Chinese Medicine* [M]. Beijing:People's Medical Publishing House, 2002.

基于翻译模因论的《黄帝内经》两英译本隐喻翻译对比研究

罗 茜

（江西中医药大学 人文学院，江西 南昌 330004）

摘 要 作为文学语言的根本，隐喻不仅是一种修辞方法，更是对世界的思维模式和认知方式。"取向类比"是中医学的思维特征，《黄帝内经》作为中国传统医学四大经典著作之一，蕴含大量朴素而生动的隐喻。如何正确翻译隐喻，忠实传达原著中的隐喻表达效果，对于文化输出起着举足轻重的作用。鉴于此，本研究以翻译模因论为基础对《黄帝内经》中的隐喻翻译过程进行分析，并对两个译本进行对比研究，以期为隐喻现象的本质和中医文化的传承提供一个独特的视角。

关键词 翻译模因论；《黄帝内经》；隐喻翻译

A Comparative Study of Metaphor Translation in Two English Versions of Yellow Emperor's Canon of Medicine from the Perspective of Translation Memetics

LUO Xi

（College of Humanities, Jiangxi University of Traditional Chinese Medicine, Nanchang 330004, Jiangxi）

Abstract As the foundation of literature language, metaphor is not only a rhetorical device, but also a thinking pattern and cognitive style. Analogy is the thinking feature of TCM; therefore, there are a lot of plain yet vivid metaphors in *Yellow Emperor's Canon of Medicine* which is one of the four traditional medical classics. Accurate translation of the metaphors and faithful transmission of their metaphorical effects play an important role in cultural output. Thus, this study will analyze the translation process of metaphors in two different English versions so as to provide a unique perspective to see the essence of metaphorical phenomena and

---

① 基金项目：本文系 2016 年度江西高校人文社科青年项目（项目编号 JC162004）的阶段性成果。
② 作者简介：**罗茜**，女，江西中医药大学人文学院讲师，硕士，主要从事中医翻译研究。

inherit TCM culture.

Keywords　translation memetics; *Yellow Emperor's Canon of Medicine*; metaphor translation

1. 引　言

中医文化博大精深，独具特色，至今已有几千年的历史。其深深植根于中国传统文化，具有独特的形象思维方式，被钱学森先生称为"唯象的中医学"。早在远古时期，我们伟大的祖先便在与大自然做斗争的过程中创造了原始医学，遵循"取象比类"的方法来解决人体的实际问题，并由此逐渐形成了中医学的理论体系（谢著，2011：1—3）。因此，中医语言中存在大量的隐喻、借喻、明喻等修辞格。作为我国现存最早、地位最高的中医理论经典论著，《黄帝内经》中蕴含大量朴素而又形象生动的隐喻（李照国，2011：69—73），这些隐喻不仅是一种语言现象，更是古人对于人体、疾病、诊疗等抽象概念的认知。如何恰当翻译隐喻，忠实传达原著中的隐喻表达效果，对于文化输出起着举足轻重的作用，本研究以翻译模因论为基础对《黄帝内经》中的隐喻翻译过程进行分析，并对两个译本进行对比研究，以期为隐喻现象的本质和中医文化的传承提供一个独特的视角。

2. 翻译模因论

牛津大学动物学家 Richard Dawkins 在其著作 *The Selfish Gene* 中，将"模因"（meme）定义为文化传播过程中的模仿因子，类似于生物进化过程中的基因（Dawkins，1976）。模因及模因论的提出掀起了一股浪潮，学者纷纷将各自的研究领域与模因论结合以求有新的发现。作为众多研究大潮中的一员，芬兰学者 Chesterman 开创性地将翻译与模因论结合，并提出了翻译模因论。他在《翻译模因论：翻译思想的传播》一书中，阐述了翻译模因库中的五种超级模因，即：源语—目标语模因、对等模因、不可译模因、意译—直译模因和写作即翻译模因之间的进化情况和相互关系（Chesterman，1997）。

翻译的本质就是译者通过语言将源语模因进行传播的过程。模因的翻译主要有归化和异化两种方式。归化是指在翻译过程中以目的语读者为中心，采用便于他们理解和接受的表达方式，力求译文流畅、通顺。异化则以源语为中心，力求在翻译过程中保留原作的独特文化魅力，使目的语读者在文字中强烈地感受原作的异域特色（罗茜，2015：64—66）。

3.《黄帝内经》中的隐喻特点

"取象比类"是建构中医理论的主要认知方式,它以"象"为工具,以认识、理解、模仿客体为方法,来理解和体验另一种事物。在对人体的剖析和解读中,古代医学家善于用熟知、具体的事物来表达抽象的概念,运用形象的隐喻和丰富的想象构建对人体生理功能及各类病理现象的认知(兰凤利,2014:98—103)。因此,古代医书中的医学理论等内容"因其比喻生动,含蓄委婉,用典精巧"而成为中医语言的一大特色。

3.1 取象于自然

《黄帝内经》中有很多参照自然现象的概念如天、地、水、火、海、星、湿、燥、雾等形成的中医隐喻。受限于科学技术的发展水平和各种医疗器件的缺乏,古代医学家用自然界中熟悉的事物来展现人类不熟悉的事物,形象生动地隐喻致病因素,再现病因的特性,为人类认知和治疗疾病创造出最高效却又最经济的表述方法。例如,"风者,善行而数变"用自然界"善行而数变"的风来借喻具有游动、走窜、多变特点的风邪。再如"脾者土也,治中央",将脾隐喻为自然中的土,意指其运化水谷、布散精微、供给养分之功能。又如"夫精者,身之本也",借用自然事物"树木的根"来隐喻精对人体的重要性。把抽象医理寓于具体物象之中,使艰涩难懂的学术概念成为可眼观手触的身边物。

3.2 取象于生活

《黄帝内经》中有大量的隐喻参照生活经验如"事物"、"事件"、"关系"、"情绪"、"心理活动"等以及人类所经历的感知如"父母"、"男女"、"房屋"等,将抽象的医学概念同人类的生活紧密联系起来。如"阴阳者……变化之父母",将阴阳这个颇为抽象的概念喻作"父母",因为后者有起源、根源的内涵,在此阐明阴阳是世界万物变化的根源这个意思。再如"肝者,罢极之本,魂之居也",借用魂魄的居所来隐喻肝脏,意指肝脏藏储魂魄,与之息息相关。又如"腰者,肾之府,摇转不能,肾将矣",把腰比作肾的住所,如果住所一旦出现异常,那居住其中的肾气也即将衰竭。把抽象医理寓于生活体验和经验之中,使艰涩难懂的学术理论成为可感知的生活。

3.3 取象于政治军事

古代社会地位森严,战事频发,故《黄帝内经》中有大量隐喻取象于政治和军事,因其是人类经验感知的重要来源。如"心者,君主之官……肺者,相傅之官……肝者,将军之官……胆者,中正之官……膻中者,臣使之官……脾胃者,仓廪之官……脾者,谏议之官……小肠者,受盛之官……",使用各类官职喻指人体的各个脏器,通过官位大小清晰地展现出脏器之间的相互关系,强调心作为君主的主导地位,同时喻指其他器官相互分工共同为心效力的特征。再如"得神者昌,失神者亡"中,借用军事战争中的胜利"昌"和失败"亡"喻指病情的预后发展,形象生动,言简意赅。总之,以已知喻未知、以熟悉喻陌生、以简单喻复杂、以具体喻抽象、以通俗喻科学为思维手段的隐喻是中医语言的特征。

4. 翻译模因论视域下《黄帝内经》隐喻翻译实例解析

《黄帝内经》一书中使用了大量人体自身、大自然、日常生活、政治、军事、哲学等隐喻思维来阐述抽象玄妙的医学概念。下文将以翻译模因论为指导原则,从隐喻形式角度对李照国先生和 Veith 先生两译本中的隐喻翻译实例进行对比分析,以期为隐喻现象的本质和中医文化的传承提供一个独特的视角。

4.1 以物喻物

例1 原文:胃者,水谷之海,六腑之大源也。(《素问·五脏别论篇》)

李本:The stomach is the sea of the food and water and the major source of the six Fu-Organs.

Veith 本:The stomach acts as a place of accumulation for water and grain and as a source of supply for the six bowels.

分析 原文用自然界中的"海"来隐喻人体胃腑对水谷等的容纳功能,李本采用异化方法将喻体"海"译成 sea,而 Veith 则采用归化方法将其译为 a place of accumulation,背后原因在于"海"在源语中往往让人联想到"海纳百川"、胸怀宽广;而在英语中,sea 一词却容易让人产生不愉快的联想,附带"贪婪"等负面色彩。Veith 作为美国史学家,他的源语文化直接影响他对"海"一词的意义构建和翻译,由此可以看出,不同文化背景下的母语模因对隐喻模因的翻译存在很大的影响。同理可见于下面这个例子。

例2 原文:六经为川,肠为海。(《素问·阴阳应象大论》)

李本:The six-channels act as mountains and valleys, the intestines and stomach act as the seas.

Veith 本: The six arteries generate streams; <u>the bowels and the stomach generate the oceans.</u>

同样在翻译喻体"海"时,Veith 避免用 sea 一词,用的是 ocean,想必也是考虑到 sea 词背后的隐藏含义。

例 3 原文:今时之人不然也,<u>以酒为浆</u>,以妄为常。(《素问·上古天真论篇》)

李本:People nowadays, on the contrary, just behave oppositely. [They] <u>drink wine as thin rice gruel</u>, regard wrong as right.

Veith 本:Nowadays, people are not like this; <u>they use wine as beverage</u> and they adopt recklessness as usual behavior.

分析 原文意为现今很多人不以为然,把酒当成水浆喝,生活没有规律。李本采用异化的方法将喻体"浆"译为 rice gruel,忠实地传达源语模因的意思,有助于本土文化对外传播;而 Veith 则采用归化的方法将"水浆"译为 beverage,方便目的语读者更好地理解,但译文的忠实度和准确度方面略逊于李本,且抛弃了源语文化的独特色彩。

4.2 以人喻物

例 4 原文:肺者,相傅之官,治节出焉。(《素问·灵兰秘典论篇》)

李本:<u>The lung is the organ [similar to] a prime minister and is responsible for Zhijie (management).</u>

Veith 本:<u>The lungs are the symbol of the interpretation and conduct of the official jurisdiction and regulation.</u>

分析 原文的意思是指肺像宰相一样辅佐君主,因而主管一身之气并调节全身的活动。西方国家不存在把人体器官的功能比作官职的隐喻,源语模因与目的语模因存在文化空缺。李本采用归化的方法将"相傅"译为 prime minister,最大限度地将源语中的喻体转化为目的语中意义最接近的喻体,并应用 similar to 将隐喻转换为明喻,便于目的语读者领略源语文化中的修辞手法;"治节"采用异化方法音译为 Zhijie,且在后面使用归化加注为 management,既保留了源语文化的特色也不妨碍目的语读者的阅读效果,较为忠实准确地传达了源语的文化内涵。Veith 作为美国人,其文化背景中不存在"相傅"这一官职,也无法在目的语中找到合适的喻体,故其采用归化方法译为 the symbol of interpretation,并将"治节"译为 official jurisdiction and regulation,省略喻体模因,转而用意译的策略将其功能阐述出来,目的语读者易于理解,但源语文化的异域特色没有得到保留。

4.3 以物喻人

例5 原文:<u>病为本,工为标</u>:标本不得,邪气不服。(《素问·汤液醪醴论篇》)

李本:<u>Diseases are Ben (root) and [the diagnosis and treatment of] doctors are Biao (branch).</u> [If] Biao (branch) and Ben (root) do not agree with each other, Xieqi (Evil-Qi) can't be eliminated.

Veith 本:<u>Illness is comparable to the root; good medical work is comparable to the topmost branch or a beacon.</u> If this root is not reached, the evil influence can't be subjugated.

分析 原文是指病人是主要因素,医生是次要因素,只有两者协同配合才能将病治好。李本主要采用异化方法——拼音法将"本"和"标"译作 Ben,Biao,忠实准确地传达原文语义,较好地保留了源语隐喻的文化特色,且采用加注的方式运用归化方法将其分别译作 root,branch,也兼顾了目的语读者的理解。Veith 本则只采用归化方法将"本"译作 root,将"标"译作 branch,从长远来看,李本更有利于中医文化对外传播。

5. 小 结

隐喻在《黄帝内经》中不仅是一种修辞方法,更是一种对人体生理和世界的认知手段,是掌握中医语言和解密中医奥妙的钥匙。李照国先生是我国著名翻译家,长期从事中医药文化的英语翻译、教学和研究工作,精通中医文化,而 Vetih 是美国医史学家,英语为母语,精通中文但中医文化相对匮乏,二者知识背景的差异性能更清楚地表明他们在处理语言、文化和思维方式上的异同。通过对二者的隐喻翻译进行对比分析,发现译者的母语模因对隐喻模因的翻译影响较大,不同社会和文化背景的译者对于同样的隐喻模因会有不同的理解和编码,如果源语模因和目的语模因存在共通性,译者一般倾向于采取归化的方法,如果源语模因和目的语模因存在不对等或空缺情况,译者倾向于采用异化方法或略译以免产生歧义。总体来说,李本的隐喻翻译更为忠实准确,较好地保留了中医文化特色,Veith 本的翻译语言更为流畅,但多处隐喻出现误译,不利于中医文化的对外传播。

参考文献:

兰凤利,Friedrich G. Wallner. 取象比类——中医学隐喻形成的过程与方法[J]. 自然辩证法通讯,2014(4):98—103.

李照国.《黄帝内经》的修辞特点及其英译研究[J].中国翻译,2011(5):69—73.

罗茜,周媛.模因论视角下中医文化专有项英译策略研究[J].山西中医学院学报,2015(5):64—66.

谢菁,贾春华.《黄帝内经》隐喻语言的类型与功能[J].中医药学报,2011(1):1—3.

张斌,杜福荣.认知理论视域下的中医隐喻翻译[J].医学与哲学:人文社会医学版,2011(6):66—67.

Dawkins, R. *The Selfish Gene* [M]. New York: Oxford University Press, 1976.

Chesterman, A. *Memes of Translation: The Spread of Ideas in Translation Theory* [M]. Amsterdan/Philadelphia: J. Benjamins, 1997.

译法研讨

李照国先生中医英语翻译思想评介

李相敏

（美国加州长滩州立大学）

(California State University, Long Beach, California 90815, USA)

1. 为什么要评介李照国先生的中医翻译思想？

李照国先生是我国著名的中医英语翻译专家。20世纪80年代中期，他即开始对中医英语翻译在国内外的长期实践进行了系统的总结和研究，90年代初在《中国翻译》、《中国科技翻译》、《上海翻译》、《中国中西医结合杂志》等国内重要学术杂志上发表了一系列的研究文章，并出版了国内外首部中医英语翻译研究专著《中医翻译导论》，使中医英语翻译研究从纯粹的实践总结上升到了理论研究，为中医英语翻译最终成为一门独立的学科奠定了坚实的实践和理论基础。90年代至今，他先后出版了27部研究专著，在国内外学术刊物上发表了数百余篇论文、散记和杂感，出版了28部译著，并在中西方文化的比较特别是中国传统文化的研究方面做了系统深入的探讨。他以中国上下五千年的优秀文化为基础，以中西方文化的交流为背景，以诸子百家之学为桥梁，细致入微地探讨了中医英语翻译的"形"与"质"、"表"与"里"，为中医英语翻译研究和中华文化的弘扬与发展做出了自己的贡献。

然而进入21世纪以来，先生的名字几乎淡出了翻译界，就是在中医翻译领域，他也在人们的视野中逐步消失，以至于有些近年来进入中医英语翻译研究领域的青年学者不知道先生到底是什么人，不知道此人是否还存在。这主要是因为自博士研究生毕业以后，先生一直使用笔名和化名发表论文的缘故。先生为什么要以笔名和化名发表文章呢？用先生的话说，主要是为了"宁心安神，专事研究"。这当然与先生一直推崇的"恬淡虚无，精神内守"、"正气存内，邪不可干"的人生信条不无关系。可先生自己恐怕都没有想到,他的隐姓埋名固然使自己"独有一片蓝天,独享一分清宁",却给中医英语翻译的学科建设和研究带来了一定的影响。

2005年,先生倾其20年之力而翻译注解的《黄帝内经》第一部《素问》终于问世。该书是原国家新闻出版总署主持翻译出版的《大中华文库》之一,将肩负着对外传播介绍大中华文化的历史使命而发行海外。装帧精美的三卷本《黄帝内经·素问》,煌煌百万言的中医经典译著,是先生20年艰苦心路历程的总结,是先生飘然世外却又矢志不移于中华文化海外传播的见证,是先生淡泊个人名利得失、风雨兼程于学术研究和探索的最好说明。

翌年暑期,一些志同道合的朋友们相聚古城长安,意在庆祝先生所译的《黄帝内经·素问》的出版。其时先生刚刚完成了《黄帝内经·灵枢》译本出版前的校对工作,难得有闲暇与多年来支持帮助他并从他那里得到了巨大精神财富的朋友们相聚。在此次聚会中,先生应大家的要求,谈了自己这些年所沉迷的"复古研究"及其对自己从事中医英语翻译的影响。听着先生的"海上奇谈",大家无不有"隔世"之感。他的笔名"牛喘月",似乎就是对这"隔世"之感的一个小小的注解。

短暂的聚会很快就结束了,然而此番聚会带给大家的心理震撼却在持续。在大家与先生分手告别的时候,都不约而同地表示,一定要让更多的人了解先生的工作,一定要让先生的研究发挥更大的效用。我受大家的委托,执笔向大家介绍先生二十多年来在中医英语翻译领域的探索,特别是先生此前来淡出译界视野后所做的研究,希望能为正在蓬勃兴起的中医英语翻译研究和正在广泛深入开展的中医对外交流事业提供某些启发和借鉴。由于先生的反对,这篇文章至今也没有发表。闻知世界中医药学会联合会翻译专业委员会年会即将召开,不禁又想起了十年前自己所撰写的这篇文章。故略做调整、略做补充,特意发给组委会,希望能为这次参会的专家学者们提供一点信息资料。

2. 李照国先生到底何许人也?

要了解先生是何许人也,其实并不难,网上有关他的材料很丰富。然而这些介绍多为道听途说,甚至是刻意灭他人以升自己,并没有反映先生的真实情况。为了使大家对先生本人和他的研究有一个具体和客观的认识,作为先生的好友,我想在这里就有关问题向大家作一介绍。

先生虽出身于农耕之家,但由于亲属之中有受过国学教育之人,所以自幼便受到了国学的熏陶。这在那个动荡的年代里实在是一种幸运,这也为他以后的研究打下了良好的文化基础。1980年,先生考取了西安外国语学院,开始专心于英语语言的学习。其实先生对英语并无兴趣,用先生的话说,他"至今都不喜欢英语,对翻译更没有兴趣"。然而人生就是这么不可思议,先生"至今都不喜欢英语",当年却跨入了外语高等院校,专修英语;先生"对翻译更没有兴趣",至今却一直从事着翻译的实践和研究,并在这方面取得了丰硕的成果。在谈到自己的理想和抱负的时候,先生曾感慨地说:"人生真的如梦,想做的事情偏偏不能做,不想做的事情偏偏一个接着一个。"这就是人生,这就是先生的人生。

在西安外国语学院读书期间,先生除了学习英语外,大量的时间是学习中国古典文化,特别是诸子百家之学。这为他以后的翻译研究奠定了坚实的基础。同学们至今回忆起先生当年在大学校园读书的情景,还叹息不已。每次回忆起先生的大学生活时,我都激动不已地和朋友们谈起这样一件事。先生在毕业分配方案宣布的最后一刻,还在学校的花园里独自读书学习。在那个实行国家统一分配的年代里,毕业生在毕业前的数月里早已人心惶惶,各自为自己的前途和命运而奔波努力,只有先生一人还天天在图书馆里学习,在花园的石桌前读书。每次回忆起这段往事的时候,我都无比感慨地说:"照国静心安神地读书学习,成了那一段时间我们毕业生中一道独特的风景线。"

也许是先生的刻苦精神感动了上帝,学校最后将他分配到了陕西中医学院。这在当时看来,是相当不错的归宿了。但对先生来说,分配到哪里并不重要,重要的是他知道可以到哪里去继续自己的学习。大学毕业对于先生而言,只意味着此方学习的结束;而分配到哪里,只意味着彼方学习的开始。所以分配到陕西中医学院后,他除了继续其诸子百家的学习外,受环境的影响,逐步开始学习中医,并由此开始了影响他终生的中医英语翻译事业。

"我翻译中医完全是偶然,完全是不得已而为之。"先生常常这样说。实际情况也是如此。先生于1984年分配到陕西中医学院从事英语教学工作。那时,我国的中医药学正在逐步走向世界,中西方在中医药领域的交流与合作正在不断深入。与此相应的是,中医药的对外翻译工作,尤其是英语翻译,也普遍开展起来了。中医院校的英语老师大多很自然地承担起了本单位的中医药对外翻译工作,不管是否有此基础或有此兴趣,先生也不例外。虽然在大学时代他已熟读了如任继愈先生20世纪70年代主编的《中国哲学史》等一批中国哲学著作,对阴阳五行等中国古典哲学思想已有所了解。但要真枪实弹地从事中医英语翻译,先生仍然感到"老虎吃天无处下爪"。

谈到最初从事中医英语翻译时,先生常讲起自己的一段"佚事"。1985年,在东南亚某国举行国际八卦学术研讨会。学院的一位教授将前往宣读论文。教授请先生将自己的论文翻译成英语,先生为难地说,自己不懂八卦,不会翻译。教授听了无比惊讶地说:"不懂八卦不要紧,你不是懂英语吗?将我论文的中文字变换成英文字就行了,我不要求你看懂我的论文。"先生不知如何回答。就这样无可奈何地接受了教授的委托,稀里糊涂地向中医翻译迈出了第一步。若干年后,先生谈到这件"佚事"时说:"那时我只有一个想法,在译文中保证不出现任何语法错误。至于译文是否符合原文的思想,只有天知道了。"

多年后谈到中医翻译问题时,先生曾说:"不是我翻译中医,而是中医在翻译我。"这听起来有点禅学味道的话,其实饱含苦涩与无奈,让先生从那时一直品尝到如今。这让人想起了多年以前在中国很流行的一句话:形势逼人。在生活上,先生是一个逆来顺受之人。但在学业上,却是一个敢于迎接挑战的人。他以后所从事的事业与所选择的奋斗目标,就非常生动地说明了这一点。

3. 李照国先生是怎样开始中医翻译事业的?

先生在谈到自己对中医翻译的最初了解时常提到了这样一件往事:大约在大学二、三年级的时候,有一天他从广播里听到一则新闻。欧明教授通过新华社发表了一个声明,对美国某些人未经他的同意翻印他主编的汉英中医词典表示谴责。听到这则新闻的时候,先生怎么也不会想到,自己今后在学术研究上的发展竟然与此息息相关:不久之后被分配到了一所中医院校,在无奈的情况下开始翻译中医,为了搞好翻译开始学习和研究欧明教授所编写的词典,在欧名教授的翻译思想指导下进入了中医英语翻译这个充满挑战和困惑的领域并为之贡献了自己的青春年华。

先生最初的理想其实是成为一个比较历史学家。还在中学的时候,先生就确定了自己的历史学研究方向:以时间为基点,以地域为平面,俯视比较世界各个民族、各个国家在同一历史时期的发展状况,从中发现人类文化、社会和种族发展的异同。然而大学毕业后的一纸派遣单改变了先生的理想。到陕西中医学院工作之后,由于工作的需要,开始接触到中医并开始关注其翻译问题。尽管最初的翻译是被动的,甚至是无奈的,但是很快先生就被这个博大精深的、与中国传统文化密切相关的人文医学体系所吸引。从最初被动地翻译,到后来积极主动的学习和实践,先生在中医翻译领域开始了最初的探索。

通过几次翻译实践,先生深深地感到,要翻译好中医,仅仅具有扎实的英语语言功底和一般的翻译学基础是远远不够的,还必须要对中医的理论和实践有深入的了解和把握,不然就无法保证理解的正确性和表达的客观性。于是在单位领导的支持下,他开始系统学习中医。1986年9月,先生和一年级新生一道走进教室,走进了中医的殿堂。通过两年多的课堂学习,先生基本上修完了中医的基础课程,对中医的基本理论有了较为系统的了解和掌握。在学习期间,先生开始思考中医翻译问题并做了大量的翻译实践。为了提高自己对所学知识的理解,每天晚上他都将老师白天所讲授的教材内容翻译成英语。先生后来在谈到自己通过翻译学习中医的时候说:"通过翻译学习中医其实是一个很好的方法。在翻译的过程中你会发现,原来以为明白了的概念其实还很模糊,原来以为清楚了的理论其实还很含糊。这就促使自己不断地去学习和琢磨,从而加深理解。而翻译的第一步不就是理解吗?"

通过这样的课堂学习和课后翻译,先生不但掌握了中医的理论知识,也在翻译的实践中作了深入的探索。通过翻译实践,先生发现要翻译好中医实在不是一件容易的事情。首先英语语言中缺乏中医对应语,译者必须自己到英语语言中去比较、筛选可能的对应语,但由于中医用语内涵极为丰富,一词多义、数词同义与概念交叉的情况非常普遍,给对应语的选择造成了很大的困难。其次,中医理论深奥玄密,有的地方相当晦涩,用白话文表达亦显得佶屈聱牙,更何况用英语翻译?再次,中医基本概念的翻译当时相当混乱和烦琐。比如"三焦"的翻译当时就有 three warmers, three burners, three heaters 等不同的译法;而简洁明了的"辨证论治"则被译为 treatment based an overall analysis of the symptoms and signs 甚或更长。如何简洁译文呢?先生为此作了很多努力,但都无法解决。

在谈到自己从事中医英语翻译问题时,先生曾引用元人王和卿的《咏大蝴蝶》来概括的体会:

挣破庄周梦,两翅驾东风,三百座名园一采一个空。谁道风流种,唬杀寻芳的蜜蜂。

轻轻飞动,把买花人扇过桥东。

先生说,在王和卿的笔下,大蝴蝶意气风发,三百座名园的花香被悉数采空。若将博大精深的中医药学比做"三百座名园",那么中医翻译者便是那挣破文化隔膜的蝴蝶,乘着东西方文化交流的风潮,飞抵这千古"名园"。但却常常一采一个"空"。偶尔"虽得大意",却"失其藻蔚……有似嚼饭与人,非徒失味,乃令人呕秽也。"

"一采一个'空'",这种感受让先生既困惑又苦闷。如何才能找到一条通向中医英语翻译的正确道路呢?为了解决这个问题,先生于1989年考取了西安医科大学医学英语硕士研究生,希望通过对医学英语翻译的研究找到一条翻译中医的可行之径。在我国著名医学英语专家邵循道教授的悉心指导下,先生以中医翻译为研究方向,开始以语言学和翻译学为基础,以中西方文化与语言的比较为背景,以医学英语翻译为平台,对中医翻译问题进行深入系统地实践总结和理论研究并很快取得了巨大的突破。从1991年到1992年的两年中,他先后在《中国翻译》杂志上发表了《论中医翻译的原则》、《还是约定俗成好》、《中医翻译标准化的概念、原则和方法》等颇具影响的论文,比较系统地探讨了中医翻译的原则、标准和方法问题。其中长达八千余字的《论中医翻译的原则》一文后来经充实后以英文形式在"国际译联"主办的《翻译杂志》(Translato)上发表。

先生的硕士学位论文《论中医名词术语英语翻译标准化》系统深入地从历史到现实、从理论到实践总结了中医名词术语翻译在国内外的长期实践,探讨了其间所涉及的语言、文化和民族心理等问题及其对翻译的影响,提出了中医名词术语英语翻译的原则、标准和方法,分析了中医名词术语英语翻译国际标准化的必要性和可行性。同时以名词术语的翻译为主线,广泛深入地探讨了中医英语翻译的理论与实践问题。先生的这篇硕士论文经修订后,于1993年正式出版,题为《中医翻译导论》。这是国内外第一部系统研究中医翻译问题的理论专著,其理论核心至今仍然具有广泛的实际指导意义。

在攻读硕士学位期间,先生开始着手翻译一部影响其终生的巨著:《黄帝内经》。对于《黄帝内经》,先生其实未曾接触中医之前就对其有所了解。在学习中医的时候,他从教材和老师的讲授中对《黄帝内经》的内容及其历史地位有了更为明确的认识。在谈到《黄帝内经》时,老师说,《黄帝内经》是中国最早的一部医学典籍,是中医学的理论圣经,是春秋战国时代我国医学、天文、地理、物候等多学科发展的一个集大成者,内容博大精深,语言深奥晦涩,翻译成白话文都颇为不易,翻译成外文几乎不可能。老师的话引起了先生的极大兴趣。课后他便从图书馆借来一部《黄帝内经》,悄悄地开始翻译。一动手翻译先生才发现,老师的话其实并不夸张。要翻译《黄帝内经》,理解就是一道无法跨越的障碍。在攻读硕士研究生期间,在导师的指导下,先生将《黄帝内经》的翻译作为自己的翻译作业。每天翻译一部分,遇到不明白的地方就去请教导师和中医专家。在三年的实践里,硬是将《素问》全部和《灵枢》大部初步翻译成英语。尽管是练习,先生在翻译时还是倾注了大量的心血,这也使他对中医翻译的问题比一般人有了更为深入的了解和体会,为其以后的研究打下了坚实的实践基础。在谈到最初对《黄帝内经》的翻译时,先生曾说过这样一段话:

"从1986年起,我开始翻译中医的'圣经'《黄帝内经》。在动笔翻译《黄帝内经》之前,我正如拿破仑 Able was I saw Elba 那样,以为自己在中医英语翻译方面'颇行',至少已有了一些铅印的东西可以在人前人后表现得'雨晴云有态'。于是乎便作井底之蛙状,指天论地而不识天之浩瀚地之广漠。1992年完成了《黄帝内经》的大部英语翻译时,我自己也'似曾炼狱走一番,生克乘侮尽其间'。于是便从'雨晴云有态'的'婉约'状一转为'风定水无痕'的'清流'态。从此始知'阴阳者,数之可十,推之可百,数之可千,推之可万,万之大,不可胜数,然其要一也。'"

取得硕士学位后,先生又回到陕西中医学院,从事教学和研究工作并继续《黄帝内经》的英语翻译工作。在翻译的过程中,先生愈来愈感到自己对中医理论与实践的了解和掌握远不足以承担这项巨大工程。经过刻苦努力,先生于1996年考取上海中医药大学的中医学博士研究生,在著名中医学专家李鼎教授的指导下,从文献入手研究中医的理论与实践问题。通过三年的博士研究生学习,进一步扎实了自己的中医理论基础,使自己能够以全新的视野来把握中医,能够站在中西文化之上俯瞰中医翻译问题。

在谈到自己翻译中医时,先生常用这样一句话来概括:苔花如米小 也学牡丹开。这看起来是一句客气话,实际上却是一句大实话。

博士毕业之后,先生应邀执教于母校上海中医药大学,专门从事中医英语的教学和研究工作,并在学术研究上取得了一个又一个突破。为了更好地从事中国古典文化的研究、翻译和整理工作,先生于2007年4月调入上海师范大学外国语学院,同时申请到上海外国语大学攻读翻译专业博士后,凭借综合院校的多学科交叉优势,进一步拓展自己的研究领域,校正自己的研究方向。

调入上海师范大学后,先生先后主持了两项国家社科项目和多项省部级科研项目。2003年《中西医结合学报》创刊后,专门为他设立了"中医英语翻译研究"专栏,每期发表一篇由他撰写的研究论文;2004年应邀参加世界卫生组织西太区有关中医名词术语英译国际标准化的研制工程;2009年应邀参加世界卫生组织总部启动的 ICD-11-ICTM 工程(疾病国际分类传统医学部分),负责中方术语组的工作;2010年成为世界标准化组织成立的TC249(中医药国际标准化技术委员会)专家;2011年受国家中医药管理局的委托,承担了1995年和1997年中医国家标准的英译任务,并作为国家标准提交世界卫生组织;2013年成为国务院委托教育部和国家语委会启动的"中华思想文化传播工程"专家委员会委员。

除了从事中医翻译和研究之外,先生还从事"国学典籍英译"的研究和教学工作。他所主讲的"国学典籍英译"课程2013年荣获上海市优秀教学成果一等奖,并成为上海市的精辟课程。经过多年的努力,先生完成了对《论语》及其英译的研究,撰写出版了150多万字的《〈论语〉英译释难》。在这三卷巨著中,先生从民族历史和文化的角度对《论语》做了系统的阐释和解读,从翻译和跨文化交际的角度对《论语》的字词、概念和语句做了深入的比较和分析,为读者"传道、授业、解惑"。

为了培养外语专业学生民族文化的意识和民族语言的能力,2014年先生为学生开设了"中国语言文化"课程。该课程以历史发展为轨迹、以诸子学说为基础、以先贤先哲为引领,系统展示了中华民族千万年来从疆域到体制、从语言到文化、从历史到社会的发展和影响,润物无声地提高了学生的民族文化基因。

正因为这些杰出的成就和贡献,2014年先生入选上海市外文学会推举的首届"上海市十大外语杰出人物"。

就在我准备向世界中联翻译专业委员会2016年学术年会组委会发来这篇十多年前撰写、最近修改补充的文章时,又得到了一些令我非常震惊、非常温馨的消息:翻译出版了《黄帝内经》和《难经》之后,经过多年的努力,先生已经完成了《伤寒论》、《金匮要略》、《黄帝外经》、《神农本草经》的翻译,最近就要问世了!这,就是本文最好的结语!

中医典籍名称英译探讨①

吴 青②

(北京中医药大学 人文学院,北京 100029)

摘 要 采用文献资料法研究中医典籍名称的翻译,探讨中医典籍名称英译的原则和方法。本文指出,目前中医典籍名称的译名主要存在一名多译和望文生义两个主要问题。建议翻译中医典籍名称时,遵循对应性原则,译名尽可能传达原书名的内涵;遵循可读性原则,译名尽可能考虑读者的接受度;遵循民族性原则,译名尽可能体现原书名的风格特点和文化因子;遵循规范性原则,译名统一,行文规范,避免一名多译。中医典籍名称英译以忠实体现源语内涵为第一要义,灵活运用多种翻译方法,实现汉英语码转换。

关键词 典籍名称;翻译;中医

Study on the English Translation for the Titles of TCM Classics

WU Qing

(School of Humanities, Beijing University of Chinese Medicine, Beijing 100029, China)

Abstract This paper discusses the translation principles and methods for the titles of TCM (traditional Chinese medicine) classics based on relevant literature. Multiple translated versions of the same title as well as mistranslation without real understanding of a title are two major concerns. It is suggested that the principle of correspondence be abided to convey the real meaning of the source text, the principle of readability be abided to take the readership into consideration, the principle of nationality be abided to accommodate the style and cultural elements, and the principle of standardization be abided to follow the writing guide, achieve consistency and avoid confusion of multiple versions. The translation for the titles of TCM classics must faithfully reflect the essence of the source text, and the flexible use of translation

---

① 基金项目:本文系北京中医药大学教育科研课题(XJY13001)和北京市专业建设共建项目(BJGJ1316)成果之一。

② 作者简介:**吴青**,女,北京中医药大学人文学院英语系教授,硕士生导师,研究方向为英语教学与研究。

methods are recommended to fulfill the code switch from Chinese to English.

Keywords　titles of classics; translation; TCM (traditional Chinese medicine)

中医典籍多达数千种，汇聚了中华民族数千年医学理论和实践的重要成果，是后人研习、挖掘中医知识的宝库。2015年诺贝尔奖获奖者屠呦呦教授说，青蒿素灵感来自东晋葛洪所著的《肘后备急方》，使得中医典籍《肘后备急方》(The Handbook of Prescriptions for Emergencies)为外国人所知。对于对外推广中医药文化和向世界传播经典中医学著作，为中医药赢得更广泛的国际关注和研究，中医典籍外译是一项重要的基础性工作，而中医典籍名称的译名是对外推广的名片。中医典籍名称虽属于中医名词术语范畴，但不同于专业性强、语义单一的中医基础理论等名词术语，典籍名称作为书名兼具文学艺术特色，其命名方式多样，会涉及人名(字、号、尊称)、地名、官职、数字、叠字、自谦辞、文体形式以及儒、释、道文化等多种要素或不同修辞方式。目前的中医典籍名称翻译主要存在以下两个问题：一名多译和望文生义。例如，《黄帝内经》书名的英译有11种之多(宋聪慧、姚欣，2016)，"黄帝"被译为Yellow Emperor(回译后是"皇帝")，《医学发明》的"发明"被译为invention(回译后是"发明"，而不是原文的"阐发说明")，《赤水玄珠》被理解为Black Pearl from Red Water(回译后是"红色的水"、"黑色的珍珠"，造成歧义)。因此，中医典籍名称的英译有待规范。

1. 中医典籍名称汉英对照收录情况

1980年，谢竹藩、黄孝楷编著出版了《汉英常用中医药词典》。截至目前，已有33部有关中医的双语词典和术语标准出台，其中有10部词典和术语标准(表1)收录了中医典籍名称的英译名。例如，2004年出版的《中医药学名词》收录词条5283个，涵盖中医典籍名称98个(1.86%)，2007年出台的《世界卫生组织西太区传统医学国际标准化名词术语》收录术语3543个，涵盖中医典籍名称153个(4.32%)，2008年出版的《中医基本名词术语中英国际对照国际标准》收录词条6526个，涵盖中医典籍名称266个(4.08%)。上述三个标准共同收录的中医典籍名称有49个。由此可见，中医典籍名称历来是中医名词术语的组成部分，其翻译原则和方法可参照一般中医名词术语的翻译原则和方法。

译法研讨

表1 十部收录中医典籍名称的词典和术语标准

出版时间	书名	出版社/主编	内容	典籍名称数目(%)
1982	《汉英常用中医词汇》	广东科技出版社/广州中医学院	约8000个,包括中医基础理论、临床各科、医史、医著等常用词汇	138(1.73%)
1986	《汉英中医辞典》	广东科技出版社/三联书店香港分店/欧明	4584个,包括中医基础、临床各科及针灸等词汇	191(4.17%)
1994	《汉英中医药分类词典》	外文出版社/谢竹藩	5400个,包括中医基础理论、诊断学、治疗学、临床各科和医史医著等词汇	149(2.76%)
2001	《实用汉英中医词典》	山东科学技术出版社/张奇文	10000余个,包括中医基础理论、医史典籍、中医内、外、妇、儿、肛肠、皮肤、骨伤、眼、耳鼻喉、中药、方剂、针灸、推拿、气功、生理、解剖等词汇	174(1.74%)
2002	《新编汉英中医药分类词典》	外文出版社/谢竹藩	7010个,包括基础理论、诊断学、治疗学、临床各科和医学史等词汇	168(2.39%)
2004	《中医药学名词》	科学出版社/全国科学技术名词委员会	5283个,包括医史文献、中医基础理论、诊断、治疗、中药、方剂、针灸、推拿、养生、康复、内科疾病、外科疾病、妇科疾病、儿科疾病、眼科疾病、耳鼻喉疾病、肛肠科疾病、皮肤科疾病、骨伤科疾病等词汇	98(1.86%)
2007	《世界卫生组织西太区传统医学国际标准化名词术语》	世界卫生组织西太平洋地区	3543个,包括一般术语、基础理论、诊断、疾病、治疗、针灸、药物和典籍名称等词汇	153(4.32%)

（续表）

出版时间	书名	出版社/主编	内容	典籍名称数目（%）
2008	《中医基本名词术语中英国际对照国际标准》	人民卫生出版社/李振吉	6526个，包括中医理论、诊断、治疗、中药、方剂、针灸、临床各科等词汇	266（4.08%）
2011	PMPH Terms List［DB/OL］	人民卫生出版社（内部资料）	9773个，包括一般术语、穴位、药物、方剂、典籍、期刊、出版社等条目	592（6.06%）
2013	《新汉英中医学词典（第二版）》	中国医药科技出版社/方廷钰、嵇波、吴青	6360个，附录包括穴位、中药名、方剂名、典籍名称和临床科室名	167（词典附录）

2. 中医典籍名称英译研究

基于中国知网，以"书名英译（翻译）"、"书目翻译（英译）"和"古（典）籍名称的英译（翻译）"为主题词搜寻，经人工筛选结果后，可获得14篇关于中医药典籍名称翻译的研究论文。从2000年至今，有5篇论文专题探讨了《黄帝内经》的英译名问题，《黄帝内经》分别被译为 Huang Di's Canon of Internal Medicine（刘伟，2000），Huang-Di's Inner Classic（兰凤利，2004），Huang Di Nei Jing（Huangdi's Inner Classic）（刘明玉，2010），Huangdi Nei Jing（Huangdi's Inner Classic of Medicine）（王继慧，2011）和 Yellow Emperor's Canon of Medicine（张霖、文娟、蒋基昌，2015）。上述译文除最后一个外，均采用音译的方法翻译"黄帝"，采用直译的方法翻译"内"，这是忠信原则和回译性原则（兰凤利，2003）的直接体现，同时也提示中医典籍译名要体现原书名的文化因子（王继慧，2011；宋聪慧、姚欣，2016）和确切含义（宋聪慧、姚欣，2016）。文献研究表明，中医典籍名称英译需要考虑中医文化的输出和弘扬（王继慧，2011；席慧、吉乐、陈向京、蒋新蕾，2016），为体现原作的文化内涵，可依据背景知识，适当增补信息（曾芳、邵欣、张培海，2008）。此外，译名要"薄文重医"（曾芳、邵欣、张培海，2008：1039），突出文献名称的医学含义（王继慧，2011）。宋聪慧、姚欣（2016）依据生态翻译学理论，提出在语言层面要确保译名准确简洁，在文化层面要最大限度体现书名负载的文化内涵，在交际层面要考虑译入语读者的可接受性，从另一个侧面反映出中医典籍名称英译应该遵循忠信原则、民族性原则和可读性原则。

就中医典籍书名的翻译方法而言,文献研究显示,可采用直译(兰凤利, 2003;席慧、吉乐、陈向京、蒋新蕾,2016)、意译(曾芳、邵欣、张培海,2008;席慧、吉乐、陈向京、蒋新蕾,2016)、音译(刘明玉,2010;曾芳、邵欣、张培海, 2008;席慧、吉乐、陈向京、蒋新蕾,2016)、释译(兰凤利,2003;曾芳、邵欣、张培海,2008)、减省(兰凤利,2003;张霖、文娟、蒋基昌,2016)、增译(兰凤利, 2003;曾芳、邵欣、张培海,2008)或添加副标题(兰凤利,2003;曾芳、邵欣、张培海,2008)等多种方法灵活处理。

综上所述,中医典籍名称英译遵循的主要原则有忠信原则、回译性原则、可读性原则和民族性原则,采用的翻译方法依据文本实际情况灵活多变,既有直译、意译、音译,也有增译、减译等多种方法。

3. 中医典籍名称英译原则和方法

3.1 中医典籍名称英译原则

中医典籍名称是中医名词术语的组成部分,其英译原则可参照中医名词术语的英译原则。李照国(2016:2)指出,中医英语翻译应遵循自然性、简洁性、民族性、回译性、规定性原则以及"统一性原则"。董俭等人(2014)基于文献研究和小型调查分析结果提出,规范性、对应性、可读性和民族性原则是中医名词术语英译的基本原则。其中规范性原则为根本出发点,强调用词同一,以便统一指导中医术语翻译的标准化,这一原则如同规定性原则,在某种意义上超越了翻译技能的要求,需要职能部门或团体统一规定专业术语内涵(李照国,2016);对应性原则突出准确把握原文含义,强调译文忠实于原文内涵,但不局限于形式意义对等,其外延大于忠信原则,可囊括回译性原则;可读性原则考虑目标读者的接受度,用简洁、自然、贴切的语言表达概念意义,与自然性原则意义相近,是尽力满足跨文化交际需求的保障;民族性原则注重源语的文化特色,是译文对中医文化特色的最大保留。如前文所述,一名多译是中医典籍名称翻译的两个主要问题之一,其中有相当多的译名不统一问题是由一词多译的现象造成的。例如,古籍名称中含有的"方"字,就有 formulas、formularies、prescriptions、recipes 等多种译法,"经"字也有 classic、canon、variorum 三种译法。此外,中医古籍名称又不同于一般的文学作品名称,在保证简洁性的基础上,其译名的学术性需要加以一定重视,避免使用过于口语化或冗长的语言表达,其英文书写格式,如连字符、标点符号以及不可加中文书名号等注意事项,均需要统一、规范。综上所述,笔者认为中医典籍名称的翻译可遵循对应性、可读性、民族性和规范性四项原则。

3.2 中医典籍名称英译方法

3.2.1 直译

对于含有具体数字或无特殊异质文化符号的古籍名称,可采用直译法,保证对应性,如《五十二病方》可直译为 *Fifty-two Prescriptions*,《医学入门》可直译为 *Introduction to Medicine*,《汤头歌诀》可直译为 *Formulas in Rhymes*,《脉经》可直译为 *Pulse Classic*。

3.2.2 意译

对于蕴含比喻、借代、委婉语等修辞手法的古籍书名,可采用意译法。如《银海精微》中的"银海"比喻眼睛,可按照含义对应翻译为 *Essentials of Ophthalmology*。但若要突出古籍名称中蕴含的文化特色,增强民族性,则可采用直译加意译的方法,翻译为 *Essentials of the Silver Sea: On Ophthalmology*。

3.2.3 音译

古籍名称中涉及人名(字、号、尊称)、地名等中国元素时,一般直接使用音译方法,以确保译名准确。例如,《丹溪心法》中的"丹溪"译为 Danxi,《濒湖脉学》中的"濒湖"译为 Binhu,《刘涓子鬼遗方》中的"刘涓子"译为 Liu Juanzi。涉及具有儒、释、道等中国文化特色的要素时,可以采用音译加补充翻译的方法,即添加副标题的方法进行翻译。例如,《赤水玄珠》中"赤水"是一条河的名字,"玄珠"指道家的形上本体之"道",在英语中很难找到对应语,因此建议将《赤水玄珠》译为 *Chishui Xuanzhu: The Tao of Chinese Medicine*。音译书名再加副标题来表明书籍内容的翻译方法,既便于目标读者靠近异质文化又不至于造成误读。

3.2.4 增译

翻译中医古籍名称时应慎重采用增译法,书名译文以简洁为佳。例如,《三指禅》有 *Treatise on Diseases, Patterns, and Prescriptions Related to Unification of the Three Etiologies*,*Treatise on the Three Categories of Pathogenic Factors and Prescriptions* 和 *Three-Finger Meditation*(Sān Zhǐ Chán)三种译法,相比前两种采用增译的方法,第三种译法对应性、可读性较好,但译语 meditation 是否能表达原书名的"禅悟"之义有待商榷。

3.2.5 减省

古籍名称中涉及"浅说"、"刍言"、"管见"、"管窥"等谦辞时,可采用弱化或省略不译的方法,增强译文可读性。例如,《俟医浅说》可按照字面意思翻译为 *A Guide to First-Aid While Waiting for a Doctor*,但考虑到书名通常采用名词或名词短语来表示,且强调用语简洁,建议《俟医浅说》意译为 *The Self-Help First-Aid Guide*。

由上述分析和探讨可以看出,中医典籍名称的英译方法主要以直译、意译和音译为主,在意译和音译时,常常也会灵活运用增译或减省的方法。无论采用何种翻译方法或策略,尽力忠实于原文总是翻译的第一要义,译文的对应性、可读性、民族性和规范性是译者在翻译过程中需要遵循的原则。

4. 结 语

书名是图书内容或主题的缩影,准确、精炼并恰当地翻译中医古籍名称,做到译名忠实对应、顺达适切是推广中医典籍英译工作的基础,也是规范中医名词术语工作的重要内容之一。对应性、可读性、民族性和规范性原则是中医典籍名称英译可以遵循的四个原则,中医典籍名称翻译方法主要以直译、意译和音译为主,译者应当灵活运用。

致谢:

本研究得到北京中医药大学教育科研课题资助(XJY13001)和北京市专业建设共建项目(BJGJ1316)资助。感谢张晶、凌武娟和张千同学协助整理中医古籍双语词典数据。

参考文献:

董俭,陈宁,吴青. 中医术语英译目的及原则探讨[J]. 国际中医中药杂志,2014(9):773—775.

兰凤利. 中医药古籍善本书目译余谈——浅谈副标题的使用[J]. 上海科技翻译,2003(2):32—33.

兰凤利. 论中医文化内涵对中医英译的影响——中医药古籍善本书目译余谈[J]. 中国翻译,2003(4):70—73.

兰凤利.《黄帝内经素问》书名英译探讨[J]. 中国中西医结合杂志,2004(2):175—177.

李照国. 中医术语英译的原则与方法[J]. 中国科技翻译,1996(4):32—35.

李照国.中医名词术语英译的原则研究[C].世界中医药学会联合会翻译专业委员会换届大会暨第七届学术会议(长沙),2016:1—18.

刘伟.关于《黄帝内经》书名英译的商榷[J].中国中西医结合杂志,2000(7):553—553.

刘明玉.探索中医经典书籍名称英译的原则[J].中医学报,2010(151):1228—1229.

宋聪慧,姚欣.生态翻译学视角看中医典籍书名英译[J].中医药导报,2016(6):118—120.

王继慧.中医药典籍《黄帝内经》书名英译探讨[J].辽宁中医药大学学报,2011(9):161—165.

席慧,吉乐,陈向京,蒋新蕾.从奈达翻译理论谈中医典籍名称的翻译[J].陕西中医药大学学报,2016(2):121—125.

张霖,文娟,蒋基昌.《黄帝内经》书名英译研究[J].亚太传统医药,2015(11)12:3—4.

曾芳,邵欣,张培海.试论中医古籍名称的英译[J].中国中西医结合杂志,2008(11):1038—1039.

中医文化负载词的深度翻译研究

蒋辰雪

(南京中医药大学 外国语学院,江苏 南京 210023)

摘 要 中医文化负载词是中医深厚文化内涵的标志,也是中医英译的关键。深度翻译理论作为翻译方法和翻译研究方法,能够指导中医文化负载词英译实践和理论研究。深度翻译以提供阐释性文本,创造丰厚语境,在中医文化负载词的英译中实现中医文化传递和自我再现。中医文化负载词的深度翻译实践表明,脚注、尾注、文内互文、文外互文、附录、图注等具体方法的运用具有为读者服务、方便研究和弘扬中医文化的功能。

关键词 深度翻译;文化负载词;中医英译

Thick Translation of Culture-Loaded Words in Chinese Medicine

JIANG Chenxue

(Foreign Languages School, Nanjing University of Chinese Medicine, Nanjing, 210023 Jiangsu)

Abstract TCM culture-loaded terminology is the representative of TCM culture and the key to the success of TCM translation. Thick translation is a translation theory and method that guides the theoretical and practical study of English translation of TCM culture-loaded terminologies, because it self-represents and transfers TCM culture. The practice of thick translation proves that thick texts like footnotes, end notes, internal and external intertexts, appendixes and legends all offer background information to the targeted language readers and inspire them to learn further. So, thick translation to some extent improves the spread of TCM culture.

---

① 基金项目:本文系江苏高校哲学社会科学研究项目"基于深度翻译理论的中医文化负载词英译研究"(项目编号2016SJB740010)阶段性成果。

② 作者简介:**蒋辰雪**,女,南京中医药大学外国语学院讲师,研究方向为中医翻译。

Keywords thick translation; culture-loaded word; TCM translation

中医深厚的文化背景和文化内涵造就了中医语言的文化特性。承载着中医文化丰富信息的文化负载词是中医英译的重要内容,也是翻译的难点。本文提出运用深度翻译理论解决中医文化负载词英译难题,拟通过讨论中医文化负载词为何需要进行深度翻译、如何进行中医文化负载词深度翻译、深度翻译在中医文化负载词英译中的功能是什么,说明深度翻译对中医文化负载词英译的重要性和可行性。

1. 中医文化负载词及其英译

文化负载词源于词汇空白和文化缺失,即源语词汇所承载的文化信息在译语中没有对应语言(包惠南,2004:10),是一种文化中特有的事物的词、词组或习语,是特定民族在长期的历史进程中逐渐积累的区别于其他民族的、独特的活动方式的词汇(廖七一,2000:232)。文化负载词是民族文化的标志,是民族文化在语言词汇中直接或间接的反映。中医学是在中国传统文化的大背景下诞生、成长、成熟起来的,是中国传统文化体系的典型代表。中医语言中有一部分是中医特有的,是与现代医学在文化、语言等方面有很大差异性的词汇。一般来说这类词语反映着中医基本理论的核心及辨证论治的要旨(李照国,2013:98),携带有丰富的中医文化信息和文化内涵,难以在译语中寻找到合适的对应词汇,且无论古籍还是今论,均离不开中医文化负载词的支撑。因此,中医文化负载词在一定程度上是中医翻译的核心。

许多学者关注到这一问题,开展的研究主要聚焦在三个方面:一是从生态翻译学、图式论、文化翻译观、语言国情学等不同理论视角进行探讨;二是对具体译本,如《黄帝内经》、《伤寒论》、《千金方》中的中医文化负载词进行分析;三是提出适用于中医文化负载词的具体翻译策略,如直译法、音译法、意译法、词素翻译法和综合翻译法等(冉亚周,2015:141)。目前针对中医文化负载词英译研究集中在少数几个理论视角之下,对理论的运用挖掘还不够深入,对理论的指导性认识还不够充分;讨论的范围多涉及经典文献,缺乏对中医现代文献的探索;在翻译策略上多突出具体方法的灵活性和变通性,忽视了其系统性和完整性。

2. 深度翻译与中医文化负载词英译

笔者认为深度翻译是符合中医文化负载词自身特点的,同时也是能够补充和推进中医文化负载词英译研究的翻译理论和翻译方法。

1993年,美国哲学家克瓦米·安东尼·阿皮亚(Kwame Anthony Appiah)将阐释人类学的深度描写(thick description)理论和方法引入翻译研究,提出深度翻译理论,即以译文页边和行间的附加评注的方式,试图把译文置于丰富的源语言和源文化环境之中的翻译(Appiah,1993:812)。阿皮亚指出,深度翻译的目的是"认识其他各个文化和各时代特有的行为原因","关注其他民族现在真正有多么不同的特点或曾有过多么不同的特点"。因此,深度翻译利用厚语境,即序言、脚注、尾注、文内释义、文外说明等阐释性文本材料,为读者提供背景知识信息(李红霞,2015:36),使被文字遮蔽的意义与译者的意图相融合,帮助读者更好地理解、欣赏来自其他文化背景的人们的思考,引起译文读者对源语文化的关注和兴趣,并产生对源语文化的尊重,为可能的深入研究提供线索。

英国翻译理论家西奥·赫曼斯(Theo Hermans)进一步拓宽了深度翻译的理论和实践内涵。他认为,深度翻译理论具有跨文化性和人类学阐释特性,可以用来解释翻译过程中涉及的语言和文化语境问题。赫曼斯还将深度翻译作为对现有翻译研究批判的工具,认为它可以避免翻译研究中术语的枯燥乏味性及格式表现上的缩减性,并可促使产生更加丰富多彩的多元化的词汇(Hermans,2003:384)。

深度翻译既是一种具体翻译方法,也是一种翻译研究方法。作为翻译方法,深度翻译具有阐释性和工具性的双重本质。其阐释性表现在对所译文本的密集型加注,为译文读者提供丰富的背景信息,帮助读者理解文本。其工具性表现在作为一种诠释文化的工具,它是文化自我再现的有效途径,通过对话语语境、主体意图与情感表现的解读把文化差异作为一种文化现实保留在文本中,使译文读者产生对他者文化的理解、宽容与尊重。作为研究方法,深度翻译倡导研究的多角度化和术语的多元化,是翻译研究批评的一部分。

中医文化负载词所蕴含的文化内涵决定了其英译本质上是对中医文化的翻译。深度翻译恰恰为译文读者创造出一个由原文内外文化信息交织而成的网,在此环境中理解原文,可以避免因语言的转换而将原文纳入本土文化的思维定式和文化预设中产生误读或曲解,适合涵纳丰富文化信息的文本(王雪明,2012:103),正是能够指导中医翻译介绍中医进入异质文化中的翻译策略。通过深度翻译中医文化负载词,以文化持有者的概念语言去表述中医文化,在丰富的中医语言和中医文化语境之中,让译文读者体会中医特定时代语言文化的大环境,从而产生对中医文化的理解、认可、尊重,实现中医文化负载词英译的目的,传播中医知识,提升翻译效果,交流中医文化。

综上所述,首先,深度翻译不以译语中相似或相近概念简单代替中医文化负载词关键概念的丰富含义,可以避免忽略其本质文化差异(黄小芫,2014:75);其次,深度翻译跨越语言和文化的鸿沟,确保充分表现中医文化负载词的深刻文化特点,彰显中医传统文化内涵;再次,深度翻译通过提供必要的丰富的历史和背景信息,促进译语读者理解,获得文化认同。

3. 中医文化负载词深度翻译策略

深度翻译不仅是研究中医文化负载词英译的翻译理论,也是符合中医文化负载词自身特点的翻译方法。本文将以现代中医文献《中国医学文化史》为例,说明深度翻译在中医文化负载词英译中的具体实施策略。

《中国医学文化史》是剑桥大学李约瑟研究所特聘研究员、著名医史学家马伯英先生的重要著作。该书共上下两卷,系统阐述中医学从远古至今文而化之并走向科学化的过程、成就和问题,以及中国医学传海外、海外医学传中国的历史,跨文化传通过程和结果的特点、困难和前景,被誉为中国医学文化史的开山扛鼎之作(马伯英,2010:23)。笔者受马伯英先生委托,自2014年始着手翻译该书下卷,现已完成部分翻译工作。在翻译过程中深感该书涉及中医内容之广泛,基础理论、临床实践、中药方剂、针灸推拿、历史起源、经典文献、医林典故、知名医家、海外传播、药事往来、文化交流,可以说无所不包,因此蕴藏了大量的中医文化负载词需要翻译。此其特点一。该书内容在纵向上贯穿古今,横向上跨越东西,作者常引经据典、参考书目众多,且现代汉语和古代汉语交相辉映,医古文也常常信手拈来,如何处理古书古文、平衡古今语言也是翻译的一大挑战。此其特点二。该书的内容决定了其读者面相对较广,并非局限于中医人士,所以翻译时需特别关注富含丰富文化信息的关键中医术语的诠释。此其特点三。这些翻译特点同时也是翻译的难点,是译文采用深度翻译策略的原因。

根据前文定义,本文整理了已完成翻译的该书下卷前四章中的中医文化负载词共计442条,主要分为中医基本概念、病因病机、治则治法、中医典籍、人名地名、医局医官几大类。现针对每一类别中医文化负载词采用的深度翻译方法进行详细分析。

(1)中医基本概念

本文所指书中涉及的中医基本概念类中医文化负载词主要是中医学借以阐述医理的概念,如神明、八卦、阴阳,以及中医学专有的医学术语,包括生理产物、解剖部位、疾病名称等,如六藏、太阳、华盖、五隔气等。

译文对书中 73 条中医基本概念进行了深度翻译,主要采用的方法是脚注和文外互文。以"神明"一词为例,首先音译为 Shenming,作为区别于译语语言形式的符号,Shenming 成为一种文化标识,引起了读者对源语文化的关注,这是文化沟通的第一步。但是,对于毫无中医文化背景的读者来讲,音译是远远不够的,这种翻译并不能帮助他们了解"神明"的真正含义和文化内涵。为了推进读者对这一重要中医概念的理解,脚注中对"神明"做了进一步解释:Shenming refers to the intrinsic power of things responsible for the movement and transformation of things. 通过对音译概念进行注解,使被文字遮蔽的意义与译者的意图相融合。虽然对于部分读者来说,这样的丰厚语境基本可以满足阅读和理解的需要,但是不足以对这一全新的概念有足够的认识,也谈不上真正的文化传递。为了实现中医文化的全面自我再现,译文在附录中进一步给出"神明"这一概念的国内外相关研究,包括《素问·八正神明论篇》(The Foundations of Chinese Medicine—A Comprehensive Text for Acupuncturists and Herbalists),以及清代医家黄元御、中医训诂学家和中医文献学专家钱超尘教授等对"神明"的研究和论述,提示感兴趣的读者深入挖掘。文外互文的方式为关键中医文化负载词的英译提供了丰富中医文化背景,有利于译语读者包容中西医的文化差异。

(2)人名、地名

该书历史跨度大,又兼顾海内外中医传播内容,涉及的中医相关人名、地名极其丰富。译文对中国古代医学相关人名、地名 162 条进行了深度翻译,包括:海内外医家,如扁鹊、张景岳、金永锡、黎有卓等;古代神话传说人物,如西王母、嫦娥、太乙等;中医相关地域概念,如上党、月支、西域等。

脚注,如前所述,同样运用到人名、地名的深度翻译之中。例如,"扁鹊"除音译 Bian Que 外,同时利用脚注对其进行简要介绍:Bian Que, who died in 310 BC, was a native of the State of Qi from the time of the Yellow Emperor. According to legend, he was the earliest known Chinese physician. People called him the legendary doctor because of his amazing medical skills. 在为读者提供了必要的丰厚语境之后,译文还采用了文内互文的注解方式。因为在思想传统上,中国人素来崇古,经常援引前人的话语来证实自己的论点,以增强文章的说服力。"扁鹊"一名在文中不止一次地出现,且以不同的表述方式呈现,如"秦越人",此时译文在注释时就会引导读者注意前后的互文照应,上下贯通,有利于熟悉内容,了解文化。此外,图注主要针对地名,如"西域"作为中医对外文化交流的重要地区,简单的文字说明不如图示更加直观。多种深度翻译手段的运用集体创造了围绕在人名、地名相关的中医文化负载词周边的丰厚语境,为读者理解原文、认可中医文化提供了可能。

(3) 中医典籍

该书引经据典,参考书目众多,仅前四章就有中医相关文献 157 部,包括中国医学典籍如《明堂经》、《伤寒论》、《难经》、《大观本草》、《外台秘要》、《针灸甲乙经》、《小儿巢氏病源》等,海外医著如《东人经验方》、《朝鲜医学问答》、《海上医宗心领》、《南邦草木》、《中越药性合编》等。

译文选择了括号内注释和增添附录的深度翻译方式。首先对中医相关文献进行意译,并在括号中注以中文名称,方便考证。例如,*Arcane Essentials from the Imperial Library*(《外台秘要》),*Miscellaneous Records of Famous Physicians*(《名医别录》),*Formulas from Benevolent Sages Compiled during the Taiping Era*(《太平圣惠方》)。针对数量庞大的中医典籍,译文在书后以附录形式呈现所有书中涉及的中医典籍,将其中英文名称对应,并提供简介。这样一来可以供译文读者清晰查阅,防止混淆;二来也为感兴趣的读者进一步深入了解相关内容做出引荐和指导。

(4) 病因病机和治则治法

虽然《中国医学文化史》一书重在医学史和中医海外交流研究,但是有关中医理论体系下的疾病病因探讨、病机分析和治疗方法的内容也是医史考证不可或缺的一部分。经过梳理,在前四章已完成的译文中包含此类中医文化负载词共计 22 条,病因病机如瘴气、伤寒、破泄真气、宿食不消等,治则治法如鼻饮蛮獠、杀三虫等。

在处理这些文化负载词时,译文选择了文内隐注和文内互文的形式进行深度翻译。对于缺乏中医文化背景的译文读者,单纯意译中医病因病机和治则治法术语显然是不足以说明其内在含义的。例如,该书在"天花最早自交趾传染入华"一节中反复提到的一个概念"瘴",是指中国南方山林间湿热环境下因某种原因(如动植物腐败等)而产生的一种能致病的有毒气体。若单以英文中具有相似概念的词 miasma 进行替换,无法使读者体会"瘴"字背后隐藏的湿热环境、山林、中国南方等关键信息。为了不影响阅读,译文采取文内隐注的方式为"瘴"一词提供深度化语境,将其译为 Zhang miasma, a vaporous exhalation produced by rotten plant or animal in hot and humid forest in southern China formerly believed to cause disease 这种插入译本正文中而没有显性标明的解释,与本书的正文翻译相融合,读者若未与原文仔细对比基本不会察觉。文内隐注为与病因病机、治则治法相关的中医文化负载词提供了初步的丰厚语境,为读者理解原文扫清了最初的障碍。而对于同一种病因病机,或者类似的病因病机,文中不止一次出现,而每一次出现作者使用的词汇可能会有一些细微的差别,但在本质上可以归属于同一类。这种情况下,引导读者注意前后文的呼应,对于进一步深入理解这些词汇的本质含义和文化属性就显得十分重要。依然以"瘴"一词为例,作者在随后叙述中又多次提到这一概念,及其延伸出的其他概念,如"瘴疫"、"瘴气"、"山岚瘴气"、"瘴疠"等。这些词汇与"瘴"在前后文中交相辉映,共同完成对这一病因病机的阐述。引导读者若将这些详尽概念的注释集中起来阅读和思考,一定能获得全面深刻的理解,使其对此类病因病机概念的理解提升到一个新的高度。

有关医局医官的文化负载词共有18条,其深度翻译方法与前述内容相近,不再赘述。

综上所述,深度翻译策略在中医文化负载词的英译中主要以提供阐释性文本,创造丰厚语境来实现文化传递和自我再现,具体方法包括脚注、尾注、括号内注解、文内隐注、文内互文、文外互文、附录、图注等多种方式,当然也包括本文没有具体分析但是依然在深度翻译中起到重要作用的方式,如给译文增加序、跋、献词、后记等,这些方法需要在今后的翻译实践中进一步运用。需要说明的是,任何一种为深度翻译提供阐释性文本的方法都不是固定的,应该针对具体的文化负载词及其所属上下文情境进行灵活的运用,只有多种方式相互配合,才能够创造完美的深度化语境,更好地实现语言和意义的转化,为传递中医文化服务。

4. 深度翻译在中医文化负载词英译中的功能

既然深度翻译在中医文化负载词英译中有如此多的体现,那么它到底起到了怎样的作用?或者说深度翻译在中医文化负载词英译中的功能是什么呢?笔者认为主要有三点:首先,为读者服务。其实深度翻译中的每一条译注的首要目的都是为了读者能够更好地理解原文(姚望,2013:74)。为普通译文读者扫清阅读障碍,帮助他们了解中医文化负载词背后隐藏的丰富信息,降低阅读难度,是实现中医文化交流的第一步。其次,方便学术研究。阿皮亚在定义深度翻译的概念时就强调过:"过去思考认为深度翻译是一种文学翻译,今天似乎认为是学术翻译,然后才一如既往坚持把这样的翻译称之为深度翻译。"(Appiah,1993:817)对于海外中医研究者或爱好者,深度翻译为他们提供了良好的素材,注释详尽的译本会给他们以巨大帮助。再次,弘扬中医文化。中医文化负载词是包含中医深厚文化内涵的典型代表,对中医文化负载词的翻译本质上是对中医文化的翻译。深度翻译将现实中医文化保留在译文文本中,使译文读者有条件接触了解中医文化的深刻内涵、理解文化差异、尊重文化差异,从而达到弘扬中医文化、让中医通过译介真正走向世界的目的。

5. 结　语

　　本文以《中国医学文化史》为例,简要探讨了深度翻译在中医文化负载词英译中的运用,虽然研究尚在初始阶段,但不管从理论还是实践都为中医文化负载词英译研究开辟了新的思路,也为中医文化的交流和传播开辟了蹊径。相信在深度翻译理论指导下的中医英译能让最能体现中国传统哲学魅力的中医学在世界文化大舞台上代表中国发出最响亮的声音。

参考文献:

　　包惠南,包昂. 中国文化与汉英翻译[M]. 北京:外文出版社,2004.
　　黄小芃. 再论深度翻译的理论和方法[J]. 外语研究,2014,144(2):72—76.
　　李红霞,张政. "Thick Translation"研究20年:回顾与展望[J]. 上海翻译,2015(2):34—39.
　　李照国. 中医英语翻译研究[M]. 上海:上海三联书店,2013.
　　廖七一. 当代西方理论探索[M]. 南京:译林出版社,2000.
　　马伯英. 中国医学文化史[M]. 上海人民出版社,2010.
　　冉亚周,路媛,姚欣. 论中医文化负载词及其英译策略[J]. 西部中医药,2015(11):141—144.
　　王雪明,杨子. 典籍英译中深度翻译的类型与功能——以《中国翻译话语英译选集》(上)为例[J]. 中国翻译,2012(3):103—108.
　　姚望,姚君伟. 译注何为——论译注的多元功能[J]. 外语研究,2013,139(3):73—76.
　　Appiah, K A. *Thick translation*[J]. Callaloo, 1993:808–819.
　　Hermans, T. *Cross-cultural translation studies as thick translation*[J]. Bulletin of the School of Oriental and African Studies, 2003(3):380–389.

中医文化意象互文性背景下的英译策略研究
——以杨洁德《伤寒论》英译本为例

赵 霞[①]

(北京中医药大学 人文学院,北京 100029)

摘 要 中医文化元素的翻译一直是中医英译面临的主要挑战,为此翻译学者进行了大量研究。本文以杨洁德《伤寒论》英译本为例,从中医文化意象的互文性角度,探讨其翻译策略,认为实现中医文化意象转换的本质是文本间文化意蕴的吸收与转化,并在译语内形成新的文化意象。杨译《伤寒论》在翻译中采用了与注释结合的音译、以交流为目的的直译等翻译方法,从传递译本医学思想的角度传达中医的文化意象,平衡中西医学术语,为国内的"归化"、"异化"、"形式对等"与"动态对等"等二元对立的争论,提供了一个新的视角。

关键词 中医文化意象;互文性;翻译策略

Intertextuality of Traditional Chinese Medicine Image and Its Translation Strategies: Based on *Shang Han Lun Explained*

ZHAO Xia

(School of Humanities, Beijing University of Chinese Medicine, Beijing 100029)

Abstract The translation of cultural elements of Chinese medicine has always been a major challenge for the English translation of traditional Chinese medicine, therefore translation scholars have done a lot in this study. Based on *Shang Han Lun Explained*, the article discusses its translation strategies, and believes that the nature of transition of Chinese medicine image is the absorption and transformation of cultural meanings between texts, and then forming a new cultural image in the target language. *Shang Han Lun Explained* adopts translating methods as: transliteration plus annotation, literal translation for the purpose of communication,

---

[①] 作者简介:**赵霞**,女,北京中医药大学人文学院副教授,硕士,主要研究领域为中医英译研究与大学英语教学。

etc. from the perspective of the medicine thoughts in the source language to convey the cultural image of traditional Chinese medicine, and reasonable use Chinese and western medical terms. It, through analyzing the binary opposition of the debate "domestication" and "alienation", "formal equivalence" and "dynamic equivalence", provides a new perspective.

Key words　Chinese Medicine Image; Intertextuality; Translation Strategies

1. 前　言

中医根植于中国传统文化,《易经》奠定了中医药的哲学基础,而儒、释、道思想对中医药学理论体系的形成与发展产生了重要影响,因此中医语言呈现丰富独特的文化意象。(王旭东,2008:1—3)中医翻译的实质是文本间文化意蕴的吸收与转化,是文化意象的转换。中医翻译的策略选择是保证在译语文化可接受的范围内,尽可能将源语文化意象映射至译语文化,并形成新文化意象。(孙桂英,2011:136—139)由于所属文化圈的隔膜,互文性的关联往往不为其他文化体系中的人们所熟悉,从而成为翻译中的"超语言因素",构成理解与交际的障碍。在翻译实践中,如何跨越"超语言因素"依赖于适宜的翻译策略。以杨洁德《伤寒论》英译本 *Shang Han Lun Explained* (Greta Yang Jie De,2009)为例,译者在原文中国文化意象转换时,从作者、译者、读者的角度,在文化、语言、医学等维度上总体考量中国文化意象的转换,综合使用翻译策略,力图完整准确地传达原文的意思,再现原著风格。

2. *Shang Han Lun Explained* 文化意象互文性背景下的翻译策略

2.1　以互文性作为补充的音译策略

音译在 *Shang Han Lun Explained* 中广泛使用,是本书翻译的特点之一。音译主要用于方剂名称、六经、中风、伤寒、风温、厥等部分中医病症名。尽管六经在 WHO 的术语标准中已有对应语,但为了传达完整转换方剂等术语中的中国文化意象,Greta 采用了音译。

对于音译的方剂名称,Greta 借助书末所附药方与病症、配伍以及药名的音译—中文—拉丁三个附表,补充了两种文化意象的间隙,使读者可借助相应的补充,较全面认知中国文化意象。这种尝试既可以避免在翻译错综复杂的方名时引起的困惑,也可最大限度地保留方名的内涵。

音译的另一重要部分是原条文中的文化负载词。采用音译以保证最大限度地传达中医的文化意象。对于文化空缺,译者通过借助文化负载词中英文的互文性,以注释等方法化解超语言因素引起的理解障碍。

例1 "太阳"的翻译:

原文:太阳病,或已发热,或未发热,必恶寒,体痛,呕逆,脉阴阳俱紧者,名为伤寒。Clause 3(原文第三条)

译文:Tai Yang disease, whether there is fever, or there is no fever, there must be aversion to cold, body ache, vomiting, where the ying and yang of the pulse are both tight, it is called shang han.

本条伤寒采用音译。为使伤寒的文化意象便于理解,在太阳病伤寒标题中 Greta 对伤寒做了如下注释Tai Yang Shang Han(Cold Injury)。

例2 "中风"的翻译:

原文:太阳病中风,阳浮而阴弱,阳浮者,热自发,阴弱者,汗自出。Clause 12(原文第十二条)

译文:Tai Yang zhong fen, yang is floating and yin is weak, where yang is floating, there is spontaneous fever, where yin is weak, there is spontaneous sweating.

"中风"虽然在译文中使用音译,但在前文原文 2 的证型注解中对此进行了注解,Clause 2 outlines the pulse and signs specific for Tai Yang Zhong Feng (wind strike)。

从上述例子可以看出 Greta 在使用音译时不是简单地用拼音表达原文意象,而是采用音译的同时,在大标题下或者在讨论中,从互文角度对这些词汇做相应注释或解释,使得中医文化意象可以与其英文中的意象相对应,完成交流。

为传达文化意象的信息意图和交际意图,Greta 采用了"音译+注释"的方法,但其译法不同于一般的"音译+注释"。音译的通常做法是在音译词汇后直接注释,而 Greta 译本的注释主要出现在讨论以及案例研究中,原文条文中这些词汇都以音译形式出现。而解释与注释只是作为目前理解术语的参考,与术语之间不是完全等同的关系。这样做可以理解为最大限度保留术语的中医特质,体现源语文本的互文意义。这一方法从形式上保留了原文的总体印象与风格,引导读者进一步探索,也为进一步翻译这些词汇与术语留下了空间。

2.2 以文化意象转换为目的的直译

译本使用的另一重要翻译策略是直译。由于译者背景与翻译目的的不同,一个词会有一个甚至多个译语。有学者认为应字对字的直译以确保中医的完整;也有学者认为应"厚医薄文"。杨译采用的策略是在保证意思的情况下,直译原文使得原文文化意象得到最大程度的传达,如"不更衣"的翻译。

例1 不更衣,内实大便难者,此名阳明也。Clause 181(原文第一百八十一条)

译文:If there is no change of clothes, internal excess with a difficult bowel movement, this is Yang Ming.

本条"不更衣"实为便秘,古人登厕必更衣,不更衣为不大便。"不更衣"直译为no change of clothes,文末注释:The reference to a "change of clothes" is an oblique reference to passing a stool: according to ancient custom, a change of clothes was made after going to the toilet and "change of clothes", is a euphemisticexpression equivalent to the English "going to the bathroom". The statement "no change of clothes", therefore impliesconstipation and relates directly to the symptom description of "interior excess" with a difficult bowel movement… 此处直译在传达原文思想的同时,也使读者领略了原文的文化意象。

Greta 的直译是基于分层传达原文意象,no change of clothes 为读者构建第一层中国文化意象,读者在这一层面可能尚未能完全解读原文含义,但更衣的意向已经建立。"更衣"往往意味着休息、放松。"不更衣"则意味着"异常"。对后面注释的解读,可以在这一概念上阐释中医对这一术语的认知,并传达出完整的中医文化意向。下面以"清酒"的翻译为例,把 Greta 和 Wiseman 的翻译做个比较,以体会其翻译策略。

例2 (炙甘草汤方)右九味,以清酒七升,水八升,先煮八味,取三升,去滓,内胶烊消尽,温服一升,日三服。[一名复脉汤(李培生,刘渡舟,1985:152)]Clause 177(方,原文第一百七十七条)

译文1:(Greta)Directions: Decoct all ingredients with the exception of E Jiao in 7 *sheng* of aged rice wine and 8 *sheng* of water. Reduce to 3 *sheng* then strain and add the melted EJiao. Take one *sheng* warm 3 times a day.

译文2:(Wiseman)For the above nine ingredients, use seven *sheng* of clear wine and eight *sheng* of water. First boil eight ingredients to get three *sheng* and remove the dregs. Add asshide glue (ejiao) and warm until comple tely dispersed.[1]

Greta 将"清酒"直接译为 rice wine,未对清酒进行解释。显然 Greta 更注重译语的功用性,在句子层面传递意义;Wiseman 译为 clear wine 以从字面上对应中文"清酒"。但这一译语可能会引发歧义,Wiseman 加入注解:A form of aged rice wine. It frees the channels, harmonizes the qi and blood and dissipates congealed cold. 一方面限定了 clear wine 的定义,一方面让读者体会原文用字,同时传达了中国的酒文化意象。Wiseman 译语更注重术语的中国特质与文化内涵。

2.3 用中医概念解释术语以及互文背景下西医术语的使用

中医英译是否使用西医术语、使用的程度以及中医特质的保留等是译界争论的焦点。Greta 在 *Shang Han Lun Explained* 中用中医概念解释中医术语。中医基础术语译文较少借用西医词汇,以保留中医特色。但 Greta 较少使用新造词,适度采用西医术语中已形成共识的自然对等词,如中医学中的解剖部位以及一些常见病症,如:心 heart,肝 liver,脾 spleen,胃 stomach,肾 kidney,下利 diarrhea,发热 fever 等。

例1　(风温为病,脉阴阳俱浮,自汗出,)身重,多眠睡,鼻息必鼾,语言难出。Clause 6(原文第六条)

译文:… the body is heavy, there is somnolence, stertorous breathing, difficulty speaking.

在上述译文中,Greta 用西医词汇 somnolence 与 stertoroius breath 翻译"多睡眠"与"鼻息必鼾"。"多睡眠"与"鼻息必鼾"是中外共有的症状,术语本身并未涉及历史文化沿革,因此在互文背景下使用西医词汇,简洁地传达了意思,未造成文化缺失。

使用西医词汇并不等于在中医与西医之间机械对应,"霍乱"的翻译就是一例。WHO 术语标准中"霍乱"对应 cholera。cholera 指由霍乱弧菌引起的急性肠道传染病,与中医所指的霍乱不同。中医"霍乱"是指猝然发作,顷刻之间上吐下泻的病症。因起病急,吐泻交作,挥霍撩乱故名"霍乱"。Greta 在翻译时并未直接采用西医术语,而是使用音译加注的方法。

例2　问曰:病有霍乱者何?答曰:呕吐而利,此名霍乱。Clause 382(原文第三百八十二条)

---

[1] 李永安,男,陕西中医药大学外国语学院教授,研究方向为大学英语、研究生英语教学和医学英语翻译、医护英语和中医英语。

译文：Question：What is huo luan disease? Answer：Vomiting and diarrhea, this is huo luan.

Greta 在条文中音译 huo lun，在文末注释中直译为 sudden rebellion/sudden turmoil，未用现代医学的 cholera。Greta 的译文及注释准确传递了中医病名的含义，同时也体现了"霍乱"一词的渊源，保留了其文化价值。

2.4　从传递译本医学思想的角度传达中医的文化意象

中医包含哲学、文学、天文、地理等学科，如何处理这些因素，关系到中医对外传播中的中医属性。由于 *Shang Han Lun Explained* 定位为医学著作，其采取的文化翻译策略为从传递条文医学思想的角度传达中医的文化特质，即在医学的前提下，强调文化的表达。

例1　啬啬恶寒，淅淅恶风，翕翕发热，鼻鸣干呕者，桂枝汤主之。Clause 12（原文第十二条）

译文：Huddled aversion to cold, wetted aversion to wind, feather-warm fever, with a snuffly① nose and dry retching, Gui Zhi Tang governs.

原文术语为 AA 结构叠音词，在直接翻译中，译者努力保留、再现原文特征。"啬啬"是形容太阳中风病人恶寒畏缩的状态；淅淅恶风："淅"本义为"淘米"，重叠后"淅淅"形容病人恶风寒的程度如寒风冷雨浸湿肌肤；"翕翕发热"指表热不甚。译文以 huddled aversion, wetted aversion, feather-warm 等词，在一定程度上弥补了英语中没有叠音词的缺憾，形象描述出太阳病中风患者肌体畏寒状，特别是 feather-warm 一词，体现了作者对源语的理解和感悟，因为它比 slight fever 一词意境深远，译者能从羽毛之拂这一抽象意象进行隐喻扩展，表明患者其热在表也。译者尽量从文学性上保留原文的意象，帮助读者获取最大语境效果，同时也激发读者进一步了解原文并从中感受文化的异质特征。

3. 讨　论

为达到文化意象的转换，译本的一大特色是大量使用音译加注的翻译策略补充文化意象在互文性上的空隙。Greta 采用音译处理条文中的中医特色词汇，并在条文辨析中对音译术语加注，帮助读者理解。可以看出译者在完整传达中医文化意象与译文的可读性之间的努力，并为音译中医特色术

---

①　此处疑为 snuffle。

语的深入发展预留了空间。

音译加注一方面解决了中医特质词汇的翻译,另一方面也为读者的深入研读预留了空间。目前国内关于音译存在较大争议,但从译本的使用情况看,这一方法在交流与传达中医思想方面达到了预期效果。

音译条文中的中医特色词汇,及在随后的辨析中加注的方法,使得条文呈现一种新的样貌,即充分保留了中医的特质,也不致因音译造成理解障碍,对中医英译而言不失为一种有益的尝试,即在原文作者、译者与读者之间建立一种动态的联系。(惠佳蓓,2011:61)

关联理论认为,话语的关联程度依赖于语境效果和处理努力,语境效果与关联成正比,处理能力与关联成反比。(Dan Sperber, Deirdre Wilson, 2001:23-89)译者首要的任务是达到翻译的效度和信度,使原文作者的意图与译文接受者的期待相吻合,在保证传达原作意图的前提下,译语语篇应力求在语旨、语义、语形诸方面向源语语篇趋同,使所译的文化意象囊括所有相关的文化内涵。(郜万伟、田翠芸,2007:145—146)

Greta 译本的目的不是引领读者领略《伤寒论》汉字原文,因此其翻译在句义层面上展开,突出句意的传达,形成完整的中医文化意象。词汇的翻译是在句子框架之下展开,意思取决于医学层面,这也使得中医特质词的翻译有章可循。

译本的另一大特色是对中国文化负载词的处理。译本直译策略的使用以及用中医概念解释术语都基于最大限度反映中医的原貌。由于译本定位为医学和实用,在这个前提指导下译文对文化负载词的翻译以文化意象转换方式完成。这一尝试为国内的"归化"、"异化"、"形式对等"与"动态对等"等二元对立的争论提供了一个新的视角。

4. 结　语

中医的文化属性决定中医翻译是文化意象的转换:一方面要保持源语文化母体的约束作用以体现源语文本的互文意义;另一方面,为增强源语文化意象对译语读者的可接受性,又需在译语文化中重构一套约束机制,以弥补翻译过程中产生的交际意图的文化损失。(孙桂英,2011:136—139)*Shang Han Lun Explained* 定位为中医医学著作,所以其翻译策略是在传达医学意义的前提下,将两种语言的文化内涵恰当地对接起来,传达源语文化和译语文化相互作用后的新的文化意象。并据此采用包括音译在内的综合翻译策略。虽然对其大量采用音译传达中医学中的文化特质词存有争议,但作为一本受众较广的译本,杨译《伤寒论》在中医翻译领域所做的尝试为今后的翻译提供了有价值的经验。

参考文献:

郜万伟,田翠芸.翻译目的论——松开译者脚下之链[J].河北理工大学学报(社会科学版),2007(4):145—146.

惠佳蓓.关联理论与《伤寒论》文化负载词英译对比研究:基于两种译本[D].南京:南京中医药大学,2011:61.

李培生,刘渡舟.伤寒论[M].北京:人民卫生出版社,1985:152.

孙桂英.文化意象的互文性及其翻译策略[J].学术交流,2011(11):136—139.

王旭东.中医文化导读[M].北京:高等教育出版社,2008:5.

Dan Sperber, Deirdre Wilson,何自然.关联性:交际与认知[M].北京:外语教学与研究出版社,2001:23—89.

Greta Yang Jie De, Robin. *Shang Hang Lun Explained* [M]. Australia: Churchill Livingstone, 2009.

中医药典籍文化负载语言的英译①

程 玲 张四红②

(安徽中医药大学 国际教育交流学院,安徽 合肥 230012)

摘 要 本文从文化负载的角度出发,就中医药典籍中的语言从语义、词汇、语用、修辞等多方面探讨其英译的得失,并提出文化自信、文化自觉、文化适应等对策以及译文的新常态。

关键词 中医药典籍;文化负载语言;英译

On the English Translation of Culture-Loaded Language in Classics of Traditional Chinese Medicine

CHENG Ling   ZHANG Sihong

(School of International Education and Exchange, Anhui University of Chinese Medicine, Hefei 230012, Anhui)

Abstract The article explores the gain and loss of the English translation of the culture-loaded language of classics of TCM semantically, lexically, pragmatically as well as from the angle of figures of speech. Then the corresponding translation strategies of culture confidence, culture consciousness and culture adaptation are given and thus a new normal of TCM translation of the culture-loaded language will be finally realized.

Keywords classics of traditional chinese medicine; culture-loaded language; English translation

---

① 基金项目:本文系安徽省人文社科重点项目"中医典籍中方剂文化及其英译研究"(SK2015A378)、安徽省人文社科重点研究基地项目"基于网络的中医药跨文化传播特征和途径研究"(SK2015A105)、安徽中医药大学人文社科"汉英对照《金匮要略》的翻译文体研究"(2012rw013)和"基于语料库的《金匮要略》方剂歌诀文化及其英译研究"(2014rw017)成果之一。

② 作者简介:程玲,安徽中医药大学国际教育交流学院副教授,研究方向为ESP及语料库、大学英语教学。张四红,安徽中医药大学国际教育交流学院副教授,研究方向为英语教学、语料库语言学、语言类型学、描写语言学。

中华文化浩如烟海,中医药文化是其中较为特别的一支。中医药是世界医学科学的一个重要成员,同时中医药典籍无论从语义、词汇、语用、修辞等多方面都负载了中华传统文化,在其译介的过程中产生了不小的障碍,值得一探。

1. 一词多义现象及其英译

中医药典籍的语言以医古文为主,讲究平仄押韵、四字对仗等特点,在理解其中含义时往往会碰到一词多义现象。从词汇学角度看,常有同形同音异义词(complete homonyms)和同形异音异义词(homographs)。中医药典籍中不乏此类词汇,这对于中医药典籍译介有着极大的负面影响,如不明确意义,就有可能错误理解、错误翻译,进而引发争论。

例如,《金匮要略·脏腑经络先后病脉证第一》中有"脾能伤肾,肾气微弱,则水不行;水不行,则心火气盛;心火气盛,则伤肺;肺被伤,则金气不行;金气不行,则肝气盛"(阮继源,2003:1)。根据王雪华的《金匮要略》讲课实录,曾有注家对此产生了争议,主要在于对其中"伤"字的理解之上。宋代陈无择《内所因·卷八》中就有"脾能制肾",是对《金匮要略》三因之说的发扬。(王雪华,2009:40)可以看出"伤"乃"制"也,体现了五行生克制化原理,脾脏对于肾脏是制约的功能。李照国的《简明黄帝内经词典》当中对"伤"字的译文有三种:damage,impair;violate,attack;contract disease。(李照国,2011:354)"伤"虽常有"损害,伤害"之义,但如果借用"损害,伤害"之意解释"脾能伤肾",就会产生意义误解,恐怕无法将《金匮要略》的真正的治疗原则传递出来。试看罗希文对此"伤"字的译文,其选用了 check 一词。根据《朗文当代高级英语词典》,check 词条下有 stop sth. 之意,具体为 to stop something bad from getting worse or continuing to happen etc. ,中文释义为"阻止,制止,抑制"之意,如 Speed bumps will be installed to check the neighborhood traffic. (朗文,2004:298)由此可见,罗希文用 the checked kidney 的译法还是能够非常准确地传递其文化内涵的。(罗希文,2007:1)

此类一词多义的现象在中医药典籍中非常普遍,一方面是由于概念的不同,意义的不同导致了一词多义;另一方面,由于古音的保留、通假的存在,现在的词义完全不能满足对过去语言的解释与理解。例如,度量衡中"合",并非阳平 he,而为上声 ge,与现代意义没有任何关系,只是古代一种度量容积单位而已。因此,在中医药典籍英译的过程中,如果涉及了中医药的传统文化的概念,则一定要小心考证,细致研究,精准翻译,才能达到有效促进文化传播的目的。

2. 模糊性语言及其英译

中医药的许多理论和概念是一种辩证关系,交叉并存,正如阴阳太极图一样,很多概念成对出现,此消彼长、交叉存在,形成一个动态的平衡。相对西医的理论和概念来说,中医没有西医的表达精确,有很多"比类取象"、"援物取象"的表述方式,甚至很多概念存在着模糊性,需要再深入领会后才可弄明白。

魏迺杰(Nigel Wiseman)对《伤寒论》的翻译,当翻译到"发热"一词时,他认为简单借用西医词汇 fever 会影响读者对中医概念的理解,因此他选择了 heart effusion 以示区别。因为西医中 fever 的概念更多是通过精确的体温计测量获得,而中医中的"发热"概念更趋于模糊、辩证。(林亭秀,2010:29—31)因为在中医概念中,"虚"与"实"、"寒"与"热"和"阴"与"阳"一样都是一些相对的动态平衡的概念。如果简单地用 fever 可能就会在文化传递中造成文化欠额,失去了中医药文化的特色。

又如,在战国时期,医生的等级就划分为"上工"、"中工"与"下工"。从分法上对其理解有两种:从医理通晓和医技高明度上以及从治愈率的角度进行考量。因此当中医药典籍中引用到"上工"、"中工"以及"下工"的时候,对其英译的角度就极有可能影响译文读者对中医药文化的准确获取。李照国的《简明黄帝内经词典》对"上工"就直接译为 excellent doctors,对"中工"并未涉及,"下工"则译为 unskillful doctor。(李照国,2011:355)相比而言,罗希文的《金匮要略》英文中将"上工"译为 superior doctor,将"中工"译为 mediocre doctor,"下工"并未涉及。(罗希文,2007:1)"上"、"中"、"下"在此与方位没有任何关系,"上工"也并非现代意义的动词,"开始干活"的意思,它们只涉及对医生的等级区分。"工"都译作了 doctor,这没有任何分歧,但是在等级划分的方面,不同译本的英译选词的不同,可以看出个体对于译文影响的存在。另一方面,对于中医药传统文化中对医生好坏的这三个等级之分并没有明显的界限,如果以治愈率作为标准的话,可能会让这一些模糊的概念精准化。

模糊语言是汉语的特点,也是中医药典籍中的语言不可回避的问题。对于模糊语言的准确理解,应该在英译时对译文进行相应处理,以达到适合目标语读者理解的目的。当然,处理的方法是多样的,源语在目标语中有对等表述的模糊性语言,尽量保持原汁原味为宜;源语在目标语中找不到对等概念或表述的模糊性表达，大可以采用目标语读者可接受的方式，尽量将原意表达出来，将其中蕴藏的文化传递出去即可。甚至，有些原本在源语中看似精确的概念实际暗含着模糊的意义，也可直接用目标语中的模糊性表达进行翻译。

3. 四字格及其英译

四字格是有四个字的汉语组成的词组，具有言简意赅、音律协调、节奏感强等特点。四字格是中国传统典籍的语言特色之一。汉语言的特点就是讲求音韵、对仗、意境等方面的美感。用古汉语所撰写的中医药典籍不仅是医学巨著，同样在语言和文学角度来说也是杰作。但是，由于英语是相对低语境性的语言而汉语是高语境的语言，英语表达相对于汉语来说更加直接，所以在中医药典籍的英译过程中，译文必然会打破汉语言的各种优美的意境，更多注重的是文本中科学性方面的内容的直接给予，也免不了在文化的传递上失去一些方面，造成文化传递的不足。在中医药典籍中各种四字格层出不穷，其中蕴含着语言文化和文学之美。

例如，《黄帝内经》的"阴平阳秘，精神乃治"是很多中医药典籍常引用的名句。李照国的翻译为 Only when Yin is stable and Yang is dense can normal state of spirit and essence be maintained（李照国，2011：557）。四字格的使用使中医药典籍中的语言美、对称美显露出来。相比之下，李照国先生的译文虽有将内涵意义传递出去，但是绝对无法将中医语言之美表达出来，确实有所遗憾。

中医药典籍中的四字格表面上看形式统一但分析起来常有不同形式，因此翻译时更要注意。例如，《黄帝内经》中有"（阳气者，）若天与日"，这四个字有两个虚词"若"、"与"，两个实词"天"、"日"，虽在英文中可以找到对应的表达，但是翻译时在 sun 与 sky 的前面还需加上虚词 the，可译为 like the sun and the sky。四字格的格律之美消失殆尽。从语言的美学角度来说，这是一个遗憾。对于这些四字格的翻译虽能用英语将意义进行传递，达到科技翻译的标准，但无法将四字格的修辞文体风格、中华文学中的格律之美进行正面的传播。

总之，四字格的表达等类似于成语表达是中医药典籍语言表达的一个突出特点，它可以使行文紧凑、充满节奏感、于简单中表达深刻的含义。但是，在翻译的过程中，如果过分关注语言的对应、关注文风的特点、关注语境的优美，可能最重要的内容和翻译的目的都被忽视了。严复所说的翻译的三个标准是"信、达、雅"。"雅"固然是翻译能达到的最高境界,不仅在内容和语义上能找到对应表达,而且在文风和意境上也完全对应体现出来。但是如果连最基本的忠实于原文都无法保证的话,再华美的装饰也是徒劳。不如退而求其次,做到准确表达原文的意义,而这也是目前中医药典籍英译应用最多的策略。

4. 特有词汇等及其英译

由于中医药是具有中国特色的民族性医学,因此中医药典籍中的特有词汇也并不鲜见。从中医的基本概念"阴阳"、"五行"到中医方剂中所用的度量衡单位"方寸匕"、"合"等,无不体现出中华民族的哲学智慧和文化魅力。

目前中医英语翻译标准并不统一,对于中医度量衡词汇方面的翻译也是五花八门,这对于中医药文化的传播极为不利。历代度量衡都代表着一个度量衡单位量演变的过程。而中医药文化中的度量衡更多趋于精细化,但也不乏一些模糊概念。例如,《金匮要略》"术附汤"中讲用白术、甘草、附子三味,"每五钱匕,姜五片,枣一枚,水盏半,煎七成"等;在"獭肝散"中讲服用方式时称"水服方寸匕"。其中就涉及度量衡"钱匕"、"方寸匕"等概念。显然,这样的度量衡概念在现代的医药文化表达中非常鲜见。但是,准确传递中医药典籍中的中医药方剂的度量衡文化是让西方医学了解中医药乃至中国传统文化必不可少的一环。"方寸匕"是依古尺正方一寸所制的量器,形状如刀匕。一方寸匕的容量,约等于现代的2.7mL;其重量,金石药末约为2g,草药末约为1g(郭申雪,2007:18—19);而"钱匕"是用汉代的五铢钱币抄取药末以不落力度者称一钱匕,分量比一方寸匕稍小,合一方寸匕的十分之六七。钱五匕者,是指药末盖满五铢钱边的"五"字为度,约为一钱匕的1/4。(毛永森,1994:469—470)

不难看出,这些负载中医药度量衡文化的特有词汇在译介中面临的"词汇空缺"是无法弥补的。对于类似的中医药特有词汇的英译,李照国提出了自己的见解,不需要进行单位的换算,只需保留中医药文化最传统的原汁原味的特色。但从传播学的角度来说,这样的翻译虽然极大地保护了中医药典籍以及中医药文化的民族性,但译文的适应性和读者的可接受性必会大打折扣。

5. 小　结

对于中医药文化的特有语言特点,首先要有足够的自信。文化自信是一切自信的基础。只有对中医药文化有了充分的自信,才能对中医药英译行为充满自信,对中医药文化的传播充满自信。其次,要有足够的自觉性。要将文化保持原汁原味地传播出去,让世界知道有这样的文化符号存在,需要的就是译者与传播者的自觉行为。然而,这样的传递必然会遭遇传而不"通"的局面,因为这会完全面临文化的空缺和断裂,因此在英译的过程中还需要考虑读者的接受度问题。这就需要文化输出与输入双方的文化适应。直接音译一些特有概念时,可以适当用补充说明或加注解的方式,使用深度翻译,让读者获得更多相关的信息。这样必会积累中医药文化在海外的势能,并成为西方文化所能接受的一部分,如 yin,yang,Tao 等概念一样,将会有更多中医药概念的英文表述成为西方文化中常用的普通词汇,成为英语中的"新常态"词汇。

参考文献:

郭申雪等. 漫话仲景医学中的药食同疗方[J]. 中国药业,2007(12):18—19.
朗文当代高级英语词典[Z]. 北京:外语教育与研究出版社,2004.
李照国. 简明汉英《黄帝内经》词典[Z]. 北京:人民卫生出版社,2011:354,355,557.
林亭秀.《伤寒论》的英译发展与思考[J]. 中医教育,2010(3):29—31.
罗希文. 汉英对照《金匮要略》[M]. 北京:新世界出版社,2007:1.
毛永森. 古代医籍中中药的特殊量词[J]. 陕西中医,1994(10):469—470.
阮继源,张光霁. 汉英对照《金匮要略》[M]. 上海:上海科学技术出版社,2003:1.
王雪华. 王雪华《金匮要略》讲课实录[M]. 北京:中国中医药出版社,2009:40.

归化和异化翻译策略指导下的中成药名英译研究[①]

涂 雯 刘艾娟[②]

（北京中医药大学 人文学院，北京 100029）

摘 要 通过梳理中成药名英译中的错误，发现目前该领域英译状况不容乐观。在归化和异化翻译策略指导下，得出应根据中成药名的命名规律，使用不同的翻译方法进行翻译，包括直译法、音译法、意译法和"音译+意译法"，使译文符合简洁性原则和回译性原则，以期促进中成药名英译的规范化和中成药的对外贸易。

关键词 中成药名；英译；归化；异化；翻译方法

On Translation Strategies of Chinese Patent Medicine Name from the Perspective of Domestication and Foreignization

TU Wen LIU Aijuan

（School of Humanities, Beijing University of Chinese Medicine, Beijing 100029）

Abstract By combing the errors in the English translation of Chinese patent medicine name, it is found that the current situation of English translation in this field is not optimistic. Guided by translation strategies of "domestication" and "foreignization", it is concluded that different translation methods should be used for translation based on the nomenclature rules of Chinese patent medicine name, including literal translation, transliteration, free translation and transliteration and free translation. The four methods can promote the standardization of English translation of Chinese patent medicine name and its foreign trade.

Keywords Chinese patent medicine name; English translation; Domestication; Foreignization; Translation methods

---

① 基金项目：教育部人文社科基金项目（项目编号:13YJA740032）阶段性成果。
② 作者简介:涂雯,北京中医药大学硕士研究生,研究方向为中医药翻译。刘艾娟,通讯作者,北京中医药大学副教授,研究方向为应用语言学。

1. 前　言

随着经济全球化趋势以及我国"一带一路"发展战略的实施,中医药对外发展进程大大加快。在中医药贸易和文化传播中,中成药对外贸易占了很大比例。特别是东南亚、日本和韩国一带,他们十分热衷于中药颗粒和饮片。据统计,中药出口量已达 23.32 亿美元(史文君,2016:135)。中成药正以其独特的魅力吸引海内外消费者,可见其巨大的市场发展潜力。

中成药的起源历史悠久,历代医药典籍中记载的方剂数以万计,其中除了汤剂等少数剂型以外,大多数是中成药。例如,先秦时期《黄帝内经》中"四乌贼骨—藘茹丸"、豕膏和小金丹等,秦汉时期《伤寒论》中五苓散、乌梅丸和理中丸等,《金匮要略》中肾气丸、鳖甲煎丸和麻仁子丸等,宋、金、元时期《丹溪心法》中二妙丸、左金丸和保和丸等,均为千古名方,沿用至今。我国将中成药发展列为重点扶持项目,中成药生产已达 7000 种以上,目前仍在不断研发新药(金世元,2003:44)。为使中成药扩大出口范围,进入国际市场,提高中医药影响力和国际话语权,必须做好中医药术语翻译促进其对外传播,因此中成药说明书英译的规范性和标准化进程刻不容缓。

2. 中成药名英译中存在的问题

中成药名是对中成药辨证论治、理法方药、配伍特点以及药物组成、主治病症的高度集中和概括,不仅反映了中医药理论,同时也积淀了丰厚的文化意蕴(史文君,2016:135)。因此,中成药名的翻译是中医术语英译中的重点和关键。然而,目前中成药名英译研究和实践却存在诸多问题。

2.1　缺乏系统理论指导

目前中成药名英译缺乏系统的理论指导,错译、漏译、乱译现象频出。根据笔者所做的文献计量调查,50 篇有关中成药说明书英译研究中(截至 2016 年 6 月),只有 5 篇关于理论指导下中成药名英译研究,大部分文献集中于中成药说明书中功效语和结构词英译研究。中成药名具有特殊的语言特色和结构,应通过理论指导研究促进其英译规范化。

2.2　英译未标准化,版本多

当前中医术语标准繁多,包括 2007 年世界卫生组织(WHO)西太区颁布的《传统医学术语国际标准》、2008年世界中医药联合学会（世中联）颁布的《中医基本名词术语中英对照国际标准》以及全国科学技术名词审定委员会颁布的《中医药学名词标准》等。上述提及的三部标准均只收录了部分方剂名称，对中成药名英译涉录较少，世卫版甚至没有将其纳入。在未标准化的情况下，一种药名会出现多个版本。例如，安宫牛黄丸有三种译文，分别为 Cow-bezoar Bolus for Resurrection, Peaceful Oalace Bovine Bezoar Pill 和 Bezoar Pill for Resurrection；风油精也有三种不同的译本，分别为 Essential Balm, Medicated Oil 和 Fengyoujing。多个版本会使得消费者对药物质量、功效产生混淆或误读，不利于中成药出口贸易和对外传播。

2.3 英译错误繁多

由于尚未实现规范化和标准化，以及缺乏正确翻译的理论指导，中成药名英译错误频频出现：①由于忽略文化内涵，过于直译产生的错误。如"失笑散"，如果按其字面理解翻译成 Lost Smile Powder，回译过来指失去笑容的散剂，未能解释其内在含义而贻笑大方。事实上，失笑散用于心绞痛、胃痛、痛经、产后腹痛、宫外孕等症候，能够活血祛瘀、散结止痛。而"失笑"则寓意病人用过此方后痛苦解除，不禁失声而笑。"定神香"，直译为 Sleeping Pill，但其原意为镇静安神，回译过来被误读为安眠药。②因国情、习俗和文化差异，一些翻译有失偏颇，容易使消费者产生歧义。例如，"白虎汤"译为 White Tiger Decoction，会误导国外消费者，认为这是由称为"白虎"的动物熬制而成，国外人士多主张动物保护主义，进而拒绝购买。"乌鸡白凤丸"译为 Black Cock White Phoenix Pills，而 cock 不仅与原文含义不符，而且还有另外一层不雅含义，令人误解，破坏中医药传统形象。③译文过于冗长、难懂。例如，"复方苁蓉益智胶囊"译为 Compound Desert Cistanche Intelligence-Improving Capsule，"上清丸"译为 Bolus for Clearing away Heat of the Upper Part of the Body 等。此类译文都失去了中成药名简洁易懂的特点。

3. 中成药名英译研究的现状

目前，中成药名英译研究极少。笔者通过多次检索的方式在中文全文数据库[包括中国知网（CNKI）、万方数据库和维普中文数据库]中进行高级检索，确定关键词"中成药名"、"翻译"、"中成药药名"、"英译"，一共得到32篇文章（截至2016年10月）。然后通过对文章内容的通读和查重，得到文献12篇。其中李毅（2008）对目前中成药名翻译现状进行分析及探讨，得出目前中成药名英译缺乏统一标准,同一药名有多种译法,且存在错译、漏译、多译等现象。康静雯(2013)、龙天娇(2015)、王玲(2013)和梁旦(2015)在目的论指导下探讨中成药名翻译,认为应遵循目的论三大原则:目的性原则、连贯性原则和忠实性原则,采取音译加通释的方法进行英译。同样是从理论层面探讨,李梦(2015)认为,根据功能对等理论,译文读者对译文所做出的反应与原文读者所做出的反应基本一致,因此英文药名应使用意译法进行归化处理。部分学者通过自己的翻译实践,总结出中成药名的翻译原则。彭爱民(2011)通过对比两个《红楼梦》英译版本,认为中成药名翻译应遵循简洁性原则、信息性原则、回译性原则、能中不西原则和能而不异原则。史文君(2016)则在此基础之上加上归化异化原则、灵活多变原则和规定性原则。穆文超(2016)表示中药名音译符合"名从主人"原则、简洁性原则、回译性原则,能够避免对原文的误读,因此中成药名英译应采取音译法。由此可见,中成药名英译研究立足于实践研究,理论指导研究较少,而理论研究集中于目的论;对于中成药名英译的指导原则,学者们认为应以简洁性原则、信息性原则和回译性原则为主,倾向使用音译法和意译法进行翻译。但中成药名的结构多变,且每一味中成药都是根据药物特性、功效、服用时间和炮制方法等,经过千思熟虑进行命名,因此应根据中文原文的命名规律运用不同的方法进行英译。而此方面的研究鲜有报道。周钰(2007)和刘力力(2005)分别分析了中药名的常见结构,后者根据98篇中成药说明书的实证研究,总结出六大翻译公式并提供参考译文。但是以上两位学者没有阐明参考译文的理据,得出的翻译方法缺乏广泛性和代表性。本文立足于翻译实践,从翻译策略层面出发,讨论策略指导下的翻译方法,并根据中成药名命名规律,指导其运用不同的方法进行英译。

4. 中成药名英译

4.1 归化和异化翻译策略在中医术语中的应用

归化(Domestication)和异化(Foreignization)是常用的翻译指导策略,但因其翻译指向性不同一直是翻译界争论的焦点之一。"归化翻译"是韦努蒂提出的与异化翻译相对的概念。他认为,归化是以民族主义为中心,把外国的价值观归化到译语文化中,把原作者请到国内来;而异化(抵抗式策略)可以有助于保留原文的语言和文化差异,生成源语导向的译本,从而标示出目标语的文化主流特色(张景华,2009:5—6)。不论是在当代还是在历史上,以目的语文化为归宿（即归化）的原则似乎是占了上风（郭建中，1998：17）。蒙娜·贝克（2004）提出由于文化特殊性产生的翻译不对等问题，同时还给出了相应策略——通过文化取代的方式来翻译。这里的"文化取代"不是指淹没目的译语的文化，而是通过解释给予目标读者一个概念，这个概念是他们熟悉并且能很快认知的。从中医翻译角度看，则需借用西方词汇来描述中医术语。李永安（2006）在进行中医翻译研究时提到中西医虽然是两种截然不同的医学体系，但研究对象都是人体和疾病，所以两者是有共同之处的，不能借口两者的区别，另外创造一套词汇将其对立起来。所以需要借助西医词汇来翻译和传播中医。冯文林（2014）也指出奈达以"读者为本"的理念，支持翻译在西医系统中有相对应的词或词组的中医术语时，要尽量直接借用目标语中对应的词或词组，因为这些词语易于被译入语读者接受，普及性较强。例如中医中的五脏，"肝"翻译为"Liver"，"心"翻译为"Heart"，"脾"翻译为"Spleen"，"肺"翻译为"Lung"，"肾"翻译为"Kidney"。事实上中医中的五脏不仅是西医概念中单独的解剖部位，而是宏观角度下相互联系和作用的整体。但是为了让国外人士更易理解，因此使用译入语进行翻译。虽然有过很多争议，但现在已是约定俗成的说法。欧阳利峰（2002）认为运用归化策略，采用拉丁文和英文相结合的方法，能够传达出中成药名的个性内涵和神韵。例如"肺咽清"、"养生丸"和"鼻敏灵"分别译为"Pulmoclear"（pulmonary + clear），"Vitapill"（vital + pill）和"Nasowell"（nasal + well）"。可见目前在中医翻译中，归化策略应用广泛且认可度较高。但有学者（袁晓宁，2010：84）认为从跨文化交际角度看，译者应采取异化的翻译取向，尽可能保留和传达源语中的异国文化因子，帮助有着不同民族文化背景的人相互学习和交流。Nigel Wiseman（2006）认为，在中医翻译中应以异化为主，采取"直译"为主的翻译方法有利于将中医传统知识原封不动传达给西方人。例如，"痹"翻译成 arthralgia 或者 impediment，如此造成"一词多译"现象，更难理解。纵使学者们对使用归化策略还是异化策略指导中医翻译没有定论，但是归化和异化并不是两个相对的概念，反之，二者实质上相辅相成。史努蒂在《译者的隐形》第二版以及在与郭建中先生的访谈中改变了之前以异化翻译为主，反对归化翻译的观点，认为在一定程度上说，异化翻译也是归化，两者之间没有绝对的分界线，并在一定程度上是重叠的（郭建中，2008：44）。李照国（2008）在《中医基本名词术语》中就提到了五大翻译原则：自然性、简洁性、民族性、回译性和规定性。基本上李照国是针对不同的情况采取不同的方法。张璇（2008）提及翻译不仅是两种语言之间的文字转换活动，更是两种语言背后两种文化之间的交流活动。笔者认为,在中医翻译过程中,不能盲目使用归化翻译策略进行西化翻译,这样会导致望文生义的结果。在中医翻译中既要传递医学信息,也要体现人文特色。翻译过程是一个文化交流的过程,而不是单纯的语码转换过程。因此,在中医翻译过程中,应根据原文内涵,辩证使用归化和异化策略,利于中医的对外传播和发展。中成药名作为中医术语,亦是如此。本文将在归化和异化翻译策略指导下对中成药名的翻译方法进行探讨。

4.2 中成药名翻译方法分析与讨论

为清楚了解目前中成药名翻译方法的现状,笔者以市面上收集到的48份中成药说明书(中英文对照)为语料,将其中的中成药名英译单独列出,根据归化和异化翻译策略,对药名翻译方法进行分析和归纳,得出以下结果:

表1 48份中成药说明书药名翻译分类

翻译方法	中成药名翻译数量(份)	所占比例(%)
直译	6	13
音译	15	31
意译	4	8
音译+意译	14	29
无中成药译名	9	19
合计	48	100

在归化和异化翻译策略指导下,48份中成药药名翻译方法可以大致分为四类:直译、音译、意译和"音译+意译"。其中大部分中成药说明书中药名采用音译法进行翻译(见表1)。少数通过直译法和意译法,还有一些说明书采纳中文药名,放弃药名英译。由此可见,中医翻译实践者多认可音译法且音译法市场接受度较高。这四种翻译方法在理论和实践层面都各有其优缺点。①直译法。直译法是指按照字面意思将中文与英文对应进行翻译,此类方法针对较为简单的药名,抑或是成分加剂型的药物。例如"桑菊汤",可译为 Moriand Chrysanthemin Dcoction;"布袋丸"则译为 Bolus of Saek。由于中成药名的多样性,有许多药名都是采取隐喻的手法取名,简单直接的直译法会让读者产生误解而忽略药物原本功效。例如,"白虎汤"译为 White Tiger Decoction,会误导国外消费者,认为这是由称为"白虎"的动物熬制而成,进而拒绝购买。但中医认为"白虎"为西方金神,对应着秋天凉爽干燥之气。以白虎命名,比喻本方的解热作用迅速,就像秋季凉爽干燥的气息降临

大地一样,一扫炎暑湿热之气。由此可见,简单的药名富含中医文化的精髓,简单的直译法无法传达中医药名中的文化含义。②音译法。指采用拼音的形式翻译药名,最大限度地保留了中医药文化,在药物成分加剂型的药名中比较常用。例如坎离既济丸,直接用拼音译为 Pill of Kanlijiji;"桂枝汤"译为 Guizhi Decoction。虽然音译法不能在译入语中找到对应语,但是能够传递和发扬我国的传统文化,对于中成药名翻译来说不失为适合的法则。音译法其实已经广泛地应用到整个中医英语翻译的领域中。例如,"气"翻译为 Qi,"阴阳"翻译为 Yin and Yang,"脏腑"翻译为 Zang Organ and Fu Organ。虽然部分不懂中医的消费者对音译译文产生歧义,但就目前而言,音译法是约定俗成且实用性较强的中成药名翻译方法。③意译法。意译法能最大限度地反映原文含义,在解释某些词汇上也较为准确。这种方法符合"以目的语为导向"的初衷,向读者或消费者最大限度地展现该药物的功能与主治,所以译文中也是以功效为主,用于功效加剂型的药名。例如,"安宫牛黄丸"译为 Caleulus Bovis Bolus for Resurrection,"血府逐瘀汤"译为 Decoction for Removing Blood Stasis in the Chest。两味药都采取意译法,重点翻译药物功效。"艾附暖宫丸"简洁后翻译为 Water-Honeyed Pill for Tranquilization。但是笔者认为 tranquilization 多表达安神之义,而"艾附暖宫丸"主要功效为治疗月经不调及滞后,所以译为 Water-honeyed Pill for Irregular Menstruation 可能更为恰当。意译法的优点就是能够最大限度地反映原文的含义,具有一定的灵活性,使原文流畅(储利荣,1999:37)。但针对药名的翻译来说,以简洁易懂为主,意译法的药名过于冗长且不易吸引消费者的注意,不利于中成药在国外的长期发展(李小川,2010:22)。④音译+意译法。此方法结合了音译法和意译法,将中医术语通过音译翻译,再将其他部分通过意译法解释。例如"黄芪生脉饮",英文中没有"黄芪"这一味药,而拉丁语解释较为冗长,所以进行音译,其余部分意译,译为 Huangqi Liquid for Qi Deficiency。"音译+意译"法既能凸显中医文化,也能体现其功能主治,但其实际效应目前仍有待考证。

根据调查数据,可知目前中成药多采用音译法进行翻译。音译法一向是大家约定俗成的翻译法,我国第一位从事译名问题研究的学者章行严(2005)认为对一些特殊语音译有三大好处:不滥、持久和免争。且《中华人民国药典》(2015 年版)和"十三五"《中药学》教材均已通篇采取音译法翻译中成药名,可见此法也是未来中药名英译走向规范化和标准化的重要方向。音译法的优点是简洁,容易操作,能最快地被大众接受,更有利于中成药名的标准化,减少乱译、错译等现象。但是中成药命名多变,大多有其深远含义,如果将中药名全盘音译,不仅不能表达其原文内涵,还有可能造成消费者的误读,不利于中国传统文化的传播。因此,笔者认为应根据中成药的中文命名规律进行翻译。

4.3 基于命名规律的中成药名英译方法

中成药的命名规律大体分为八个方面(李久成,1990:33),笔者根据这八种不同的命名规律将中成药名翻译方法归纳如下(见表2)。

表2 基于命名规律的中成药名英译方法一览表

中成药命名规律	翻译策略	翻译方法	实例
以药物命名	异化	音译法	三七片:Sanqi Pill
以功效命名	归化	意译法	金锁固精丸:Gold Lock Pill for Keeping Kidney Essence
以主药和功效命名	归化和异化	音译+意译	龙胆泻肝丸:Longdan Pill for Purging Fire
以主治病症命名	归化	直译法	鼻炎片:Rhinitis Pill
以服用方法命名	归化	意译法	十滴水:Liquid for Summerheat
以炮制方法命名	异化	音译法	十灰丸:Shihui Pill
以性状、颜色命名	归化	直译法	紫雪丹:Purple Pellet
以来源、产地或人名命名	异化	音译法	华佗再造丸:Huatuo Pill

① 以药物命名。以单味药制成的成药,多以药名命名。许多中药材能在拉丁语中找到对应词,于是这种中成药多以拉丁语译入。比如"三七片"译为 Panaxnotoginseng Pill,"当归丸"译为 Radix Angelica Sinensis Pill。但是这种译法使得中成药名变得冗长,失去简洁性的特点。加之由两种以上药物制成的成药需要翻译两种药名,篇幅会更长。例如"二冬膏",由麦冬和天冬组成,如用拉丁语译入则为 Radix Ophiopogonis and Radix Asparagi Plaster,十分冗长,可读性不高。因此,根据异化翻译策略,此类中成药名应采取"音译+剂型"法进行翻译。"三七片"、"当归丸"和"二冬膏"依次译为 Sanqi Pill, Danggui Pill 和 Erdong Plaster。②以功效命名。此类中成药命名初衷是希望消费者从药名得知其主要功效,从功效可推其主治。所以在翻译过程中应根据归化策略,从语言层面采用意译法将功能主治译出。例如,"养血舒肝丸"主治肝郁血虚证,应译为 Pill for Nourishing Blood and Soothing the Liver。部分以比喻形式来赞颂药物功能卓著的药名,应将其隐含功效翻出。

例如"金锁固精丸"治遗精、滑精,有固精之效,犹如"金锁"而得名,如译为 Gold Lock Pill for Keeping Kidney Essence,则与原文大相径庭,应意译为 Pill for Keeping Kidney Essence。主治胎动不安的"泰山磐石散"源于用药后胎元稳如泰山、坚如磐石,应译为 Powder for Calming Fetus,而不是 Power of Tai Mountain and Pan Stone。"玉泉丸"主治糖尿病,可意译为 Diabetes Pill。"保和丸"主治消化不良,意译为 Digestion-promoting Pill(史文君,2016:137)。如此,既简洁也能反映其药物功效。③以主药和功效命名。这类成药由两部分组成,前半部分为成药的主药成分,后半部分为药物功效。例如,"龙胆泻肝丸"利用龙胆泻肝胆实火和除下焦湿热的功效治疗肝经热盛引起的疾病。应结合归化和异化策略,药名采用音译法翻译,功效部分采用意译的方法,译为 Longdan Pill for Purging Fire。④以主治病症命名。此类药名突出主治病症,有利于吸引消费者,具有针对性。而大部分主治病症都能在英语中找到对应词,因此在翻译过程中根据归化策略,采取直译将其主治病症翻译出来。例如,"鼻炎片"可直译为 Rhinitis Pill,"牙痛散"译为 Toothache Powder。此类中成药名英译十分简洁易懂。⑤以服用方法命名。例如,"鸡鸣散"主治脚气,足胫肿重无力。"鸡鸣"指服药时间,五更鸡鸣乃阳升之时,取阳升则阴降之意。而阳升阴降属中医阴阳理论,重点强调其功效,因此应通过归化策略,采取意译法将药物功效翻译出来,译文为 Powder for Beriber。如果翻译为 Cock Crowing Powder,消费者会觉得不知所云。同理,清热消暑的"十滴水"应译为 Liquid for Summerheat,而不是 Ten Drops。⑥以炮制方法命名。如"十灰丸",源于组成该药物的十味生药均经过炒炭法进行炮制。而炮制法对国外消费者来说依旧陌生,与其大篇幅向读者解释炮制方法,不如在异化策略指导下使用音译法将其简化,译为 Shihui Pill。⑦以性状、颜色命名。如"紫雪丹",其命名源于药物制成后,色紫,状如霜雪,因此可以直译为 Purple Pellet;"碧玉散"译为 Green Powder。⑧以来源、产地或人名命名。如"金匮肾气丸",其中"金匮"源于《金匮要略》,由于涉及中医典籍术语英译,对西方普通消费者来说将书名意译意义不大。"云南白药"产于云南;"华佗再造丸"源于古代名医华佗,地名和人名目前都采取音译。因此,此类中成药宜根据异化策略采用音译法进行省译,"金匮肾气丸"、"云南白药"和"华佗再造丸"可依次译为 Jinkui Shenqi Pill,Yunan Medicine 和 Huatuo Pill。

5. 结 语

在操作层面上,中医翻译永远不会有一条放之四海皆准的原则,在实际的翻译操作中,应该异化和归化并存(张璇,2008:60)。李成华(2015:223)认为,就中医翻译来讲,无论是"源语导向"还是"读者导向",无论是异化还是归化,都是实现源语、译者和目的语读者三者最佳关联的手段而已。所以,对于中成药药名翻译而言,需要根据具体情况进行辩证翻译,使目的语读者能够恰当理解源语所要表达的意思,从而达到预期的目的和效果。

  通过上述研究得出中成药名的四种基本翻译方法:直译法、音译法、意译法和"音译+意译"法。其中音译法约定俗成,是中成药名常见的翻译方法。其次是"音译+意译"法,能够在传递医学信息的同时,最大限度地保留中医文化内涵。通过理论和实例的结合,针对不同的中成药名应使用不同的方法进行翻译。无论是使用归化还是异化翻译策略,最重要的是传达原文的科技医学信息。翻译是双向的活动,译者有义务准确表达源语内容以及内涵文化,但更重要的是让目的语读者准确理解译文,不产生偏颇或歧义。中成药名翻译方法虽多,也需要根据具体药名中文命名规律和药名原本的内涵辩证选用归化或异化策略进行指导,这样才能在忠实原文,最大程度回译的同时,利于消费者理解,使中成药名的翻译既体现中医文化深厚内蕴,又能达到贸易目的。为此,笔者在归化和异化翻译策略指导下,根据中药名中文命名规律总结了五大英译方法:①中文原文以功效和服用方法命名,运用归化翻译策略,采取意译法进行英译,能够将功能主治部分清晰直观地呈现在消费者面前;②中文原文以主治病症、性状和颜色命名,运用归化翻译策略,采取直译法进行英译,借用相关西医病症词汇,使得消费购买更具针对性,减少误读;④中文原文以药物、炮制方法、来源、产地和人名命名,运用异化翻译策略,采取音译法进行省译,去除冗长的药物拉丁文译文以及复杂难懂的解释,使得中成药名更加简洁;⑤中文原文以主药和功效命名,结合归化和异化策略,采取"音译+意译"法进行英译,将药物成分进行音译,功效进行意译,既免去冗长的药名拉丁文同时能将药物的功能主治简明扼要地呈现在消费者面前,进而使得中成药名简明易懂,利于中成药的对外传播。

  由于中成药名的结构多变及其文化含义丰富,此领域英译十分困难。所以目前中成药名英译尚无标准,中医翻译界对此众说纷纭。虽然各界对不同翻译策略下中成药名英译的讨论和研究有助于中成药名和中医术语的发展,但是从长期着眼是不利于其对外贸易的扩展。因此,中成药名英译应该加大理论和实践研究,在理论的指导下促进其规范化和标准化,尽快确立一套可行的译法,提出正确译文,加快中医药国际化进程。

参考文献:

储利荣,张飙.浅论中医术语的几种常用英译方法[J].天津中医学院学报,1999(4):37—38.

冯文林,伍海涛.奈达翻译理论在中医翻译应用中的研究述评[J].中国中医基础医学杂志,2014(7):988—991.

国家药典委员会.中华人民共和国药典[M].北京:中国医药科技出版社,2010.

郭建中.翻译中的文化因素:异化和归化[J].外国语,1998(2):17.

郭建中.韦努蒂访谈录[J].中国翻译,2008(3):44.

金世元.中成药发展的历史脉络[J].首都医药,2003(13):44—45.

康静雯."目的论"指导下中成药名英译规范化的原则及方法探讨[J].中国校外教育,2013(2):172—211.

梁旦.目的论视角下中成药品名称的翻译[J].广西教育学院学报,2015(5):85—87.

李成华,孙慧明,张庆祥.从源语、译者、读者的关系看中医翻译[J].中国中医基础医学杂志,2015(2):223—225.

李久成.中成药命名规律及意义[J].中国医院药学杂志,1990(7):33—34.

刘力力.中成药名的深层语义分析[D].大连理工大学,2005.

李梦,王治江.功能对等理论指导下常见中成药药名英译方法探讨[J].高教学刊,2015(17):264—266.

李小川.论中药说明书的翻译[D].苏州大学,2010.

李毅.中药名英译现状的分析与探讨[J].海峡药学,2008(4):71—72.

李永安,李经蕴.奈达的翻译理论在中医翻译中的应用[J].中国中西医结合杂志,2006(9):857—859.

李照国.中医基本名词术语[M].上海:上海科学技术出版社,2008.

龙天娇.目的论视角下的中成药名英译研究[J].英语广场,2015(11):18—19.

蒙娜·贝克.换言之:翻译教程[M].北京:外语教学与研究出版社,2004.

穆文超,李权芳,史文君,梁静,侯洁诚.中药名音译的必要性与可行性分析[J].西部中医药,2016(7):143—145.

Nigel Wiseman,冯晔.对《中医药常用名词术语英译》的一些意见[J].中国中西医结合杂志,2006(10):953—955.

欧阳利锋.中医药说明书的英译[J].中国科技翻译,2002(2):17—20.

彭爱民.从当代中医学看《红楼梦》中成药名的英译[J].作家,2011(12):189—190.

史文君,田杨,李权芳,梁静.新时代背景下中成药名英译问题及对策探究[J].西部中医药,2016(1):135—138.

王玲,邹爽.目的论视角下中药名英译的问题及翻译策略分析[J].湖北中医药大学学报,2013(6):72—73.

袁晓宁.对归化和异化翻译的再思考——兼谈韦努蒂在归化和异化问题上观念的转

变[J].东南大学学报(哲学社会科学版),2010(4):84—88,127.

张景华,白立平,蒋骁华,译.译者的隐形——翻译史论[M].北京:外语教学与研究出版社,2009:5—6.

张晶晶.中医药术语英译方法的探讨[D].北京中医药大学,2005.

张璇,施蕴中.文化与中医英译研究[J].山西中医学院学报,2008(4):57—60.

周珏,曲凡,南睿.中成药名的常见英译结构[J].中国中西医结合杂志,2007(7):615.

周祯祥,唐德才.中药学——十三五规划[M].北京:中国中医药出版社,2016.

译法研讨

博茨瓦纳艾滋病医学普及著作《周末葬仪》翻译研究①

卢 敏 罗 昕②

(上海师范大学 外国语学院,上海 200234)

摘 要 本文以首部向世界公开讲述博茨瓦纳艾滋病猖獗状况及博茨瓦纳政府与世界抗艾滋病组织共同对抗艾滋病的努力及所取得的成绩的著作《周末葬仪》翻译实践为基础,从茨瓦纳族文化的传译与医学专业术语的翻译两大难点入手,梳理和总结了该翻译项目中的难点及解决方案。本翻译成果及研究论文将丰富我国茨瓦纳文化研究及与艾滋病相关的文献翻译研究。

关键词:艾滋病;博茨瓦纳;《周末葬仪》;茨瓦纳文化;医学术语

A Study of the Translation of the Medical Writing on AIDS in Botswana: Saturday Is for Funerals

LU Min   LUO Xin

(Foreign Languages College, Shanghai Normal University, Shanghai 200234)

Abstract   This paper is based on the translation of the medical writing on AIDS in Botswana: *Saturday Is for Funerals* which is the first book that tells the rampant situation of AIDS in Botswana and the achievements of the concerted efforts of Botswana government and world organizations to fight against AIDS. This paper deals with two difficulties in translation concerning Tswana culture and medical terminology. The translation and research paper will enrich the research on Tswana culture and medical literature translation related to AIDS.

Keywords   AIDS; Botswana; *Saturday Is for Funerals*; Tswana culture; medical terminology

---

① 基金项目:本文系教育部 2015 年"中非高校 20 + 20 交流合作计划"之"茨瓦纳文化与中国文化比较研究"成果之一。

② 作者简介:卢敏,上海师范大学外国语学院教授、博士,研究方向为文学与翻译研究。罗昕,上海师范大学外国语学院 2014 级翻译(MTI)硕士生,现为淞江区教师进修学院附属立达中学教师,研究方向为英语笔译。

2010 年上海师范大学与博茨瓦纳大学入选我国教育部"中非高校 20 + 20 合作计划",至今两校学术合作取得了不少突破性进展,其中笔者作为主要负责人之一的"茨瓦纳族文化与中国文化对比研究"项目旨在促进中国文化与博茨瓦纳文化的双向交流,推动该领域学术发展(卢敏、杨曼,2016:73—78)。我国学界对茨瓦纳文化译介极为有限,笔者结合翻译硕士(MTI)教学,带领学生翻译了反映博茨瓦纳艾滋病状况的医学普及著作《周末葬仪》一书。本文将总结此原创性翻译过程中遇到的问题及解决方案,以期对茨瓦纳文化及艾滋病相关问题译介起到一定推动作用。

1. 博茨瓦纳艾滋病状况与《周末葬仪》简介

博茨瓦纳位于非洲南部的卡拉哈里沙漠盆地,是一个内陆国家。东部和东北部与津巴布韦相连,南部和东南部与南非接壤,西部和西北部与纳米比亚毗邻,东北一角与赞比亚交界。全国人口分布不平衡。大多数城镇和村庄位于东南部狭长地带,人口主要集中在此地区,广阔的西部和北部人烟稀少。博茨瓦纳于 1966 年独立,独立之前属英国的保护地。1885 年,博茨瓦纳成为英国保护地。英国政府为了节省行政与管理开支,在博茨瓦纳实行间接统治,即依靠当地八大部落酋长来管理当地人。这八个部落相互之间有着互为交织的血缘和亲缘关系以及相似的茨瓦纳语言、文化与风俗习惯。"茨瓦纳"(Tswana/Setswana)一词作名词指"茨瓦纳语",作形容词修饰文化、风俗习惯、传统等。以茨瓦纳语为母语的人单数用"莫茨瓦纳"(Motswana)表示,复数用"巴茨瓦纳"(Batswana)表示。国家名为博茨瓦纳(Botswana)(卢敏,2017:83)。

自 1982 年在非洲发现首例艾滋病患者以来,非洲一直遭受艾滋病之苦。非洲艾滋病流行严重的国家包括博茨瓦纳、莱索托、津巴布韦、南非、肯尼亚、埃塞俄比亚、尼日利亚等国。博茨瓦纳人民曾经饱受艾滋病肆虐,2013 年,220 万人口的博茨瓦纳有 1/3 的年轻人感染了艾滋病病毒,前总统莫加疾呼:"我们正处于国家危机之中,我们受到了整个民族灭绝的威胁,大批的人都将死去,我们失去了最好的年轻人,这是一场悲剧。"(韩春丽,2014)在相当长的时期内,虽然艾滋病的蔓延传播未被阻止,但是经过近几十年博茨瓦纳政府的高度重视、综合干预及有效的国际合作,艾滋病疫情得到了有效遏制,为非洲各国和世界各地抵抗艾滋病做出良好的榜样。

《周末葬仪》(*Saturday Is for Funerals*,2010)是首部向世界公开讲述博茨瓦纳艾滋病猖獗状况及博茨瓦纳政府与世界抗艾滋病组织共同对抗艾滋病的努力及所取得的成绩的著作,用故事加医学分析的方式教育民众,正确理解、预防、治疗艾滋病。文字通俗易懂,针对性强,在国际社会深受关注,得到广泛好评。此书获得 2010 年美国出版协会学术卓越奖(Prose Award)临床医学类提名奖。被美国图书馆协会《选择》(Choice)杂志评为 2010 年杰出学术著作。此书自 2010 年首次在哈佛大学出版社出版发行后,2011 年、2012 年都有再版。在亚马孙(amazon.com)网上的销量排名领先,读者评价很高。

《周末葬仪》的作者是尤妮蒂·道(Unity Dow)和马克斯·艾塞克斯(Max Essex)。尤妮蒂·道(1959—)曾是博茨瓦纳高级法院的首位女性法官,从业律师,现任博茨瓦纳教育部部长,出版过四部小说《远在天边》(*Far and Beyond*,2000)、《无辜者的呐喊》(*The Screaming of the Innocent*,2001)、《把玩真相》(*Juggling Truth*,2003)、《天要塌了》(*The Heaven May Fall*,2006)。其作品主要关注西方与博茨瓦纳传统价值观的冲突、非洲女性权益和艾滋病问题。作品均以英文写作,插入少量茨瓦纳族语,文字简洁,注重事实和逻辑推理。作品在博茨瓦纳和英国、美国、澳大利亚出版,在国际社会引起极大的关注。

马克斯·艾塞克斯(1939—)是哈佛大学公共卫生学院教授,美国最高医学奖——拉斯克奖(Lasker,1986)得主,自 1982 年起从事艾滋病研究,为哈佛大学公共卫生学院艾滋病研究计划(Harvard AIDS Initiative)主席,博茨瓦纳—哈佛艾滋病研究所(Botswana-Harvard AIDS Institute)主席,与塞内加、泰国、博茨瓦纳、印度、墨西哥、中国等合作研究,在艾滋病领域取得很多突破性成就,获诸多殊荣,发表论文 500 多篇、专著 11 本。

《周末葬仪》共 16 章,每章独立成篇,内容包括:艾滋病各种传播途径,在不同人群中的表现,药物及疫苗的使用、副作用、研发,传统习俗和观念的影响,政府的努力等。每章篇幅为 6000~7000 个英语单词。书后附术语表,对 142 条艾滋病相关的医学术语做了通俗易懂的解释。还附有每章的拓展阅读书目,体现了该书的严谨性。全书共计 218 页,383451 个字符。

该书每章有正副两个标题,正标题具有故事性和文学性,娓娓道来,引人入胜,副标题揭示该故事背后的医学难题及其解决方案。章节标题译文如下:

1. 家族葬仪——猖獗的流行病
2. 我知道你依然爱我——性传播
3. 马赛格和卡特莱格——母子传播
4. 曼德拉检查了——HIV 感染诊断

5. 莫妮卡妈妈之死——成人艾滋病及其治疗
6. 娜莱蒂及其侄儿实玛——儿童艾滋病
7. 上帝的意志——HIV 和肺结核
8. 行走的骷髅和迟疑的拥抱——毒副作用和抗药性
9. 试纸在变红——HIV 血液传播风险
10. 部族传统——男性割礼预防艾滋病感染
11. 献身精神——HIV 疫苗研发
12. 祖先的控制——邪灵与艾滋病元凶 HIV
13. 他死在中国——恐惧和成见
14. 奥佩罗的逆反——青少年与女性问题
15. 庀诺的最后一搏——艾滋病孤儿
16. 政府行动的成效——一个国家的回应

每章内容由两部分构成,中间以花形图案隔开,前一部分是本书第一作者尤妮蒂·道讲述自己的家人、同事或工作对象中艾滋病患者的故事。作者在文中使用了自己真实的姓名和法官身份,其他人物只有名,没有姓,起到保护患者隐私的目的,同时也传达出其普遍性的意义。后一部分由本书第二作者马克斯·艾塞克斯从医学角度对上述故事中的主要人物(患者)进行病理分析,评价他们的治疗方法和效果,并对患者的家人、同事提出相应的检测、预防、治疗方案。在病理分析过程中,作者会追溯相关的艾滋病研究和发展状况,虽然有很多医学术语,但整体文字非常清晰可读。作者对患者病情的分析采取非常客观中立的语言,但字里行间又充满人道主义精神。

此书通俗易懂,所有关注自我健康的人都是潜在读者,对于青年学生和流动人口来说,此书尤其值得一读。在中国城市化和国际化的进程中,艾滋病也乘机而入,此书翻译意义有三:(1)对国内个体读者而言,能为他们提供通俗易懂的相关医学知识,从而能更好地保护自身,并消除成见和歧视;(2)此书具有国际视野和民族精神,既展示了国际医学界在此领域共同的努力和成就,又将非洲和博茨瓦纳的民俗、传统和现状展示给世界;(3)此书有一章《他死在中国》("He Died in China")以积极的姿态描述了中国政府在汶川大地震、非典时期所承担的责任和取得的成绩,以及中国官方、医院和海关对外国艾滋病患者在中国发病、死亡后所采取的严厉防范措施,赞扬了中国政府和人民的强烈责任意识。

2. 茨瓦纳族文化的传译

《周末葬仪》各章的第一部分包含了大量博茨瓦纳国情、风俗民情及独特的文化现象。在翻译过程中,学生们普遍反映关于茨瓦纳族文化传译的难点集中体现在畜牧文化和传统文化方面。本节以 cattle post, traditional doctor, witchcraft 的翻译取舍过程来揭示茨瓦纳文化的独特性。

畜牧业是博茨瓦纳国民经济的主要支柱之一,产值曾占国内生产总值约 20%,占农业生产总值约 80%,其中牛在博茨瓦纳人民生活中占据了重要地位。博茨瓦纳可以说是牛的国度,有着悠久的养牛历史,全国有大量适宜养牛的天然草场,80% 的人直接或间接以养牛为生(徐薇,2014:103—104)。作为博茨瓦纳财富和地位的象征,牛历来被作为迎亲的彩礼。而他们养牛的方式是自由放牧,养牛场所在距村庄几十甚至几百公里远的灌木丛深处,此场所被称为 cattle post。笔者的学生在翻译过程中遇到此词,觉得难以找出最恰当的翻译,查阅一定资料后,选用了"牛圈"一词翻译。例如:

(1) He removed him from his paternal village and kept him at his cattle post, away from the clutches of the murderous and thieving uncle. (Dow & Essex, 2010:87—88)

他接兰科离开了自小长大的村庄,带到自己的牛圈,远离了他那蓄意杀人、贼心不死的叔叔。

(2) Since his maternal grandfather lived at his cattle post, away from the village, that meant Ranko had to stop going to school. (Dow & Essex, 2010:88)

兰科的外祖父住在牛圈,距村庄较远,因此兰科不得不停止上学。

上两例中,笔者的学生在初次翻译时根据上下文语境猜测 cattle post 一定是类似于"牛棚"的地方,但对于孩子外祖父带孩子住牛棚这样的解释,又觉得难以信服,便估计只有在极其穷困潦倒的情况下,老人才会带着孩子一起住牛棚。学生还在谷歌上搜索 cattle post,查到一篇名为"Trip to a Cattle Post"的文章,其中提道:

I had heard about cattle posts from most of my students. It is a way of life in Botswana. Tourists do not usually see this side of Botswana. Cattle are an important part of life in Botswana. The posts are isolated and hard to get to. In Botswana wealth is determined by your cattle (Breese,2015).

从"Trip to a Cattle Post"中学生得知 cattle post 是博茨瓦纳族人养牛的地方,一般地处偏远,并且牛是当地最珍贵的财产,是财富的象征。源文本中的兰科自幼失去父母,叔叔将兰科的财产都占为己有,还想杀死他,兰科的外祖父为躲避图谋不轨的叔叔带他住在远离村庄的 cattle post,兰科因此失去了受教育的机会。另外,"Trip to a Cattle Post"中还写道:The center of the cattle post was fenced. Inside there were two huts for sleeping. 由此可知 cattle post 指一个露天的用篱笆围起来的地方,经过这些研究,学生认为此处翻译为"牛圈"最为贴切。然而"牛圈"容易使中国读者产生困惑,因为中国的牛圈均为栅栏围成的一小块空地,仅为牛的栖息之所,人们一般不会在圈内盖房子入住。经导师提醒,学生使用了徐薇在《博茨瓦纳族群生活与社会变迁》中使用的译文"畜牧站"(Cattle Post)。

尽管现代教育与基督教信仰已经在博茨瓦纳广为流传,但博茨瓦纳至今仍保持很多传统文化,其中 traditional doctor 和 witchcraft 在人们的日常生活中仍起到重要作用,这两个词在《周末葬仪》中出现的频度很高,根据字面直译成"传统医生"和"巫术"也并无大碍,但是这两个词所蕴含的文化意义仍然值得细究。如下例:

(3) The spells were finally cured by a particularly good traditional doctor, but the uncle still had his eye on the boys' cattle and did not give up trying to kill the boy. (Dow & Essex, 2010:88)

终于有一位出色的传统医生治好了兰科的病,但叔叔仍旧觊觎孩子的牛群,决不放弃杀死这个孩子。

(4) The uncle claimed the boys' herd of cattle and when the boys challenged him, he decided to kill them through witchcraft. (Dow & Essex, 2010:87)

叔叔坚称孩子们的牛群是他的,不料遭到孩子们的反对,他因此决定用妖术杀死他们。

非洲传统医生(traditional doctor)是利用草药医学、占卜或心理疗法为人们治疗疾病的医生。据称,非洲传统医生可治疗骨折、心理疾病、高血压等多种疾病,能够快速治愈外伤。在很大程度上,传统医学依赖于已故祖先的精神作用,人们相信是它影响着人们的幸福和安宁。由于博茨瓦纳医院检验费、药费、住院费昂贵,许多患者难以负担,因此采取简便廉价的传统医学进行治疗,加上人们的传统信仰,传统医学成为博茨瓦纳大部分人民卫生保健的主要手段。例(3)中的 spells 指"咒语",即当地人认为人生病是被咒语所困,传统医生有解除咒语的方法,也就治好了疾病,此处译文没有采用"咒语"的译法,而用了意译法,只强调"病",否则译文显得过于冗长。对于 witchcraft 的汉译,学生最初译为"巫术",然而在查阅资料时发现,在博茨瓦纳,"巫术"与"妖术"是完全不同的两个概念。巫术是一种内在的邪恶力量,也许本人并不知道;而妖术师则能够意识到自己的行为,会使用咒语、仪式或者药物进行妖术(Reynolds,1963:183)。通过对源文本进行分析学生认为作者提到的是使用妖术加害他人的伎俩,因此将译文定位"妖术"。

3. 医学专业术语的翻译

《周末葬仪》各章第二部分均为艾滋病专家对于各种治疗方案、药品名称及艾滋病并发症等的阐释，主要涉及的专业术语为艾滋病术语、结核病术语、治疗艾滋病的药物名称等。若不对出现的专业术语进行统一，项目小组八位成员做出的译文将参差不齐，各章节不同的译法会导致误解，造成认知混乱，因此医学专业术语的翻译为医学英语翻译的重中之重。

为了准确表达医学概念、传播医学知识、避免出现医学名词的混乱局面，医学名词术语的专业性、准确性等方面都要经过严格厘定（李定钧、陈维益，2006:58）。医学专用词汇通常有约定俗成的译法，一般是音译和意译结合（李清华，2012:42）。没有把握时，应多查词典，不能随心所欲乱译。而在查阅词典时，要注意以专业医学词典的释义作为标准释义，而不应该仅仅简单查阅普通词典。医学专业辞典既能够提高翻译效率，又能够保证翻译质量。白永权主编的《世界最新英汉医学辞典》、陈维益主编的《英汉医学辞典》、孔大陆主编的《英汉双向医学词典》等词典为《周末葬仪》中医学术语的翻译提供了参考和借鉴。学生在最初翻译过程中对于专业医学词典利用不足，导致译文质量不够专业，走了弯路。例如：

（5）Thabo's mouth sores and bad breath are also associated with thrush and other oral lesions, such as <u>hairy leukoplakia</u>, that often occur in AIDS patients, including those who don't have TB. (Dow & Essex, 2010:84)

塔博所患的口腔溃疡、口臭也可能是鹅口疮及其他口腔病变如<u>口腔黏膜毛状白斑病</u>，这在艾滋病患者身上常有发生，其中有些人并没有结核病。

例（5）中 hairy leukoplakia 最初翻译为"毛状白斑"，是学生查询普通词典中 leukoplakia 一词翻译而来，后来在《世界最新英汉医学词典》中查到 leukoplakia 这一词的释义为"口腔黏膜白斑病"（白永权，2001:954）。"口腔黏膜白斑病"这一说法比"毛状白斑"更加专业具体，因为"毛状白斑"更像是一种物体，而非疾病的名称，并且"口腔黏膜白斑病"对疾病产生的位置描述得更加具体，读者更加容易对这个疾病产生直观的理解，故用此译法。

还有一些词在医学词典中没有完全相同的词条，但在普通字典中可以查到，为进一步核实普通词典中词条译文的准确性和专业性，需要结合普通词典、医学词典和医学论著中的各种线索来综合考虑敲定译文。下例中的 mitochondrial toxicities 和 particle 即是此情况：

（6）Less common, but more dangerous, are problems with the liver or pancreas, and mitochondrial toxicities or lactic acidosis. (Dow & Essex, 2010: 96)

更不常见,但更危险的是导致肝脏和胰腺问题、线粒体毒性或乳酸酸中毒。

(7) The HIV needs its protease to produce mature virus particles. (Dow & Essex, 2010: 98)

艾滋病毒需要蛋白酶产生成熟的病毒颗粒。

例(6)中的 mitochondrial toxicities 在普通词典中译为"线粒体毒性",但"线粒体毒性"看上去似乎不像是一种疾病或者症状的名称,再查询专业医学词典,又查阅不到 mitochondrial toxicities 这一词条,只查到一条类似词条: Oxygen toxicity 译为"氧毒性"(白永权,2001:1749),通过类比,该词译文采纳了普通词典中的"线粒体毒性"的译法。

例(7)中的 particle 一词可译为"颗粒"、"微粒"、"粒子"、"分子"等,而在医学专业语境下的翻译究竟用哪个解释?"颗粒"在一般读者的认知范围内大多表示肉眼可见之微物,然而病毒并非如此,因此此处是否译为"分子"更加合适? 并且类似短语名词还有 virus-like particles, virion 等。学生查阅了一些医学资料,看到有关于"病毒颗粒"的研究论文,后又在《世界最新英汉医学辞典》中查到 virus particles 指"病毒颗粒"(白永权,2001:1287),最终选用"颗粒"为译文。virus-like particles 译为"病毒样颗粒",virion 译为病毒粒或病毒体。

词典总是落后于现实发展,常常不能解决迫在眉睫的问题,难以满足翻译过程中的需求(许建忠,2003:61—62)。医学翻译中,词典很难收录到所有医学专业术语,难以满足翻译过程中的需求,仅仅依赖词典会导致译文在专业性和准确性上出现不足。源文中涉及很多艾滋病相关知识,辅以讲解艾滋病并发症等,有些病症和不少药物名称在专业词典中查不到标准释意。在网络词典上有些词能够查到一种或多种不同译法,但由于网络资源发布门槛低,译名来源未必可靠专业,因此只能作为参考。

通过网络词典获得的译文需借助专业的医学平行文本,以查证的方式进行解决。下例中的药名翻译经过多番考证和取舍:

(8) AZT and 3TC were two of the three drugs in the first-line therapy in the national Masa program. (Dow & Essex, 2010: 98)

国家马萨项目(Masa program)一线治疗中使用了三种药物,其中包括齐多夫定(AZT)和拉米夫定(3TC)。

例(8)中出现两个药物名词:AZT 和 3TC,这两词在所有医学专业词典中均未查到标准释义,而通过查阅网络词典发现 AZT 一词除了"齐多夫定"还有"叠氮胸苷"、"大鼠叠氮胸苷"、"人叠氮胸苷"等词条解释。3TC 也有"拉米夫定"、"拉米呋定"、"双脱氧硫代胞苷"等多条解释。以上译名或意译或音译,但其中个别汉字的选用不同。我们从目标读者的角度出发来确认采取意译还是音译的方法,其次再明确在该种译法下选用哪些汉字来表示其音。

《周末葬仪》的目标读者为中国普通读者,因此通过阅读现已出版的中文原版著作了解国内学者的表述方式和目标读者认知习惯极为必要。经查阅《艾滋病防治学》一书,发现在国内艾滋病研究书籍中对于艾滋病治疗药品名称的翻译基本呈现一致的音译方法,再通过搜集药物实证时发现药品包装与说明书中均采用音译名。AZT 译为"齐多夫定",3TC 译为"拉米夫定"(康来仪,潘孝彰,2008:228),而"叠氮胸苷"、"双脱氧硫代胞苷"等译法鲜有出现,并且显而易见,这种译法不易读写、不易理解,没有化学及药理知识的普通大众难以理解和记忆,因此应舍弃。对于音译法使用"夫定"还是"呋定"这一选择,根据译文应遵循易读易写的原则,使用"夫定"一词,并且在平行文本中发现,相似发音的药品名称翻译均使用了"夫"字,因此最终确定了"齐多夫定"、"拉米夫定"为统一译文。

在相似译文都符合"汉字常见,易读易写"要求的情况下,译文的同音汉字取舍遵循了"少数服从多数的"的原则,如下例:

(9) Efavirenz, however, was not used in women who might be pregnant, as it was thought to be potentially dangerous for the fetus. (Dow & Essex, 2010: 98)

然而,依非韦伦对胎儿具潜在危险,因此不用于孕期女性。

例文中 Efavirenz 一词在医学专业纸质词典中未找到,在各类书籍和网络资源中找到"依非韦伦"、"依法韦伦"两种译法,这两种译法均符合汉字常见、读者易读易写的要求。在查询英文单词的发音时发现"依非韦伦"这一译法更加接近单词读音。并且在平行文本中出现较多为"依非韦伦",在知网上分别搜索关键字"依非韦伦"与"依法韦伦"笔者分别搜到 1555 和 361 条词条。因此,最终选用了"依非韦伦"这一译法。

在翻译过程中,许多药品名的翻译难题在解决了汉译名称后,又发现译名的表现形式也待探索。源文本中出现大量药品名称的缩略语及全拼,有时一种药品在全文中出现多种缩略语或英文名称。那么在汉译的过程中,明显并没有对应的缩略药名,究竟是创造新的汉语缩略药名,还是使用现有药品全名,是否保留英文的缩略语及英文药名等都有待研究。

法学界对中文和英文专有名词缩略语优劣分析后,提出由于中文自身特点所限,中文的缩略语在一些情况下十分可笑,比如"人工影响天气办公室"若简称"人影办",听起来便很是滑稽(陆文慧,2004:295)。对于缩略语的翻译,为了更忠实地反映源文,适应信息时代简洁明快的特点,中译文应直接使用英文源文本中的英文缩略语,现在这种缩写法已经得到普遍接受(卢敏,2008:164)。我们将此方法用在医学专有名词的翻译中,提出英语医学术语汉译可采用直接使用英文源文本中的英文缩略语。在第一次出现新术语时用括号的形式保留英文缩略语及药品全称,而之后再出现同样缩略语时直接将英语缩略语抄在译文中。对于文中相同药品全称也是同样处理,在首次出现时汉译药名后用括号将英语原药名附在其中,以供专业人士或有药物需求的普通读者使用,而后文中再次出现则直接使用汉译药名,使译文简洁而不失专业,方便读者阅读及理解。例如:

(10) Nucleoside-analogue reverse transcriptase inhibitors (NRTIs) include AZT or ZDV (zidovudine), d4T (stavudine), DDI (didanosine), 3TC (lamivudine), TNF (tenofovir), and FTC (emtricitabine). (Dow & Essex, 2010:98)

核苷类似物逆转录酶抑制剂(NRTIs)包括 AZT(或 ZDV-zidovudine)、司坦夫定(d4T-stavudine)、地达诺新(DDI-didanosine)、拉米夫定(3TC-lamivudine)、替诺福韦(tenofovir-TNF)、恩曲他滨(FTC-emtricitabine)。

(11) The drug AZT shares complete drug resistance with d4T and 3TC shares complete drug resistance with FTC. (Dow & Essex, 2010:98)

AZT 与 d4T 有相同完全耐药性,3TC 与 FTC 有相同完全耐药性。

(12) She may also be receiving a protease inhibitor such as lopinavir/ritonavir (sometimes called Kaletra or Alluvia) because she had drug resistance to efavirenz. (Dow & Essex, 2010:99)

她可能也在用蛋白酶抑制剂如洛匹那韦(lopinavir)、利托那韦(ritonavir,也叫 Kaletra 或 Alluvia),因为她对依非韦伦已经产生耐药性。

(13) Drug combinations such as Alluvia have been developed to be moreheat stable, so that they will not lose efficiency when used in hotclimates where there is a lack of home refrigeration. (Dow & Essex, 2010:99)

并且利托那韦类联合药物在热环境下更加稳定。若患者家中没有冷藏条件,在高温环境下药效不会受到影响。

例(10)显示源文本第一次出现"司坦夫定"(d4T-stavudine)、"地达诺新"(DDI-didanosine)、"拉米夫定"(3TC-lamivudine)、"替诺福韦"(TNF)、

"恩曲他滨"（FTC-emtricitabine）等药品名时，译文将源文本的缩略语及英语全拼都予以保留，而下文例（11）中再次出现"齐多夫定"（AZT 或 ZDV）、"司坦夫定"（d4T-stavudine）、"拉米夫定"（3TC-lamivudine）、"恩曲他滨"（FTC-emtricitabine）的缩略语"AZT"、"d4T"、"3TC"、"FTC"时则直接抄写源文本缩略语。而文中如例（12）首次出现英文药品全名 Alluvia 时，译文保留了英文，而在例（13）再次出现 Alluvia 时直接保留了汉译药名。

医学专业术语的翻译难点不仅在于意义的确定，并且也在于某些缩略语等特殊词语在译入语中的表现形式，应避免因表述混乱导致误解。是否保留术语完整拼写，是否保留缩略语并解释其含义，是否进行术语简化等均应成为合格译员必须考虑的因素。

5. 结　语

《周末葬仪》一书结合艾滋病人的真实故事，讲解艾滋病治疗方法、博茨瓦纳的治疗体系等，旨在为世界各国提供对抗艾滋病的范例。因此该著作汉译对于促进国际医学交流合作有着重要意义，对中国读者了解、预防艾滋病有重要现实意义，并且该著作中包含的文化因素是在国际医学交流中不可忽视的部分，茨瓦纳文化的传译帮助我们了解该文化，并引发我们对文化与疾病之间的关系做深入思考和研究。

参考文献：

　　白永权. 世界最新英汉医学辞典[Z]. 北京：世界图书出版公司，2001.
　　韩春丽. 博茨瓦纳：珍惜生命从我做起[EB/OL]. [2014-12-09]. http://www.xzbu.com/6/ view-6366671.htm.
　　康来仪，潘孝彰. 艾滋病防治学[M]. 上海：复旦大学出版社，2008.
　　李传英，潘承礼. 医学英语写作与翻译[M]. 武汉：武汉大学出版社，2014.
　　李定钧，陈维益. 医学语词的英汉翻译[J]. 中国翻译，2006(6)：58—62.
　　李清华. 医学英语实用翻译教程[M]. 北京：世界图书出版公司，2012.
　　卢敏，弗兰克·杨曼. 中非高校学术合作自主创新模式——以博茨瓦纳大学与上海师范大学的合作为例[J]. 现代教育论丛，2016(2)：73—78.
　　卢敏. 茨瓦纳文化与贝西·黑德的女性观[J]. 文艺理论与批评，2017(1)：82—88.
　　卢敏. 英语法律文本的语言特点及翻译[M]. 上海：上海交通大学出版社，2008.
　　陆文慧. 法律翻译——从实践出发[C]. 北京：法律出版社，2004.
　　许建忠. 评介《医学翻译论集》[J]. 中国科技翻译，2003(8)：61—64.

徐薇. 博茨瓦纳族群生活与社会变迁[M]. 浙江：浙江人民出版社，2014.

Breese, Sid. Trip to a Cattle Post[EB/OL]. [2015-4-15] http://www.diowestmo.org/dfc/newsdetail_2/3171426.

Dow, Unity & Max Essex. *Saturday Is for Funerals*[M]. Cambridge：Harvard University Press, 2010.

Reynolds, B. *Magic Divination and Witchcraft among the Baroste of Northern Rhodesia*[M]. California：University of California Press, 1963.

中式英语现象及其对中医英语翻译的影响

刘 璐 李永安[①]

(《国际眼科》杂志,陕西 西安 710054);
(陕西中医药大学 外国语学院,陕西 咸阳 712046)

摘 要 语言是附于人类文明而产生的,是人类思想的直接表现。语言作为文化中重要的一部分,传递着文化习俗。语言与文化是不可分割的。随着进一步的交流,中国文化已受到世界的关注。因此,翻译(尤其是英文翻译)成为宣扬中国文化的必要手段。医学翻译是获取国外先进医疗信息的重要手段,是一种跨语言的医学文化交流。通过医学翻译这种手段,我国医学发展得到了进一步提高,并且宣扬了我国传统医学。与此同时,中式英语,那些用来描述特色的中国政治、经济、文化及社会的英文词语,也已经被广泛接受并传播。中式英语很好地填补了在医学英语翻译领域中由于信息缺少而造成的空缺。因此,中式英语在医学英语翻译过程中具有重要的意义。本文旨在以中式英语及其意义的角度对翻译进行研究。

关键词 文化;医学翻译;中式英语

A Study of Manifestations of China English and Its Influences on Traditional Chinese Medicine Translation

LU Liu   YONG Anli

(International Journal of Ophthalmology Press, Xi'an 710054, Shaanxi);
(School of Foreign Language, Shaanxi University of Chinese Medicine, Xianyang 712046, Shaanxi)

Abstract Language is accompanied by the creation of the human civilization; it is the direct manifestation of human thinking. Language is a means of delivering cultural customs, as a part of culture, and plays an important role in culture. It is impossible that language separates from related culture to be independent. With the close mutual communication, Chinese culture

---

[①] 作者简介:刘璐,女,从事中西医学翻译,《国际眼科》杂志英文编辑。李永安,男,陕西中医药大学外国语学院教授,研究方向为大学英语、研究生英语教学和医学英语翻译、医护英语和中医英语。

gets the increasing attention from all around the world. Therefore, translation is dramatically necessary to diffuse Chinese elements, especially translation of English. Medical translation is an important method to obtain foreign advanced medical information as well as a kind of cross-cultural communication. By the way of medical translation, China develops her medicine rapidly, and advocates traditional Chinese medicine to the world. Meanwhile, China English, referring to the variety of English that is used to describe the phenomena unique to the political, economic, cultural and social fields in China, based upon Standard English or established by popular usage, has been accepted and more and more popular. And recently, China English has been used in medical translation to reduce the gap of the lack of equivalent words. So China English gets the important role on medical translation. Therefore, in this article, we aim to study translation from the prospective of manifestations of China English and its significance.

Keywords culture; medical translation; China English

INTRODUCTION

1.1 Background

For many years, translation has always been the hot aspect for the researchers to study on. And in recent years, applied researchers have become increasingly interested in the translation between languages of traditional Chinese medicine and Western medicine, as well as the manifestation of China English. And the knowledge of them is of a great importance for mutual medical study and communication. However, it would seem that further studies are needed in order to improve the accuracy and rule the principles of the translation.

Therefore, in this article, we aim to study translation from the prospective of manifestations of China English and its significance on English language pedagogy.

1.2 Overall Structure of the Article

For this article, the main structure is as follows. First at all, Chapter One is introduction. And then Chapter Two serves as an overview of literature on the theoretical and empirical studies of manifestations and translation methods of China English for Chinese medical English, as well as the features and the translation aims of medical English. Furthermore, in Chapter Three, the problems are discussed by describing the differences between the Chinese and

Western culture, and the influences of the cultural differences for translation as well as for medical translation. Analyzing the influences of manifestations of China English, which consists of transliteration, literal translation and free translation, for translation and medical translation is also discussed in this chapter. Finally, conclusion is provided aiming to point out the advantages and disadvantages of the manifestation of China English, as well as the suggestions for strengthening the good aspects of the manifestation of China English and improving the other aspects to achieve the better translation environment. Obviously, like other subjects, this one also has the limitation, so this chapter is concerned with the limitations and directions for further research as well.

Generally speaking, people think manifestations of China English have much impact on Chinese medicine translation, for the concepts of traditional Chinese medicine is difficult to translate into the target language equivalently, and considering this, the article will try to present a comprehensive acquisition: how culture differences and manifestations of China English influence translation and traditional Chinese medical translation.

LITERATURE REVIEW

After entering the 21st century, with the rapid development of science, trade and technology, China has been increasingly communicating with other countries in the world. Therefore, for mutual benefits and development, translation is dramatically necessary, especially translation of English. Meanwhile the medical science in the world is growing at an amazing rate. China keeps absorbing the most advanced theory of medical science and studying the medical high technology from countries all over the world, especially from the United States and some other English-speaking countries, which means medical translation between English and Chinese playing and important role in international communication. And the manifestation of China English is the result of China's close connection to the world.

2.1 Definition of Translation

2.1.1 Transliteration

Transliteration is the technique of representing the sounds (letters or words) of one language using the corresponding script of another writing system such as an alphabet. "Pinyin" is used here to describe the system developed for Chinese-English transliteration and some other Western European languages. And it is the simplest and the most straightforward way to delineate the sounds of the Chinese language and therefore, Chinese culture for many foreign speakers can comprehend.

2.1.2　Literal Translation

Literal translation, or directed translation, is the rendering of text from one language to another one, which is word-for-word, rather than conveying the sense of the original, following closely the form of the source language. This distinction is valid only when a literal translation does not accurately convey the sense, which is not invariably true. In translation studies, "literal translation" denotes technical translation of scientific, technical, technological or legal texts. Literal translation poles apart with free translation and the dispute between the two has long been the topic in the field of translation. Being a tool in intercultural comparison, literal translation can easily reveal the difference between the source language and the target language. Meanwhile, it maintains the specific culture features of China and allows for the enrichment of English expression.

2.1.3　Loan Translation

Loan translation is a form of borrowing from one language to another whereby the semantic components of a given term are literally translated into their equivalents in the borrowing language, also known as calque. As a matter of fact, people may be confused by loan translation and literal translation. How do we distinguish the two? The difference lies in that loan translation is to borrow the term from source language and apply it to the target language, while literal translation is more or less an example of source language imposing its meaning upon the target culture.

2.1.4　Free Translation

Free translation expresses the general idea of the original according to the meaning of the original, and does not pay attention to the details. Not only should translators comprehend the meaning of the original message, but also they should be provided with extensive knowledge and culture of both source language and target language.

2.2 Definition of China English

China English, the concept first given by Ge Chuangui in 1980, refers to the variety of English that is used to describe the phenomena unique to the political, economic, cultural and social fields in China, based upon Standard English or established by popular usage, and is intelligible and acceptable to educate native English speakers. China English and Chinglish have an essential distinction. Both of them, with Chinese characteristics, are used to express things peculiar to China. Li Wenzhong, however, points out that the former is normative English, while the latter is distorted language phenomenon that damages the communication.

2.3 Medical English

2.3.1 Features of Medical English

Medical English is a branch of technical and scientific English, mainly describing and discussing the scientific fact of medicine, demonstrating the research result of medicine, initiating the medical knowledge and so on. Medical English attaches great influence to logical coherence in narration, together with clarity and fluency in expression. When organizing or writing an article on science or technology, the author should avoid advocating his or her own opinions. One should take an objective viewpoints on writing articles of medical English. Therefore, the descriptive adjectives, the words which can express human emotions such as interjections, adverbs, and interrogative words are rarely used, sometimes even abandoned in medical English. Medical constructs preciseness and plainness, thus figures of fear that the articles impress the readers' illusory decoration or showiness, the figures of speech such as hyperbole, pun, metonymy, irony, rhyme and others are avoided. (刘宓庆, 1998: 25) Passive voice is used frequently in technical and scientific English in particular, including medical English. In passive clauses, the subject is the affected entity, which demonstrated in medical documents is the death or patient and are the main writing object of the document, because in medical English, what people concern about is the target of action that is disease or patient. Consequently, it is unnecessary to specify the agent. In medical English, the usage of passive voice can not only draw the readers' attention to the patients, disease and treatment but express the facts more subjectively, which follows the rules of medical writings and documents. For example:

Peptic ulcer is among the most common conditions affecting the upper digestive tract. It is caused by the damaging action of digestive juice on the lining of the GI tract.

The sentence intends to express a kind of disease named "peptic ulcer", using the passive voice to demonstrate the objective medical fact. The passive voice is used to attach the attention of readers or patients.

Another characteristic of medical English is that it favors long sentences, with complex sentence structure as well as complicated meaning. For the case of conveying all the information in a logical and meticulous way, sentences are composed by means of such subordinating devices as prepositional phrases, participal phrases, objective clauses, restrictive attributive clauses, nonrestrictive attributive clauses and adverbial clauses. As the exactness and meticulousness of medical sentences are closely related with the illnesses of patients or the corresponding treatments, sentences in medical English are necessary and essential to convey all the sense that has to be conveyed at a particular point so as to cover all conceivable situations of health situations or diseases and viruses, conditions or requirements of treatment and to leave no room for misunderstanding and misinterpretation, which, as a result, may cause mistreatment of medical professionals or dangers to patients' life. Take a sentence for example:

The onset of chronic leukemia is frequently so insidious that it is accidentally discovered when a blood count is obtained for other reasons or when the patient reports that he has noted a few enlarged lymph nodes or felt, while bathing, a firm left upper quadrant abdominal mass.

The sentence above has 48 words in total. The subject is "chronic leukemia", which is modified by the predicative "insidious", and there are a few adverbial clauses to clarify the condition the disease is diagnosed. The when-clauses show the preciseness of medical language.

Medical English also has the qualities as concise words, explicit content, strong logicality, tight construction, normative language, and objective expression.

2.3.2 Translation Aims of Medical English

Translation is a kind of tool, involving the words of two kinds of languages and their culture, to convey the information by keeping the peace with the source language's content and style. It prompts the rapid development of the culture communication, understanding the human harmony and peace around the world. Medical translation is the cross-culture spread of science of medicine. The aim of the medical translation is to introduce the advanced medical technique and experiences, to keep the further medical connection and communication of various nations.

DISCUSSION

3.1 The Differences Between Chinese Culture and Western Culture

3.1.1 Definition of Culture Differences

Culture is taken as an integrated system of learning behavior patterns and the members of a society, which are not the result of biological inheritance. Some describe that culture is a system of shared beliefs, values, customs, and behaviors. And artifacts that the members of a society use to cope with their world and with one another. To understand what culture is, the culture difference based on the members of culture.

3.1.2 Influences of Culture Differences for Translation

Language is accompanied by the creation of the human civilization; it is the direct manifestation of human thinking. Language reflects the characteristics of a nation, which not only includes the nation's historical and cultural backdrops, but also holds on the nation's view of life, the way of life and thinking. Culture is diverse, language is also varied (Chen, 2000: 20). Some sociologists believe that the language is the cornerstone of culture—no language, no culture (Pan, 2001: 30). In one word, language and culture are inseparable. The close relationship between language and culture decides the same relationship between translation and culture.

Actually, a language is closely attached with the unlimited thoughts; thoughts dominate language, which is the carrier of thoughts during communication. As the transformation from one language to the other one, translation is not only a kind of language activity, but a kind of thinking activity. Under the context of the study of culture, translation is not only a pure technique of conversion from one language to the other, but also from one form to the other form, and from one culture education to the other (王宁, 2006:112). Andre Lefvere considers translation as conversion of culture (Lefvere, 1922:108). Chen Hongwei thinks that translation is a kind of communication activity of inter-language, inter-culture, inter-society. She composes languages to the blood of culture, and holds the idea that the development of culture moves along the track of the shaping and development of the language (郭建中, 1998:75; 陈宏薇, 2003:56). During translating, translators deal with two kinds of languages, and in the deep level, the deal with the different culture beneath the languages.

Medical text belongs to the field of science, so its cultural connotation of vocabulary is less diverse than the literary one. But without a doubt, during delivering the medical information, medical translation is also a kind of intercultural communication, an inter-social transfer of medical culture. And especially, traditional Chinese medicine translation involves the marvelous Chinese culture, so translating traditional Chinese medicine into other languages, which means Chinese medical culture is conveyed by the language.

3.1.3 Chinese Culture Explanation in Medical Translation

The diversification of culture is reflected by its language. And the differences between the languages are obviously included in the opposed culture. Consequently, two kinds of culture involved in the translation have the unavoidable variation, which should be applied flexibly during transferring the culture. The reason of the culture difference, in some sense, is from the technique such as addition or cutting. To convey the original cultural elements well and truly, the adjustment should be made and apply the expression rules of the target language. Here is an example:

练习气功有利于健康

Translation: Doing Qigong, an ancient Chinese exercise, is good for our health. (方梦之, 2002:162)

Explanation: "气功" (Qigong) is filled with rich Chinese culture elements. Although the original writer take the Chinese, who have the same cultural background as the writer, as his readers, foreigners don't equip the same one and may not understand what Qigong is. During translation, translators should not assume the target language readers as the same with the original language readers have the background understanding the deep information in the sentence. To convey the original information effectively, the concept should be explained precisely, and then be translated. During this process, the criterion of the target language should be considered to reduce the gap of the cultural difference. For the readers of target language, the form of the language gets a little change, adding an appositive to explain the culture elements Qigong has, and then the function of conveying correct information is accomplished.

Translators are always in a dilemma because of the difference between languages, either stringing along with the original passage to lose the charms of the target language, or constraining to the target language to drop the charms of the original one. Sometimes, for the sake of the habit of the target language and the readers' understanding, the bracket can be equipped after the words or sentences. As Cao Biyin said, during medical translation, Chinese characters can be used while transliteration is applied, in which way, not only Chinese recognizer can figure the meaning of the sentence out easier, but also foreigners who are interested in Chinese culture can understand and learn the content easier and more memorably. (曹碧茵, 2007:109—110)

张仲景写成了《伤寒杂病论》

Translation: In the Han Dynasty(汉代), Zhang Zhongjing（张仲景）, an outstanding physician, wrote *Treatise of Exogenous Febrile and Miscellaneous Disease*(《伤寒杂病论》)（李照国, 2007:355—358）.

Explanation: As the original passage is writing for the Chinese who is known as Zhang Zhongjing and his life clearly, culture elements and the relevant time background should be considered for the foreigners who are not familiar with Chinese culture. In the translation, "In Han Dynasty" and "an outstanding physician" are the additional parts, as well as the bracket to convey the original information effectively, and it is essential to completely understand the content and its culture for the readers.

Traditional Chinese medicine translation is not just to translate it into English, but more importantly it is to express TCM. For example, the Chinese prescription, "失笑散" translated into Powder for Lost Smiles, Powder for Smiles and Shixiao Powder. This prescription already includes all the three meanings above, but if just using one kind of the expression, it will make the foreigners confused, thus their understanding for "失笑散", inevitably is not complete. Adding the Chinese character, "失笑散", while translating, it will be easier for foreigners to understand it is a prescription, and the purpose of communication is done. Moreover, the deep cultural meaning will not be lost, too. TCM English translation should be expressed with exact cultural meaning for the theory of TCM as clearly as possible to reach the purpose of communication.

3.2 Influences of China English for Translation

Different scholars hold different definitions about China English. In most people's mind, China English refers to some words and phrases with typical Chinese characteristics, as anormal English variety. China English, similar with American English, exerts an increasingly significant role in cross-cultural communication worldwide. This section is an attempt to analyze the manifestations and translation methods of China English from four aspects—transliteration, literal translation, loan translation and free translation, in a bid to shed light on people working on the research of China English and students learning English as a second language.

3.2.1 Transliteration for Translation and Medical Translation

As the definition of transliteration has been presented above, transliteration means to convert words from one language to another language with a close approximation in phonetic sound. Several words and expressions of China English derived from Mandarin, and others from various dialects such as Cantonese and a few of them are traditional or historical terms, for examples, 太极拳(Taiji or Taichi), 人参(ginseng or genseng) and 寸口(Cunkou). Most of these typical Chinese words and expressions, when the first time translated into English, were often accompanied with explanations in order to be understood by native speakers of English.

For Western medicine is advanced than others, the words of Western medicine has spread quickly and been accepted enormously. Abundant English words can be translation into Chinese by the method of transliteration. For example, roenigen(伦琴), quinine(奎宁), Aspirin(阿司匹林), shock(休克), Contac(康泰克) and so on. And also there are some words needed to modify to make them easier to understand and remember, such as Ritalin(利他林), bandage(绷带), Legalon(利肝隆) and Weibilin(胃必灵).

During the translation, some traditional Chinese medical terms, such as 阴(yin), 阳(yang), 气(Qi), 推拿(Tuina), are the words Western medical cannot express the meaning effectively and completely. However, such traditional Chinese medical terms can be found in an abundance of traditional Chinese medical literatures, and they are also difficult to understand. Like qi, it not only refers to the functional activity of inner organs, but also the physical base of the functional activity. The term qi includes several concepts, such as defensive qi, nutrient qi, primary qi and so on, which is an integration of various qualities. Some scholars hold the idea that tuina can be translated as massage, while others take the total opposite opinion, for in the English-speaking countries, massage usually makes people have the opinion that the activity associates with pornographic work. So tuina is necessary to be used instead of massage.

And the other example is that 冲脉 is translated as "thoroughfare vessel" based on the international standard, but through the clinical practice a lot of foreigners do not accept this name rather than Chong vessel. The phenomenon has enlarged our range of knowledge and promoted our ability of translation.

In traditional Chinese medicine, Xin refers to the head of other organs of the huam body, and it also is called as "king". Heart, in modern medicine, gets its main function as pumping blood by vessels and capillary vessels to the every corner of the body. If translating Xin of TCM into heart, it will be eventually regarded as the similar meaning in the modern medicine. Xin of TCM not only has the meaning of pumping blood, but also has the similar function as brain of modern medicine. Moreover, Xin of TCM also associates with the happy emotion, sweat, and tongue. So it is not advised to translate Xin of TCM into heart, which can't express the exact meaning of Xin, and may also cause some questions or misunderstanding for foreign readers. The transliteration of Xin is the best way to translate 心 into English.

3.2.2 Literal Translation for Translation and Medical Translation

Being a tool in intercultural comparison, literal translation can reveal the difference between the source language and the target language easily. Meanwhile, it maintains the specific culture features of China and allows for the enrichment of English expression.

For medical translation, especially for traditional Chinese medical translation, literal translation plays a very important role. TCM is one of the most valuable possessions of Chinese people. As its particular medical system and seemingly mysterious therapeutic effects, it has attracted worldwide attention.

Accordingly, TCM terminology translation has become increasingly essential. The translation not only transmits the cultural elements of TCM terminologies faithfully but also offers simplicity. TCM terminology is characterized by simplicity and derivation. However, in the long-term development of TCM terminology translation, many of the translations are lengthy and complicated. The reasons are as follows: (1) Due to lexical gaps in the TCM terminology translation process, translators usually add to a number of words in order to keep systematic completeness of TCM terminologies; (2) Chinese, as one of the parataxis languages often lacks conjunctions, such as causalityrelationship that is invisible generally. However, English is the opposite, in which conjunctions are indispensable. To ensure that the readers can understand TCM concepts clearly and easily, some translators therefore tend to clarify the implied relationships deliberately (Li Zhaoguo, 2008: 23). For example, 风寒咳嗽 is translated as "cough due to wind and cold". It seems that there are no inconsistencies, but it will be prolix once included in a sentence. Therefore, retaining the cultural information and also maintaining the brevity in the process of translation are keys to the standardization of TCM terminology translation. And the translators have to make an overall use of literal translation for example, 金实不鸣, excess metal failing to sound), 燥湿 (dry dampness), 交通心肾 (coordinate the art and the kidney), 疏风泄热 (disperse wind and discharge heat), 醒脾化湿 (enliven the spleen and resolve dampness), 恶寒 (aversion to cold), 恶风 (aversion to wind) and so on.

3.2.3 Loan Translation for Translation and Medical Translation

As being given above, loan translation, also known as calque, means to borrow a word or phrase from another language while translating its components so as to create a new lexeme in the target language. Taking a word from daily life for example, skyscraper can be translated as 摩天大楼 in Chinese. Along with the mutual connection and understanding between the Chinese culture and the Western culture, the words filled with outstanding cultural elements are accepted by more and more people, for instance, 脏 (zang-organs), 痰迷心窍 (confusion of mind by phlegm), 四诊合参 (synthesis of the four diagnostic methods), 芤脉 (hollow pulse), etc. The ungrammatical words or phrases through the process by Westerners have been gradually widely accepted. On the other hand, a lot of foreign words have been blended into Chinese, such as a stick-and-carrot policy

（萝卜加大棒政策）, sour grapes（酸葡萄）and so on. Some of these words have undergone changes, that is to say, they were not the same as they lie on this paper when firstly translated into English. Chairman Mao once said "一切反动派都是纸老虎" in an interview with foreign reporters. The word, 纸老虎, has once been translated into scarecrow, but later was changed to paper tiger.

In the field of medicine communication, loan translation also exits generally. Not like the Western medical words, as OTC (over the counter, 非处方药), CT (computed tomography, 计算机断层扫描术), CI (cardiac index, 心脏指数), some TCM terminology, for example, the exact corresponding equivalent for 理气 is absent in English. In this case, scholars will take advantage of the existent categories to define this new term. Finally, we can get the meaning of "regulate qi" that is a general term for treating disorders in the flow of qi, including stagnant flow and counterflow.

3.2.4 Free Translation for Translation and Medical Translation

Objectivity is pursued as a goal of translation and translators generally read the meaning from the original text and then reconstruct it into the target text.

In some cases of medical words, they are different from their normal meanings. Therefore, normal meanings are not availably in the field of medicine. For example, the cells responsible for immune specificity belong to a class of white blood cells known as lymphocytes. In this sentence, if the adjective word "responsible", which normal meaning is 负责的 or 有责任的 in Chinese, takes its normal meaning during translation, the translation should be like this：淋巴细胞是白细胞的一类,对特异性免疫负责. From the prospective of medicine, this kind of translation does not make sense and the word "responsible" takes (介导,产生)应答的 as its meaning in this sentence. Therefore, the sentence should be like this：淋巴细胞是白细胞的一类,介导特异性免疫应答. Also it is important to translate according to the context. Taking a sentence as an example：It is as important for the surgical pathologists to know the limitations of his specialty as it is for him to be aware of its strength and potential contributions. It is not clear and coherent that the words "strength" and "contribution" are translated into 力气,力量 and 贡献. So according to the context, they can be 实力 and 作用 to make it more coherent：对外科病理一生来说,深知其专业的实力及潜在的作用,同深知其专业局限性一样是至关重要的. Moreover, some specific words should be abstracted, for instance：We will examine pedigreecharts of autosomal dominant and autosomal recessive pattern of heredity. The specific meanings of "dominant" and "recessive" are 占统治地位的,显著的 and 后退的,倒退的 respectively. However, when they accompany with chromosome, their meanings will be abstracted as 染色体显性 and 染色体隐性.

In Chinese medicine translation, this method of translation also plays an important role. Wind edema rather than wind water is the English translation of 风水. 风 here metaphorically stands for 风邪 (pathogenic wind factor). "Wind" here is not only a natural phenomenon, but also associated with a number of concepts such as the nature of pathogenic wind and its characteristics in causing diseases. Chinese always hide their conjunctions, while English refer to apply a lot of conjunctions to put its meaning more clearly, so sometimes it is needed to add the conjunctions to transfer the meaning. For example: 散步是指闲散,从容地行走。散步是我国的传统健身方法之一,通过闲散和缓的行走,四肢自然而协调的动作可使全身关节筋骨得到适度的运动。The Translation: Taking a walk means walking leisurely and unhurriedly. As one of the traditional Chinese physical exercises, it can moderately exercise the joints, tendons and muscles with walking slowly and limbs coordinated naturally. In translation, it uses apposition, participal construction and prepositional phrase instead of the original compound sentence to accomplish the translation. Furthermore, there are some medical sentences writing in classical Chinese, so translators should transfer the modern meaning of it. For example: 拯救之法,妙用者针。察岁时于天道,定形气于予心。Translation: Among the therapeutic techniques, needling has a wonderful effect. Before applying it, the doctor should keep in mind the seasonal changes of the natural world and judge whether the patient is fat or thin, strong or weak. (Wu LS, Wu Q, 2005, 33) It shows the hidden meaning by the complex classical style of writing through free translation.

CONCLUSION

4.1 Advantages of China English for Translation

Along with the mutual communication with other countries, it has been more easily understood and acceptable with Chinese culture, especially, the mysterious Chinese medicine. So it needs abundant words of foreign language to diffuse our civilization. As there are something unique in Chinese culture, so it is difficult to do that. Therefore, China English, taking the original Chinese words or meanings to translate, seems to be a good method to do so. China English fills up the gap of the equivalent meaning of the target language.

4.2 Disadvantages of China English for Translation

As we know, all things have two sides, so does the manifestation of China English. Actually, China English and Chinglish are related to each other and different from each other. Both of them are used to express things peculiar to China. However, the former is normative while the latter is a distorted language phenomenon. In Chinese, people are more used to expressing in a subjective, negative way, but on the contrary, in English, things will be expressed more positively and objectively. For example: 不要管闲事. Translation: Don't mind other people's business (Chinglish); Mind your own business (Idiomatic English). Unfortunately, the boundary between them is not that clear, so it should be careful to avoid Chinglish.

4.3 Suggestions about the Manifestation of China English

Spreading Chinese culture towards the world, the unnecessary mistakes should be avoided. Reinforcing the mutual communication with outside world to reduce the cultural gaps, learning new words, and getting rid of the restraint with literality of Chinese are essential to translate better and avoid Chinglish.

In order to diffuse the Chinese culture throughout the world, translators are required to be technically accurate and careful, since even a slight divergence can lead to big misunderstandings. Reconsideration before translation, sometimes, revision and back-translation may be applied to check the accuracy of a translation. The more efforts a translator makes, the less mistakes will be spotted in the translated versions.

Bibliography

Lefevere, Andre. *Translating, Rewriting and the Manipulation of Literary Fame* [M].

London and New York: Routledge, 1992:108.

Li, Zhaoguo. *International Standardization of English Translation of Traditional Chinese Medicine: Study of Theory, Summarization of Practice and Exploration of Methods*. Shanghai: Shanghai Scientific and Technical Publishers, 2008:23.

Wu LS, Wu Q. *Yellow Emperor's Canon of Internal Medicine*[M]. Beijing: Chinese Science & Technology Press, 2005:33.

陈宏薇. 汉英翻译基础[M]. 上海:上海外语教育出版社, 2003.

曹碧茵. 关于中医英语翻译基本问题和发展笔调的思考[J]. 中西医结合学报, 2006;4(1):109—110.

方梦之. 翻译新论与实践[M]. 青岛:青岛出版社, 2002.

郭建中. 文化与翻译[M]. 北京:中国对外翻译出版公司, 1998.

刘宓庆. 文体与翻译[M]. 北京:中国对外翻译出版公司, 1998.

李照国. 但去莫复问,白云无尽时 中医英语翻译句法漫谈[J]. 中西医结合学报, 2007(3):355—358.

王宁. 翻译学的全球化进路文化翻译与经典阐释[M]. 北京:中华书局, 2006.

MTI 笔译教学中的翻译理论导入与习得[①]

朱伊革[②]

(上海师范大学 外国语学院,上海 200234)

摘 要 本文以 MTI《高级英汉翻译》和《高级汉英翻译》教学为例,阐述了翻译理论在翻译硕士专业学位教学中不可或缺的指导作用,同时强调翻译理论可以贯穿于翻译实践教学的过程中,翻译理论与翻译实践可以相辅相成、相互促进,并以此客观地评价翻译理论在 MTI 翻译教学中的角色和作用。

关键词 翻译硕士专业学位;笔译教学;翻译理论

The Introduction and Acquisition of Translation Theory in MTI Teaching

ZHU Yinge

(Foreign Languages College, Shanghai Normal University, Shanghai 200234)

Abstract The paper explores the indispensible role that translation theory plays in MTI teaching based on a case study of Advanced English-Chinese Translation and Advanced Chinese-English Translation teaching. The important role of translation theory in translation practice should be emphasized and objectively evaluated in MTI teaching, and translation theory and practice may mutually promote and supplement.

Keywords MTI; translation teaching; translation theory

1. 引 言

自 2007 年国务院学位委员会批准设置翻译硕士专业学位(MTI)以来,

---

① 基金项目:本文系全国翻译专业学位研究生教育指导委员会研究项目(项目编号:MTIJZW201425)阶段性成果。

② 作者简介:**朱伊革**,男,上海师范大学外国语学院教授,博士,主要从事翻译理论及文学翻译研究。

我国的翻译硕士专业学位教育发展迅速,截至 2014 年 7 月,获准试办翻译硕士专业的高校已达 206 所。翻译硕士专业以培养高层次、应用型、专业化的翻译人才为目标,强调翻译实践能力。仲伟合曾概括了翻译专业硕士培养方向的定位:"区别于一般意义上的侧重理论、学术型研究的研究生教育,专业学位教育旨在针对一定的职业背景培养高层次、应用型专业人才"(仲伟合,2006:33)。全国翻译硕士(MTI)专业学位教育指导委员会颁布的《翻译硕士专业学位研究生教育指导方案》中对翻译硕士专业学位的培养方式中指出,"重视实践环节。强调翻译实践能力的培养和翻译案例的分析,翻译实践贯穿教学全过程,要求学生在学期间至少有 15 万字以上的笔译实践或不少于 400 磁带时的口译实践。"

与传统的学术型翻译教学相比,在翻译硕士专业学位的教学中,翻译理论被弱化和边缘化。但这并不意味着翻译理论不重要或翻译理论对翻译实践没有指导意义,相反,对于高层次、高素质的翻译人才而言,系统地学习翻译理论十分必要。在 MTI 笔译教学中,适度和适量的翻译理论的导入必不可少,既可让学生了解实际翻译操作中的译文生成的理据,也可增强学生根据文本对译文适当的处理和调控意识。

本文以 MTI《高级英汉翻译》和《高级汉英翻译》教学为例,阐述翻译理论对翻译硕士专业学位教学中不可或缺的指导作用,同时强调翻译理论可以贯穿于翻译实践教学的过程中,翻译理论与翻译实践如鸟之两翼、车之双轮,可以相辅相成、相互促进,并以此客观地评价翻译理论在 MTI 翻译教学中的角色和作用。

2. 翻译的动态对等理论与冗余信息的处理

翻译就其本质而言是将储存于一种语言符号系统的信息转换成另一种语言符号的信息。但是,现实中并不存在两种完全对等的符号系统,各种语言在其组词造句、表达方式,特别是成语、典故、习语等方面,都有其独特性,与其他语言形成千变万化的差别。因此,在翻译过程中,要想使译文和原文达到意义的绝对对等是不可能的,而只能达到相对的对等。奈达认为,"译语中的信息接受者对译文信息的反应应该与源语接受者的反应程度基本相同"(Nida,1969:25)。而动态对等的结果往往是"几乎所有较好的译文通常长于原文"(Nida,1969:131),其主要原因是"源语中多数信息在多数情况下都须在译语中加以补充以便使译语读者更易接受"(Nida,1969:130)。源语和译语在语言结构和文化背景上存在巨大的差异,两种语符在转换过程中往往会破坏源语信道之间固有的平衡,即源语内容和形式与源语读者接受能力之间的吻合,成为阻碍译文读者做出相同反应的障碍。克服障碍的办法就是在一种语言转换成另一种语言时增加一些必要的成分,即冗余成分。从一种语言文化结构转换成另一种语言文化结构时,在译文中增加一定的冗余因素可以使可能出现的语义过载和形式过载得到缓解。动态对等理论可以为译文中增加冗余成分的译法提供理论依据,使译文中增加冗余信息的译法具有合理性和可接受性。

2.1 翻译中冗余信息的再现手段

为使译语读者更好地接受理解译文,并使译文和原文的信息对等,就须降低译语的信息负载,只有当译语信息负载与译语信道相吻合时,译语信息才能传输通畅,译语读者也才能无须花费相当长的时间和相当大的精力弄懂文本的意义。在保持信息内容不变的情况下,降低信息负载就意味着要拉长信息的表达形式,而在翻译活动中则表现为在译语中适当增加一些使句子意义更加明晰化的词语,即适当增加译语的冗余度以使译语意义更加容易被读者理解,结果就是译文和原文达到信息的动态对等。增加译文冗余度的主要手段包括以下几方面。

2.1.1 音译、直译加注(annotation)

在翻译民族文化性很强的表示特有事物的名词时,因内容不能删去,一般可采用音译加注的办法,即音译后附加解释性注释。注释可长可短,可采用文中注释,也可采用脚注,还可二者合用。这种增加译文冗余度的目的就是降低信息负载,使译语信息传输通畅,目的就是为了使源语信息和译语信息对等,为使读者对译文所指有清晰、透彻的理解,采取音译加注这类增加冗余度的办法,方使译语读者易于理解,如"气功"可译为"qigong, a system of deep breathing exercises","清明"可译为"Qingming, a traditional Chinese holiday to commemorate the dead observed in late spring"。又如:You look like AL-Capone in that suit. 译文为:你穿上那套衣服,看上去就像流氓阿尔-卡彭了。译语读者对"阿尔-卡彭"一词一定不甚了解,可加注:阿尔-卡彭是美国历史上臭名昭著的歹徒,芝加哥犯罪集团的一首领。

音译、直译加注是为了让信息更加通畅地传输到译语读者而采取的一种增加冗余度的常见办法,该译法的效果也达到了原文信息与译文信息动态对等的目标。

2.1.2 增益(amplification)

成功的交际就要预先估计信息在信道上的损耗,于是故意多给信息。

明知是多余,但也要给(钱冠连,1997:219)。译文与原文达到动态对等的另一个重要手段就是增益,增益是指在译文中明示出原语读者视为当然,而译语读者却不知道的意义,也就是说译者为使译文意义完整准确,同时使表达符合译语习惯而增加冗余成分的方法,增益主要分为语义性增益、语法性增益和修辞性增益。

(1)语义性增益

语义性增益是指在翻译中通过增加原文中无其词却含其义的词,把原文中暗含的内容铺展开来,从而使信息损失降低到最低限度的方法。如:

范进迎了出去,只见那乡绅下了轿进来,头戴纱帽,身穿葵花色员领……(《儒林外史》)

原句中"纱帽"一词,如直译为"gauze cap"就丢掉了汉语中该词的一个重要民族文化方面的语义成分,从而也就失去了民族特征和其文化内涵,因为在汉语中这种帽子只有官员才可以戴,而且该词是官职、官位的代名词,如我们现在说"某人丢了乌纱",就是指丢了官职。因此,这一语义成分十分重要,翻译时一定要加上(吕俊,2001:92),从而做到了原文和译文的信息对等,因此杨宪益和戴乃迭的译文是:

Fan Chin went out to welcome the visitor, who was one of the local gentry, and Mr. Chang alighted from the chair and came in. He was wearing an official's gauze cap, sunflower-coloured gown ...

译文中增加了"official's"这一语义成分,使译文明了清晰,同时不丢失民族性的文化内涵。

汉译英是这样,英译汉亦如此。例如,杨必所译的萨克雷的《名利场》是公认的佳译,但也有个别译句的意思不够明晰。如:

Being an invalid, Joseph Sedley contented himself with a bottle of claret, beside his maderia at dinner, and he managed a couple plates full of strawberries and cream, and twenty-four little rout cakes, that were lying neglected in plate near him ...(Chapter III)

乔瑟夫·塞特苙因为病着,所以吃饭的时候除了喝西班牙白酒之外又喝了一瓶红酒,还吃了满满两碟子奶油草莓。他手边一个盘子里有二十四个小油酥饼,别人不吃,因此也归他享用。(杨必译)

吕俊先生指出该句译文令人生疑,一个病人怎么如此能吃能喝。仔细检查原文后,弄清乔瑟夫·塞特苙原在东印度公司任税官,现回家度假,文中的"claret"指法国著名酒乡波尔多所产红葡萄酒,喝该酒标志着喝酒人的社会地位和经济地位,而杨必仅译为"红酒"显然失去了这些内含语义成分,而"maderia"指印度马德拉岛所产的一种烈性甜葡萄酒,杨必译为"西班牙白酒",显然未将乔瑟夫在印度工作这一经历以及"maderia"也是一种名酒的隐含意义表达出来(吕俊,2001:89)。因此,吕俊先生对译文稍加修改,在译文中加入一些冗余成分,这样原文和译文的信息做到了动态对等,译文意思更加清晰、易于被读者理解。

乔瑟夫·塞特荏因现在闲居在家,所以吃饭的时候除了喝他最爱喝的印度马德拉烈性甜酒之外又喝了一瓶法国波尔多的红葡萄酒才作罢,还吃了满满两碟子奶油草莓。他手边一个盘子里有二十四个小油酥饼,别人不吃,因此也归他享用。(吕俊译)

(2)语法性增益

英汉两种语言在语法结构上差异很大。英语重形合,连接词较多,汉语重意合,连接词较少;英语中经常使用代词,尤其是经常使用人称代词、关系代词等,而汉语中代词则用得较少,因此在进行英汉互译时可根据具体情况在译语中增加一些使译文练达晓畅、通俗易懂的冗余词语。上译(up-translation)即将词语译成句子便是增加译文冗余的一个方法,该译法也十分契合动态对等的翻译原则。例如:

Hesitant, but erect, he walked to the front of the room.

他朝教堂走去,样子有点犹豫不决,身子却挺得笔直。

原文中的形容词"hesitant","erect"经过冗余处理,分别被译为状语从句"样子有点犹豫不决"和"身子却挺得笔直",该译文增加了原文所隐含的语法成分,意思更加明了,信息也达到了等值。

汉语成语"只许州官放火,不许百姓点灯"被译成"The magistrates are free to burn down houses, while the common people are forbidden even to light lamps."因汉语重意合、英语重形合的特点,在译文中增加了冠词"the"和表示对比意义的连接词"while",从而使得译文更连贯、流畅,对等于译语读者的阅读习惯。

(3)修饰性增益

为使译文优美自如、活泼生动,或是得到强调,有时有必要重复某些词语或是增加适当的描述词、语气助词、重叠词、过渡词、概括词。例如:

Poor little tender heart! And so it goes on hoping and beating, and longing and trusting.

可怜这温柔的小姑娘,一颗心抖簌簌地跳个不停,她左盼右盼,一直想念情人,对他深信不疑。

译文并没有将"hoping and beating"简单地译为"盼望着,跳动着",而是增加了一些描述性的词语来描写少女思念情人的心情,使人如见其人、如听其声,产生了一种可触可摸的立体感觉,灵活地将原文信息传递到译文。又如:

Shanghai used to go to bed at around eight.

以前上海一到晚上八点左右就店铺打烊,街道冷清。

原文中用了非常口语化、拟人化的表达"go to bed",译文对其做了细化阐述,意思更加具体明晰,从而准确地传达了原文的语气,译文也与原文在信息上能够保持对等。

2.2 动态对等理论的适用性与冗余信息处理的限度

奈达提出的动态对等理论对译文冗余信息的处理提供了合理的解释,增强了译文冗余信息灵活处理的理论依据。该理论的导入可以在翻译练习过程中进行,学生可潜移默化地习得翻译理论。但同时应向学生强调,理论本身不一定十全十美,理论具有指导作用,又不能生搬硬套理论。如就动态对等理论与冗余信息的处理而言,但并不是说可以盲目地把所有冗余信息都输入到译语中去,这样势必导致冗余过多,降低交际效果,甚至适得其反,增加了噪音干扰。增加译文的冗余度一定要恰如其分,要掌握冗余信息的分寸,既要确保信息传递的准确性,又要讲究其有效性和可接受性,须力求使冗余有个合理的限度。

3. 翻译操纵理论与译文的调适

忠实原则一直被奉为翻译界的圭臬。翻译家严复在翻译《天演论》时提出的"信、达、雅"的标准,"信"就是最重要的一个标准。翻译教学中也一再强调忠实原则,张培基的《英汉翻译教程》提出"忠实、通顺"的翻译准则,并重申"在不能兼而有之的情况下,译者应首先照顾忠实的要求"。我国各类的翻译测试都将译文是否忠实于原文作为评判译文优劣的主要标准。对MTI学生的翻译学习而言,该标准有利于提高翻译水平,也是评判翻译基本功的一个重要尺度。我们也要意识到,这种"忠实"翻译观是以作者为中心的翻译观。翻译是一种跨文化传播活动,很多成功的翻译作品除了考虑作者因素外,还充分考虑到读者的各种因素,否则译语读者很难接受所传递的信息,很难实现跨文化传播的目的。

诺贝尔文学奖获得者莫言的系列小说经葛浩文的英译得以在西方世界广为传播。以葛浩文英译莫言小说中的译句为教学案例,我们可以看出,葛浩文在翻译时根据语言、文化以及叙述手法等方面的不同,对原著进行了一定程度的改写。葛浩文的有些英译并不符合传统意义上的翻译"忠实"标准。但勒菲弗尔的操纵理论中可以为其提供翻译理据,葛浩文的翻译实践也因此在勒菲弗尔的操纵理论中得到合理的解释。

3.1 葛浩文译本的删改与重组

葛浩文在谈及自己的翻译时曾提到自己对莫言的两部小说有明显的删减(Ge,2011)。实际上,由于原文与译文读者的文化背景和阅读习惯的差异,葛浩文对莫言的《红高粱家族》、《丰乳肥臀》、《生死疲劳》、《天堂蒜薹之歌》等的翻译都存在一定程度的改写现象。吕敏宏(2011:105)指出,"葛浩文英译本一方面通过删改等手段修复原文疏漏,另一方面通过事件重组、省略等手段使译文结构紧凑、情节连贯,表现出与原文作者不同的写作理念"。

3.1.1 文本语言的删改

1990年,勒菲弗尔在《翻译、历史与文化》提出了翻译就是文化改写、改写就是"操纵",1992年勒菲弗尔又在其著作《翻译、改写以及对文学名声的操控》中进一步阐述了翻译即是改写的思想。他认为,文学系统受到两个因素的制约:一个是内部因素,即当时占统治地位的诗学与思想意识;另一个来自于文学系统外部,即赞助人的力量,某种权利对文学的阅读、写作和改写施加影响。他指出,"三个因素制约了翻译活动:意识形态、赞助人和诗学。在翻译过程的各个层次,如果语言学的考虑与意识形态和/或诗学性质的考虑相冲突时,常常是后者胜出"。(Lefevere,2004:39)也就是说,如果原文与目标语读者的社会主流诗学和意识形态相抵触,译者往往会舍弃原文所描述的事实。运用勒菲弗尔的操纵理论来分析葛浩文的译法,葛浩文对原文本语言的删改的做法也不无道理,在当代翻译理论看来,其译法具有可接受性。

墨水河大石桥上那四辆汽车,头辆被连环耙扎破了轮胎,呆呆地伏在那儿,车栏杆上、挡板上,涂着一滩滩<u>蓝汪汪的血和嫩绿的脑浆</u>。(莫言《红高粱家族》,2008:85)

There on the stone bridge across the Black Water River the lead truck, its tyres flattened by the barrier if linked rakes, crouched in front of the other three. Its railings and fenders were stained by splotches of gore. (Howard Goldblatt,1993:97)

莫言在小说《红高粱家族》常运用极端陌生化、个性化、超常规的语言来营造一个特殊的感性世界,其语言有时会打破惯常的逻辑思维。例如,在莫言的笔下,阳光是"紫红的",脸色是"翠绿的",汗珠是"雪白的",云是"绿色的"。这些变异的、扭曲的、完全不符合自然事物正常逻辑的色彩词表现了作者极端的主观感受,宣泄了作者内心的感受。译者并没有翻译原文中的"蓝汪汪的血和嫩绿的脑浆",而是将其省略。在译者看来,译文读者不大可能接受血是"蓝汪汪"的、脑浆是"嫩绿的"表述。此外,考虑到了目标语读者意识形态,译者省略了诸如"长大后努力学习马克思主义"、"毛泽东是当今的盖世英雄"、"八路军"、"领袖毛泽东"等。葛浩文没有遵循翻译"忠实"的原则,而是采用了删改的译法,因为在译者看来,目标读者变了,译语读者的意识形态不同于源语读者的意识形态,调整删改是必要的,这样译文才能有较高的接受度。

3.1.2 叙述手法的重组、省略

操纵理论认为,由于原文和译文的诗学即文学表现形式存在一定的差异,译者有较大的主动权,可以灵活重写、甚至打破原文的文学形式。"《红高粱》译文对事件的重组和调整虽然没有改变小说的故事,却改变了小说的情节,使译作的情节不像原作那样有较强的时空跳跃和闪回,从而造成译作读者不同的心理感受。"(吕敏宏,2011:122)例如:

父亲不知道自己多么喜爱这两头黑骡子。奶奶挺胸扬头骑在骡背上,父亲坐在奶奶怀里,骡子驮着母子俩,在高粱挟持下的土地上奔驰……(莫言,《红高粱家族》:30)

How Father loved those two black mules.

He remembers Grandma sitting proudly on the mule's back, Father in her lap, the three of them flying down the narrow dirt path through the sorghum field … (*Red Sorghum*, p34)

译者出于诗学的考虑,增加了原文中没有的"He remembers",如此一来原文的叙述者"我"被弱化,取而代之的是读者紧随父亲的回忆回到过去的时光。操纵理论强调诗学即文学表现形式对译文的制约,葛浩文对译文叙述手法的调整也契合了操纵理论的这一主张。

4. 结束语

翻译理论在 MTI 笔译教学中作用不可忽视,谢天振(1999:21)曾指出,有的理论研究直接作用于人类相关的实际活动……但有些理论研究是在另一些层面(如美学层面)展开,它的直接作用体现在从文化层面上深化人们对某些问题或事物的认识,或给人以美学上的享受。廖七一(2011:28)也指

出,"翻译理论素质不仅对翻译实践具有宏观指导作用,而且是翻译能力的有机组成部分"。翻译理论的效果有时可能不是立竿见影或者十分显性化,但翻译理论可以拓展翻译实践的思路和视野,"翻译实践到了一定的程度应当接受理论的指导,起码要用适当的理论来对实践做出必要的归纳、提炼"(何刚强,2009:21)。如何让翻译理论走出象牙塔,通过何种方式向学生讲授翻译理论,如何指导学生研读借鉴翻译理论,学生又应该如何汲取翻译理论中的有益养分,并提升对翻译理论的认知,这都是有待我们深入探讨的论题,而将翻译练习与理论学习有机地结合起来,融为一体,摆脱纯粹的、抽象化的翻译理论教学,在 MTI 笔译教学过程中通过翻译练习导入翻译理论,进而让学生习得翻译理论就是一种有益的尝试。

参考文献：

何刚强. 笔译理论与技巧[M]. 北京：外语教学与研究出版社,2009.
廖七一. MTI 中的翻译理论教学[J]. 中国翻译,2011(3):25—28.
吕俊. 跨越文化障碍——巴比塔的重建[M]. 南京：东南大学出版社,2001.
吕敏宏. 葛浩文小说翻译叙事研究[M]. 北京：中国社会科学出版社,2011.
钱冠连. 汉语文化语用学[M]. 北京：清华大学出版社,1997.
莫言. 红高粱家族[M]. 上海：上海文艺出版社,2003.
谢天振. 译介学[M]. 上海：上海外语教育出版社,1999.
仲伟合. 翻译专业硕士(MTI)的设置——翻译学学科发展的新方向[J]. 中国翻译,2006(1):32—35.
Bassanet, Susan and Andre Lefevere. Translation, History & Culture[M]. London & New York: Pinter Publisher,1990.
Ge, Haowen. A Mi Manera: Howard Goldblatt at Home—A Self-Interview [J]. *Chinese Literature Today*, Vol. 2, 2011.
Goldblatt, Howard. *Red Sorghum*[M]. New York: Penguin Group, 1993.
Lefevere, Andre. *Translation, Rewriting and the Manipulation of Literary Fame* [M]. Shanghai: Shanghai Foreign Language Education Press, 2004.
Nida, E. A. and Charles R. Taber. *The Theory and Practice of Translation* [M]. Leiden: E. J. Brill, 1969.

历史文化术语翻译错误分析
——以《文学是什么？：高雅文化与大众社会》中译本为例

卢 敏[①]

(上海师范大学 外国语学院 上海 200234)

摘 要 美国当代著名文学评论家莱斯利·菲德勒的《文学是什么？：高雅文化与大众社会》的中译本填补了我国菲德勒论著中译本的空缺，但是该译本中若干重要历史文化术语，如作品的名称和一些关乎重要历史细节的名词存在较大的翻译错误，这些错误暴露了我国学术研究翻译存在的各自为政、一味求新、缺乏秉承传统术语的意识等问题。

关键词 术语；误译；历史；文化

An Analysis of the Mistranslated Historical and Cultural Terms in *What Was Literature?: Class Culture and Mass Society*

LU Min

(Foreign Languages College, Shanghai Normal University, Shanghai 200234)

Abstract The Chinese translation of *What Was Literature?: Class Culture and Mass Society* by the renowned American critic Leslie Fiedler is Fiedler's only book translated into Chinese, but there are some obvious mistranslated historical and cultural terms, such as the titles of important works and names revealing details of significant historical events. Those mistranslated terms expose some hidden problems in the translation of academic studies such as academic isolation, innovation for innovation's sake and lack of a sense of continuity in terminology translation.

Keywords terminology; mistranslation; history; culture

1982年莱斯利·菲德勒(Leslie Fiedler, 1917—2003)的《文学是什么？：高雅文化与大众社会》(*What Was Literature?: Class Culture and Mass Society*,

---

① 作者简介：**卢敏**，上海师范大学外国语学院教授，博士，研究方向为文学与翻译研究。

1982)出版,该著作被认为是后现代文学思想的一部发轫之作。2011年4月译林出版社推出陆扬翻译的中译本,笔者欣喜地拜读了译著,为译者的文字功底和西方文化底蕴所折服,深感该译著为我国学术译著佳作又添一彩。但是令笔者略感遗憾的是该译本中若干重要术语,如作品的名称和一些关乎重要历史细节的名词存在较大的翻译错误,最明显的是将美国19世纪中叶著名女作家苏珊·沃纳的 *The Wide, Wide World*(《广阔、广阔的世界》)译成了《狂野、狂野的世界》。英语单词 wide(广阔)和 wild(狂野)虽形似,但对于翻译大家来说,混淆这两个词实在不可思议。笔者归纳分析了这些术语误译,认为这些误译暴露了当前我国学术研究翻译存在的一些深层问题,有必要予以澄清和反思。

1.《文学是什么?:高雅文化与大众社会》术语翻译为何难?

美国著名犹太裔评论家莱斯利·菲德勒的《文学是什么?:高雅文化与大众社会》是一部为美国大众文化辩护的著作,采用了通俗易懂的文风,一扫学术论文的抽象和晦涩,但是真正读懂此书并不是件容易的事。在《文学是什么?:高雅文化与大众社会》开篇之文"莱斯利·菲德勒是谁?"中作者用诙谐调侃的语言描绘自己在美国高校文学专业执教40余年的经历,用得意吹嘘的笔调回顾了自己在电视上的"脱口秀",同时又以真诚严肃的态度袒露了自己作为教书匠和文学批评家对待"高"、"低"文学的矛盾心理。这部貌似传记、还有点插科打诨的著作实际有两个宏大的目标:颠覆标准和开放经典。这两个目标并非莱斯利·菲德勒一人所有,它们实际上是20世纪70年代末至整个90年代美国"文化之争"中最响亮的呼声,如今这两个目标在美国已经实现。

莱斯利·菲德勒的《文学是什么?:高雅文化与大众社会》在这场"文化之争"中无疑是先锋之一。另一强劲先锋之一是日益成熟的女性主义批评,两者之间有颇多不谋而合之处,最突出的就是对19世纪的美国文学做考古挖掘,再现一个由女性作家统治图书市场的繁荣文化景观,进而重新审视美国文学的经典标准,达成颠覆标准和开放经典的共识。艾琳·肖瓦特在《姐妹的选择:美国女性创作的传统与变迁》中引用法国女性主义批评家海伦·西苏在接受美国作家采访时对"经典"一词的评价:"经典确实是个美国概念"(Showalter,1991:5)。"经典之争"、"经典修正"在当代美国学界引起20多年的热议,但是此类现象并未发生在欧洲文坛。

欧洲文坛的经典相对而言稳定得多,自出版就获得大众读者认可的作品多被自然列为经典。如果以此标准来衡量美国文学,那么19世纪以斯陀夫人为代表的拥有众多读者的女性作家都应该在经典之列,但是这些作家因为性别原因被美国批评界有意识地遗忘了近半个世纪。20世纪女性文论的崛起以性别歧视为突破口,打开了美国经典的封闭之门,随后种族歧视、性取向歧视逐渐都成为"经典修正"的目标,继女性文学之后,族裔文学、儿童文学、同性恋文学等曾被边缘化的文类都成为当代美国学界关注的热点。

菲德勒的《文学是什么?:高雅文化与大众社会》以广博的阅读为基础,质疑和反思美国经典的狭隘标准。该著作的力度在于菲德勒对美国文学史和文化史的变迁不仅有高度的理性认识,而且有40多年"深入其中"的切身体验。他不仅谙熟"经典",而且熟知大量的"非经典"之作。他随时抛出一些作家作品的名称不做任何细说,而这种圈内行话的做法正是翻译《文学是什么?:高雅文化与大众社会》的难点。对国内学者而言,美国文学"经典"是我们熟悉的,"非经典"是比较陌生的,而19世纪的"非经典"则更加无从获知。在不了解作者、不知作品内容的情况下要译好、译对菲德勒列举的作品名称实在不易。

2. 历史文化术语误译列举与分析

正如前文所言,陆扬的翻译可谓佳译,并且笔者相信一般情况下读者是不会发现其中的作品名称翻译错误的,因为这些作品名称都是出现在没有作品内容的语境中,如果没有接触过这些作家、作品,几乎无法发现译文的正误。以21页和147页的误译为例:

例1 即便从长计议,大多数美国人喜闻乐见的书,也不是如今主要是派给课堂学生阅读的《白鲸》或《红字》,甚至《哈克贝里·芬历险记》,而是一系列虽然风格同一、难分彼此,却是动人心弦的小说,它们始于苏珊娜·罗森的《夏绿蒂寺》,直到19世纪高峰斯陀夫人的《汤姆叔叔的小屋》,以及20世纪顶峰玛格丽特·米切尔的《飘》。(陆扬,2011:21)

原文:Even over the long haul, the books loved by most Americans have not been *Moby Dick* or *The Scarlet Letter* or even *Huckleberry Finn*, which live now chiefly as assigned reading in classrooms, but a series of deeply moving though stylistically undistinguished fictions, which begin with Susanna Rowson's *Charlotte Temple*, reach a nineteenth-century high point with Harriet Beecher Stowe's *Uncle Tom's Cabin* and a twentieth-century climax with Margaret Mitchell's *Gone With the Wind*. (Fiedler, 1982:28)

例 2 它从塞缪尔·理查生这位女性模仿作家第一人起步,经过 19 世纪末叶的畅销书作家玛利亚·卡明斯的《灯夫》、苏珊·沃纳的《狂野、狂野的世界》,直到白日梦电视剧。(陆扬,2011:147)

原文:… it has developed from the novels written by the first female imitators of Samuel Richardson, through such late nineteenth-century best sellers as Maria Cummins's *The Lamplighter* and Susan Warner's *The Wide, Wide World* to the daytime serials on television. (Fiedler, 1982:133)

例 1 中的误译是苏珊娜·罗森(Susanna Rowson,1762—1824)的《夏绿蒂寺》(*Charlotte Temple*,1794)。苏珊娜·罗森的《夏绿蒂·坦普尔》是美国最早的小说和畅销书之一,沿袭英国作家塞缪尔·理查生的诱奸小说模式,以道德训诫为主旨。书名采用当时流行的方式,以故事主角的名字为名。大致情节是英国少女夏绿蒂·坦普尔在寄宿学校受风流战士约翰·蒙特拉威尔(John Montraville)引诱,与之来到美国,在纽约已有身孕的夏绿蒂·坦普尔遭抛弃,流落街头悲惨而死,她的孩子由父亲领回英国。译者如果了解小说的大致内容就不会将作为姓氏的 Temple 译成作为普通名词的"寺"。

例 2 中的误译有两处:(1)把 *The Wide, Wide World* 译成《狂野、狂野的世界》;(2)把 daytime serials on television 译成"白日梦电视剧",正确理解应该是"白天播放的电视剧"。苏珊·沃纳的《广阔、广阔的世界》(1850)在当代美国文学经典修正中被公认是"另一个美国文艺复兴"的第一代表,原因有:(1)该小说开创了美国"畅销书"时代;(2)该小说标志着美国 19 世纪中叶"家庭小说"时代的到来。即使对该小说一无所知,小说的标题 *The Wide, Wide World* 也是浅显易懂的,而译者何以出现如此大的失误?笔者开始怀疑是菲德勒原著的错误,但是仔细核对译著第 313 页的索引条目"*Wide, Wide World, The*(Warner)《狂野、狂野的世界》(沃纳)133,148"后,笔者排除了菲德勒原著错误的可能性,核对英文原著后再次证实菲德勒确实没有写错。为什么这个简单的错误没有被译者、编辑和丛书主编发现呢?笔者认为两点原因造成这一重大失误:(1)国内学界对 19 世纪美国家庭小说传统尚无清晰的认识;(2)译者在潜意识中将《广阔、广阔的世界》归为色情文学。

译者在潜意识中将《广阔、广阔的世界》归为色情文学可能是受到菲德勒行文的影响,daytime 也受影响变成了"白日梦"(daydream)。在此误译出现的行文中,菲德勒总结了 4 种叫精英批评家们头痛,却让大众读者喜爱的亚文学形式:感伤文学(sentimental literature)、恐怖文学(horror literature)、色情文学(hard-corn pornography)和低俗喜剧或渎神闹剧(low comedy or hilarious desecration)。菲德勒认为这 4 种亚文学在一定意义上都可以被看成"色情文学"(pornography),因为它们打破禁忌,激起读者的各种心理和生理的反映。菲德勒大谈这 4 种亚文学是为了论证其大众文化神话艺术之说,提出大众文化神话艺术的力量在于使读者心醉神迷(ekstasis)。但是值得注意的是,菲德勒所说的"心醉神迷"不仅仅指情欲和性反应,能使读者"心醉神迷"的有各种心理和生理的反映:"从泪流满面到穷嘶极喊,从忍俊不禁到真正的射精。"(陆扬,2011:148)同时菲德勒谨慎地指出对于年龄、性别不同的人来说,他们的反应是不同的,如"在盎格鲁-撒克逊文化中,妇女传统上宁可是要伤感的,或者诚如 19 世纪所谓的'手帕上的'色情"("handkerchiefly" porn)(Fiedler,1982:134),而近来男性则独享赤裸的色情作品(erotic porn)。尽管如此,菲德勒还是遭到美国女性主义批评家妮娜·贝姆的批评。妮娜·贝姆的《女性小说》(1978)是 19 世纪美国女性小说研究的奠基之作。在对《文学是什么?:高雅文化与大众社会》的书评中,妮娜·贝姆不仅重申了文学的审美功能和道德功能,而且指出菲德勒没有认真读过苏珊·沃纳的《广阔、广阔的世界》。(Baym,1983:223)

菲德勒在《美国小说中的爱与死》和《文学是什么?:高雅文化与大众社会》中都提及《广阔、广阔的世界》,并且在《美国小说中的爱与死》中将《广阔、广阔的世界》的主角 Ellen Montgomery 写成 Ellen Ware。(Fiedler,1960:53)菲德勒的拼写失误没有影响到他对美国家庭小说传统的整体把握,因为他至少知道《广阔、广阔的世界》与色情或性毫无关联。《广阔、广阔的世界》描写 10 岁女孩埃伦失去父母,在不同亲戚和收养人家成长的故事。《广阔、广阔的世界》出版后拥有无数的读者,被翻译成法语、德语、荷兰语等多种语言,继《广阔、广阔的世界》之后,美国涌现出一大批宣扬家庭崇拜和女性影响力的作品,如玛利亚·卡明斯的《灯夫》、斯陀夫人的《汤姆叔叔的小屋》、范妮·费恩的《鲁丝·霍尔》、路易莎·奥尔科特的《小妇人》等,这些作品拥有大量的读者,培养了一代读者的阅读趣味,产生了深刻的社会、历史、文化影响。

以反映家庭崇拜和女性道德影响力为宗旨的美国家庭小说不允许有任何不洁的文字和内容。创作家庭小说的女性作家认为"将女性教育与国家命运结合起来是当时美国社会赋予女性公民的一项重要使命"(Kelley & Sedgwick,1994:11)。她们一致认为充满邪恶的诱奸小说不会带来良好的教育效果。利迪娅·蔡尔德就明确指出当时风行的《夏洛特·坦普尔》是邪恶的,尽管其写作意图是好的,但对尚无明确道德准则的"十四五岁的女孩非常有害"(Child,1831:91)。家庭小说宣扬的是基督徒的大爱精神,男女之情是下属大爱之情的,道德典范女性通过大爱获得个人爱情,所以菲德勒所说的"'手帕上的'色情"是指当时的女性作品的核心主题是痛苦、病痛、背叛和遗弃,读者阅读时一方面为人类苦难而痛哭,一方面谴责人心之邪恶。(Fiedler,1982:134)此处的"色情"一词仅指作品在读者中激发的强烈情感反应,与情欲无关。

  误译《狂野、狂野的世界》令我们想起19世纪美国著名女诗人艾米丽·迪金森的"Wild Nights—Wild Nights！"。江枫将"Wild Nights"译为"暴风雨夜"以更适合全诗的语境:暴风雨夜,暴风雨夜！／我若和你同在一起,／暴风雨夜就是／豪奢的喜悦！／／风,无能为力——／心,已在港内——／罗盘,不必,／海图,不必！／／泛舟在伊甸园——／啊,海！／但愿我能,今夜,／泊在你的水域！(江枫,2004:47)。迪金森在诗中表达了自己对情爱的浪漫想象,但是她所谓的激情澎湃的"Wild Nights"(狂野的夜晚)也仅仅止于船只停泊于港湾的含蓄意象,并且此诗并未在诗人生前发表。对于19世纪深受启蒙思想影响并且已有觉醒的女权意识的美国知识女性而言,色情(pornography)是父权文化的产物,应予以抵制和批判。

  尽管当代女性主义者批评父权社会对女性的性压迫,宣扬女性的性意识和性权力平等,支持文学作品描写女性情欲(eroticism),但是她们反对一切色情(pornographic)文学,因为色情文学本质是菲勒斯中心主义的,这一点菲德勒非常清楚,在他的著作中,情欲和色情是有区别的,他甚至用erotic porn指男性作家的作品如劳伦斯的《查特莱夫人的情人》。西方文学传统中"性"一直是讳莫如深的禁忌,直到20世纪70年代后学界力图要打破此禁忌,性以及与性相关的词频繁出现在学术论著中,但是这些词多是隐喻修辞,其意义已经远远超越了文字本身,达到解构西方文化传统的目的,罗兰·巴尔特的《恋人絮语》便是经典的例子。菲德勒在文中多处使用色情、性刺激、跨种族强奸等词语出于同样的目的,尤其在他谈到斯陀夫人的《汤姆叔叔的小屋》以及反汤姆小说《同族人》、《飘》再到反反汤姆小说《根》时,其根本目的是颠覆WASP"经典"。

  除了上述两个不容忽视的误译外,译本中还有3处比较严重的失误暴露了译者对美国文学、历史、文化的认知还欠火候。其一是将马克·吐温的《费尼莫·库珀文学犯忌种种》("Fenimore Cooper's Literary Offences",1894)译成《费尼莫·库珀的文学攻势》。(陆扬,2011:135)马克·吐温这篇批评詹姆斯·费尼莫·库珀的论文在美国学界广为引用,其主要观点是库珀在《打鹿将》中违反了浪漫主义小说创作19条基本原则中的18条。对此论文学界普遍的看法是在小说创作中一方面大量借鉴库珀,一方面通过批评库珀来提高自己的声誉,并且此论文有明显的马克·吐温式的夸张和玩笑意味。(Clark,1984:101)

其二是将波士顿倾茶事件中装扮成"印第安人"的"自由之子"译成"印度人"。(陆扬，2011：63)"印第安人"和"印度人"的英文拼写都是Indians，这是哥伦布犯下的一个大错误，但是既然已被沿用，后人则更要慎重，不能再以讹传讹。笔者查阅的多本国内美国历史著作中都写明是"印第安人"，没有写"印度人"的。尽管被倾倒的茶叶来自英国东印度公司（British East India Company），装扮成"印度人"混到船上去似乎也符合逻辑，但是1773年12月16日塞缪尔·亚当斯（Samuel Adams）领导的"自由之子"（The Sons of Liberty）装扮成莫霍克族印第安人（Mohawk Indians）去倾倒茶叶要表明的是他们将自己认同为美洲人，而不是欧洲后裔。为了进一步核实Indians的含义，笔者查阅了若干美国的波士顿倾茶事件历史网站，看到相关的若干历史图片，再次核实Indians确实是头上插着羽毛的"印第安人"。

其三是将斯陀夫人（Harriet Beecher Stowe，1811－1896）的"姐姐"凯瑟琳·比彻（Catharine Beecher，1800－1878）译成"妹妹"（陆扬，2011：177）。将比彻家的姐妹弄混就意味着对19世纪美国社会、宗教、文化状况的极度陌生。比彻家族在19世纪美国宗教界、教育界享有盛誉。父亲莱曼·比彻（Lyman Beecher）和3个儿子均为著名教士，致力于社会改革和废奴运动，女儿们也深受影响积极投身于教育和社会改革中。尽管英语中"姐妹"（sister）是一个词，但是对于家庭成员来说，长幼排行还是重要的。凯瑟琳是比彻家13个孩子中的老大，其母去世后，16岁的凯瑟琳就成了家中的主心骨，而当时哈莉叶特只有5岁。凯瑟琳·比彻在美国教育史具有重要的地位，她在斯陀夫人凭《汤姆叔叔的小屋》出名之前就已是广为人知的女性教育家，创办了多所知名的女子学校和学院，编撰教科书，撰写教育论文和书籍，组织美国女性教育协会等。哈莉叶特曾在姐姐的哈特福德女子学校（Hartford Female Seminary）读书、任教过。凯瑟琳·比彻的《论家庭经济》（*A Treatise on Domestic Economy*，1841）是专门为女子学校的学生及美国年轻女士写的教育论著，旨在提高女性的平等意识、道德修养和持家能力。在该著作前言中作者说："作为大家庭的长女，很早就会照顾孩子、做家务使她有资格成为此书的作者。"（1841：viii）《论家庭经济》和当时的诸多女性报纸杂志文章相互应和，大力宣扬家庭崇拜和女性影响力的意识形态，为家庭小说时代的到来奠定了思想基础。斯陀夫人的《汤姆叔叔的小屋》和与姐姐凯瑟琳合写的《美国妇女之家》都旗帜鲜明地表达了美国女性在资本主义经济的胁迫下共同缔造女性和家庭神话的宏愿。菲德勒重点论述的斯陀夫人的《汤姆叔叔的小屋》中的"天堂之家"和"许多母亲"都是对家庭小说特征的精当概括。只有理解了美国19世纪家庭崇拜和女性崇拜的渊源才能理解菲德勒的《文学是什么？：高雅文化与大众社会》。

3. 反思误译暴露的深层学术问题

上述误译均发生在最基本的词汇层面,并且在中英文中都是有直接对应的词汇,因此这些错误并不涉及复杂的翻译方法、策略、理论认识问题。上述误译所涉及的文化背景虽然重要,但是因其本身表达简单明了,可以脱离文化背景进行精确的直译。在句法层面,译著中也存在一些莫名其妙的表述,如"……相反我们当中许多人,都是非英语族类的后裔,徒有盎格鲁-撒克逊优雅文化的表象,骨子里却只有一代传承的底蕴"(陆扬,2011:58)。菲德勒本意是他们这些非盎格鲁-撒克逊人也承袭了盎格鲁-撒克逊的优雅文化,不过"仅一代人而已"(no more than a generation thick),不必译成文绉绉却不达意的"骨子里却只有一代传承的底蕴"。笔者认为,这种句法层面的不精确或不达意不会造成太大的认知混乱,相反倒是词汇层面基本的一对一翻译的错误导致的结果是不容疏忽的,它们是书名、文章名或特指历史事件中的重要细节和历史人物关系,具有特殊的符号意义,错误的术语翻译有可能在国内学界造成不必要的混乱和争议,因此有必要予以及时的纠正。

需要深思的是一位出版了若干部学术译著的翻译大家何以会犯如此低级的错误?除了上文针对误译而进行的具体分析之外,笔者认为这些误译暴露了国内学界存在的一些深层问题。首先是各自为政,缺乏共识。就19世纪美国女性文学而言,国内研究虽然较少,但不是一片空白。就以苏珊·沃纳的《广阔、广阔世界》为例,黄禄善的《美国通俗小说史》(2003:89)、金莉的《文学女性与女性文学:19世纪美国女性小说家及作品》(2004:126)、卢敏的《美国浪漫主义时期小说类型研究》(2008:146)等都有介绍和论述,如果译者、编者对这些研究状况稍有了解,此类误译便不会发生。

二是一味求新。国内美国文学研究重20世纪轻19世纪的状况非常明显,造成此状况的根本原因还是不了解当代美国文学研究的整体状况,而一味求新,认为19世纪的文学与当今社会没有太大关系,殊不知当代文学理论如解构主义、女性主义、后殖民主义等多是建立在对19世纪文学作品的解读之上的。

三是译者缺少秉承传统术语的意识。《文学是什么?:高雅文化与大众社会》中还有不少在国内广为人知的作品,如马克·吐温的《傻瓜威尔逊》(*Pudd'nhead Wilson*)、丁尼生的《亚瑟王传奇》或《国王之歌》(*Idylls of the King*)等,这些译名准确达意早已深入人心,一般沿用就可以了,而陆扬译本中的《布丁头威尔逊》、《亚瑟王的画像》就暴露出译者缺少秉承传统术语的意识。

菲德勒在《文学是什么?:高雅文化与大众社会》中严厉批评美国学术研究的制度化,指出作为机制的文学只在大学校园中作为挣学位、薪水和职称的手段而存在,完全失去了鲜活的生命力,因此无论是小说还是诗歌都已死去。但是在大众社会中文学还在不断地被创作、被阅读,销量惊人的畅销书还在不断涌出,学界应该以积极认真的态度对待大众文学的发展,介入现实,担当责任。

注释

① 参见 http://bostonteapartyfacts.com；http://www.boston-tea-party.org/Indian-disguise.html

参考文献:

狄金森. 狄金森诗选[C]. 江枫译. 北京:中央编译出版社,2004.

黄禄善. 美国通俗小说史[M]. 南京:译林出版社,2003.

金莉. 文学女性与女性文学:19世纪美国女性小说家及作品[M]. 北京:外语教学与研究出版社,2004.

莱斯利·菲德勒. 文学是什么?:高雅文化与大众社会[M]. 陆扬译. 南京:译林出版社,2011.

卢敏. 美国浪漫主义时期小说类型研究[M]. 上海:上海人民出版社,2008.

Baym, Nina. Review [J]. *The Iowa Review*, 1983(3/4):221—227.

Beecher, Catharine E. *Treatise on Domestic Economy* [M]. Boston: Marsh, Capen, Lyon, and Weeb, 1841.

Child, Lydia. *The Mother's Book* [M]. Boston: Carter, Hendee and Babcock, 1831.

Clark, Robert. *History, Ideology and Myth in American Fiction, 1823 – 1852* [M]. London: Macmillan Press, 1984.

Fiedler, Leslie. *What Was Literature? Class Culture and Mass Society* [M]. New York: Simon and Schuster, 1982.

Fiedler, Leslie. *Love and Death in the American Novel* [M]. New York: Criterion Books, 1960.

Kelley, Mary and Sedgwick, Catharine Maria. *The Power of Her Sympathy: The Autobiography and Journals of Catharine Maria Sedgwick* [M]. Boston: The Massachusetts Historical Society, 1993.

Showalter, Elaine. *Sister's Choice: Tradition and Change in American Women's Writing* [M]. Oxford: Oxford University Press, 1991.

其他

"哲学理念"与"科学概念"间的梳理与转述
——中医翻译的一种基本认识

林巍[①]

（暨南大学 翻译学院，广东 珠海 519070）

摘 要 随着中医在西方日益受到欢迎，别具特色和难点的中医翻译也成为一个突出的课题。实际上，中医里的术语主要是哲学理念，而西医中的术语本质上是科学概念，基于这样一种理解，本文主要从中医翻译的难症、中西医两套医学符号系统的梳理及"理念"与"概念"间转换三方面加以探讨。

关键词 中医；西医；哲理理念；科学概念；中医翻译

Communicating "Philosophical Ideas" and "Scientific Concepts": A Basic Understanding of TCM Translation

LIN Wei

(School of Translation Studies, Jinan University 519070, Zhuhai)

Abstract As traditional Chinese medicine (TCM) is increasingly popular in the West, its translation has also emerged as a prominent issue which bears certain specialties and difficulties. Based on the basic understanding that the characterized medical terms in TCM are mainly philosophical ideas, whereas medical terms in Western Medicine (WM) are essentially scientific concepts, this paper explores the issue from the aspects of the intricacy of TCM transition, the two different sets of medical symbol in TCM and WM and their communication, as well as the three kinds of strategies in carrying out the rendition between the two.

Keywords TCM; CM; philosophical ideas; scientific concepts; TCM translation

中医翻译是中译外领域里的一种特殊翻译，有着其特殊术语、方式和规律。本文以"哲学理念"和"科学概念"为宗旨，分别从中医翻译的难症、中

---

① 作者简介：**林巍**，博士，澳大利亚籍，暨南大学翻译学院特聘教授。

西医两套医学符号系统的梳理以及"理念"与"概念"间的"假设等同"及其转述三个方面,对此进行探讨。

1. 中医翻译的难症

中医翻译难,几乎是公认的事实。然而,难在何处?究其根源,难在医学的属性,特别是中医的特殊属性。

就科学定义而言,"医学是有关诊断、治疗或预防疾病及其他对身体或精神之损伤的科学"(《美国传统词典》)。然而,医学又是一门特殊的自然科学;在本质上,医学是研究人类生命过程以及同疾病做斗争的一门科学体系(辞海编辑委员会,1980:168),但在这一过程中医学又包含大量的人文精神和社会因素。

关于这一性质,许多著名医学学者都有所论述,例如:"由于在生命和疾病过程中,在防治疾病的措施中,包含大量的精神和社会因素,因此,医学的内容又有与思维科学、社会科学相交叉的部分"(李庆臻,1986:359)。"医学不仅只是智力意义上的科学,而且是人类学意义上的文化。""医学也不是一门单纯依靠自身内部完善发展的知识,而是一个不断吸收各种其他科学知识,并以某种哲学认识论和方法论为基础建构起来的知识与技术的综合体系。"(邱鸿钟,1993:3—4)

因而,古今中外,医学从来就不是一门纯粹的自然科学,而是具有浓重文化、理性、人文成分的综合学科。

就人类知识体系而言,"自然科学与社会科学的总和"便是哲学;因此,须从哲学的高度来认识作为"综合学科"之一的医学。

中西医学的本性属性固然是相同的,即治病、防病、救死扶伤,保护和增进人类健康,但其医学哲学意义上的体系却是迥然不同的。如果说,西医是以"技术科学"(下节另有论述)为基础和中介的"实证医学",那么中医就是以中国传统哲学为主导的"道理医学"。

正如著名中医学家任旭所指出的,"(我国)古代医学无论从思想上还是方法上,都紧紧依赖于哲学,甚至用哲学的语言和规律来解释人体的生理、病理现象……理论可以不受解剖形态学发展的束缚而独立发展"(任旭,1986:102)。

以中医典籍里的一段著名论述为例:

从阴阳则生,逆之则死;从之则治,逆之则乱。反顺为逆,是谓内格。是故圣人不治已病,治未病,不治已乱,治未乱,此之谓也。夫病已成而后药之,乱已成治之,譬如渴而穿井,斗而铸锥,不亦晚乎?(《素问》中"四气调神大论篇第二")。

其译文不妨为:

Obedience to the principle of Yin-yang cultivates life and resistance to it speeds up death. Patients acting in compliance with the principle can be cured while those who prefer the other way might end up in a worsening case. Resistance, in stead of obedience, to the principle of Yin-yang means killing oneself from within. That shows the reason why wise people give priority to prevention of diseases rather than curing of diseases. They take precautions to nip the first signs of illness rather than sit on them until illness has been a reality. Medication after the contraction of illness, comparable to drilling a well after feeling thirsty and forging weapons after the breaking out of a war, is therefore too late. (赖月珍,2008)

此段论述,与其说是医学,在某种意义上,还不如说是哲学,或安邦治国之道;或者说是哲学含义上的医学。

此外,还有许多类似词汇,如"釜底抽薪"(taking away firewood from under the cauldron)、"逆流挽舟"(saving a boat in adverse current)、"如丧神守"(loss of mind, unconsciousness, restlessness, delirium and so on caused by excess of internal heat)、"阴阳交感"(interaction of yin and yang)、"阴阳互根"(mutual rooting of yin and yang)、"孤阳不生,孤阴不长"(solitary yang failing to grow, solitary yin failing to increase)、"重阴必阳,重阳必阴"(extreme yin turning into yang, extreme yang turning into yin)等,若不是在中医的语境里,这些词汇、术语、警句完全可以作为哲学或文学用语加以诠释。

对于中医学的这种特殊属性,著名中医研究学者张效霞指出,"西医东渐后,中医学界人士主要通过学习传教士医生翻译的西医书籍而了解西医学,而传教士医生和出国留学归来的新式学者也通过阅读中医书籍而了解中医学。他们分别以各自的知识为基础来看待对方的医学,并以各自的医学理论为标准来评判对方的医学,由此形成了不同的医学观。"(张效霞,2006:221)

"学术界则认为,东西方两种医学体系的差异,除西医是以解剖学、病理学为基础,而中医则以气化为根本,有重哲学思辨之特点;西药多用化学药物,中医主要依赖草药等区别外,重要的则是西医的治疗大多是'机械'的对症下药,头痛医头,脚痛医脚,而中医的治疗则是'辩证'求本,必审其属,伏其所主,先其所因。"(张效霞,2006:223)

其实,从本质上讲,中医医治的不是"病",而是"人";不是具体的疾损,而是整体的机体。因为病是人的一部分,因而对于中医的英文翻译,就不可仅仅囿于医学概念,而是要拓展到文化、人文和哲理范畴。然而,这也正是中医翻译的难症所在。

2. 中西医两套医学符号系统的梳理

从理论体系上分析,中医理论算是高度精密而完善的;然而,进入现代社会以来,特别是自西医传入中国以来,中医就一直背负着"不科学"的原罪。究其根源,主要是指中医与自然科学——更确切地说——与技术科学的关系问题。

从学科形成的宏观层面上来讲,大致有这样三个部分:基础科学、技术科学和实用科学。就西医和中医的演进程看,有着很大的不同,概括如下:

中西医学科的形成

西医(WC):

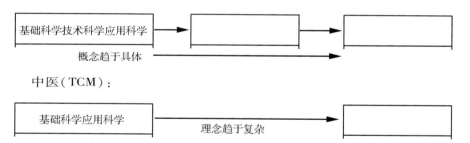

中医(TCM):

须知,"技术科学"阶段在由理论转化为实践的过程中起着关键作用。在西医中,这一部分的介入可谓实力雄厚、学科齐全,除了解剖学、生理学等基础学科外,还有物理学、化学、生物学、生物化学、神经科学等,从而使其学科的相应概念更趋具体、精确、务实。

相反,中医从基础理论到实际应用的进程,在历史上则几乎没有中间环节("技术科学")的介入与支撑,而是通过个人间经验的传授、直接应用于实践的,从而使其相应的概念在更加理性化的同时,也更加带有个人色彩和多层次与多元化。就此而言,不妨概括如下:

中医英译的层次与成分

中医西医

哲学层次(philosophical level):理念居多

学科层次(disciplinary level):概念居多

词义层次(semantic level):理念与概念的转述

以上所涉及的"理念"(idea)和"概念"(concept),在中西医的两种医学体系中,虽在汉语中只一字之差,其内涵却可相去甚远,因而沟通、翻译起来并非易事,因为科学概念中的医学术语定义得尽量准确、精到,而哲学理念则深刻、含混、甚至晦涩,有时难以有清晰的定义。

例如,"五脏"在中西医里似乎都有,但中医里的"心"、"肝"、"脾"、"肺"、"肾"在许多情况下并不能简单、对应地翻译成 heart, liver, spleen, lung, kidney,因为这些"脏"不单是解剖学概念,更重要的是其概括了人体某一系统的生理和病理学上的多种功能和意义;它们还有"象"的意义,是"脏象"。仅以"心"为例,心不仅是"主血脉",而且还"藏神",又是"君主之官"。

进而言之,在某种情况下,就算二者可以达到某种程度的吻合(下一节中另有论述),其在系统中的整合功能也是南辕北辙。例如,西医中有"肾"(kidney)、"胃"(stomach)、"心"(heart)、"肝"(liver),也有"虚"(empty/weak)、"实"(solid/fact)、"火"(fire)、"风"(wind)等,但却没有中医里的"肾虚"(kidney-empty)、"胃实"(stomach-solid)、"心火"(heart-fire)、"肝风"(liver-wind)等。

再如,中医基础理论体系的另一核心内涵经络学说既不是神经系统,也不是循环系统,而是一种"气"的传导和感应,因而在翻译中就不应涉及 nervous system 或 circulation system,而应设法在与 qi 和 channel, colleral, meridian 等分辨与多种表述上做文章。

总之,应当在深刻领会中医原理的基础上来加以诠释、翻译,而不是一味地比照西医的符号系统。

以此而言,这里不妨就笔者认为中医翻译里的若干不妥之处提出疑义。例如,将"乙癸同源"(yi kui tong yuan)译为"yi" and "kui" have the same root,其实在中医里,"乙"和"癸"分别代表肝和肾,故此译文不妨为 liver and kidney sharing the same origin;将"人生有形,不离阴阳"(ren sheng you xing, bu li yin yang)译为 man, having a form, can not deviate from yin and yang,是过于拘泥于字面意思,其实中医里的"阴阳"是构筑在人体之中的,故不妨译为 every human being has a shape which is constituted in yin and yang;将"得气"(de qi)译为 arrival of qi,过于表面化了,其实应是一种"感觉",故不妨译为 having a sense of acupuncture feeling;将"补气固表"(bu qi gu biao)译为 to replenish *qi* to strengthen the surface,这里又将 qi 泛用了,将"补"和"表"过于简单化了,故不妨以 vital energy, cultivate 及 exogenous symptoms 取代,而译

为 cultivating vital energy to ease exogenous symptoms 等。

值得指出的是,在两套不同医学符号系统的疏通中,近年来确实出现了一种一味地向西医靠近的倾向,即竭力地将中医的术语与西医的现代科学名词挂钩,并在论述中运用现代科学原理加以比符和印证。例如,将"元气"证明为现代医学所说的基因(DNA)(王凤熙,1989:33);将"宗气"证明为"是吸入的氧气和机体从消化物中吸收的糖类、氨基酸、脂肪酸、甘油、维生素及某些无机离子和小分子物质"(闫起鹏,1992);甚至有人将"阴阳学说"(yin-yang theory)与电子计算机应用的"二进制"(binary system)相比较,由此推论,二进制是电子计算机的基础,所以阴阳学说也就成为计算机诞生的基础。以此,在几千年的中医基础理论与现代科学技术系统之间有机地架设起了一座"桥梁"。

然而,这种简单的模拟和"对号入座",由于缺乏坚实的科学依据,抹杀了中医的特性,其实不但无助于中医理念的"科学化",也无助于其与西医科学概念间的疏通。

其实,从语言与文化接触(linguistic and cultural communication)的角度看,在两套符号系统之间进行疏通的关键,是要探寻到所谓"共享知识"(common knowledge)和各种形式的等值(various equivalence),哪怕在目前阶段还带有假设的成分。

3. "理念"与"概念"间的"假设等同"及其转述

正如恩格斯指出的,"只要自然科学在思维着,它的发展形式就是假设"(李庆臻,1986)。由于中西医两套符号系统间的"共享知识"(common knowledge)是相对的,二者之间的疏通仍在磨合之中,因而又不妨引入"假设等同"(hypothetic equivalence)的概念。

概括来讲,两套医学系统中"理念"与"概念"之间的表述关系大致有以下三种。

3.1 包含关系

如图所示:

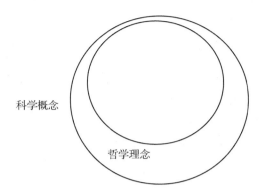

如上所述,中医里的"五脏",其内涵和功能,远远超过西医里相应概念。这里仅以其中的"心"为例。在西医里,将 heart 定义为 is a hollow muscular cone-shaped organ, lying between the lungs, with the pointed end (apex) directed downwards, forwards, and to the left. The heart is about the size of a closed fist. Its wall consists largely of cardiac muscle (myocardium), lined and surrounded by membranes (Martin, 2000).(译文:心为空心的圆锥形肌性器官,位于两肺之间,尖端向左前下方。心脏约有握拳大小。心壁大体上由心肌、心内膜及心脏外面的心包组成。)显然,这是一个非常精确、可触摸的器官。

然而,在中医里,"心"除了是一个"居于胸腔之内,两肺之间,隔膜之上,形如倒垂未开之莲芯,外有心包护卫"的"脏器"之外,还有下列重要性质和功能:"心为神之舍,血之主,脉之宗,在五行属火,为阳中之阳,起着主宰人体生命活动的作用,故《素问灵兰秘典论》称其为'君主之官'。心的主要生理功能有二:一是主血脉,二是藏神。心开窍于舌;在体合脉;其华在面;在志为喜;在液为汗。"(吴敦序,2000)

我在澳大利亚黄金海岸自然疗法学院(Academy of Natural Therapies, Gold Coast)曾任中医教学,对"心"(用拼音 xin 表示)每次需做类似的解释:

In TCM, the "heart" has never merely been a functional organ of "pump", rather it is paramount to the monarch of a state, having definite determining power and control over all matters and beings.

In other words, "Xin" has the status and power of a Chinese emperor who was the embodiment of heaven on earth, and he brought order and prosperity to his kingdom simply by being. "Xin" as an entity which has authority by nature, whose presence alone is guarantee of order. The command of "xin" over the body, as the emperor's over the kingdom, is accomplished not by action but by a radiation of order from the center. Considering its symbolisms, it should not uniformly be translated as "heart" based on Western medical term which distorts its original meaning, but the terms with more meaningful implications, such as "xin tai"(心态)—the status and functions of heart and so on to signify its physical as well as spiritual conditions.

应当说,中医里多数"理念"的内涵大于西医"概念"中的实指。当然,这主要是就中医理论内最具特性的部分而言。

3.2 近值关系

如图所示:

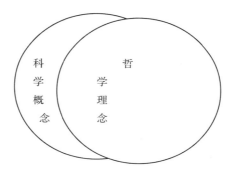

这是二者之间大致对应的概念。这一部分主要是指对人体肌肤、肢体、器官(中医称之为"孔窍")及一些病名方面的。例如:

关节—joint,血脉—vessels,心包—pericardium,四肢—four extremities,髓海—brain, ect.; the names of illness and disease, such as 便秘—constipation, 疟疾—malaria, 感冒—cold, 梅毒—syphilis, 遗尿—enuresis, etc.; and in terms of treatment, such as 止痛—stopping pain, 止血—stopping bleeding, 正骨—bonesetting, 放血—bloodletting, 驱虫—parasiticidal therapy;等等。

有些表面看来不大"等值",但在翻译中做出若干调整后仍可取得相当的"近值"效果。例如,"贼风"开始翻译为 thief-wind, wind-evil,令英语读者常不知所云,后渐渐落实到 pathogenic wind,使问题基本得到解决。

同时,还不妨做些相应的简述。例如,将"奔豚"译为 bentun syndrome (similar to gastroenteroneurosis),将"消渴"译为 diabetes, also called *xiaoke* in TCM 等。

此外，对于某些术语的翻译亦不妨"一词多译"。例如，郁症—neurasthenia, hysteria, 痹症—rheumatic arthritis, rheumatoid arthritis, fibrositis, fibrosities, gout, 石瘿—nodular goitre, thyroid carcinoma 等。

3.3 并列关系

如图所示：

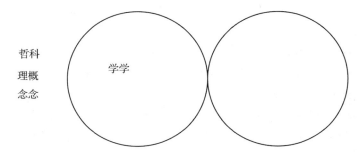

中医里的许多"理念"在西医里几乎找不到对应物（equivalence），如命门、三焦、气血、经脉等。以其中的"命门"为例，在中医里解释为"生命的门户"（通常翻译为 Gate of Life），先天精气蕴藏之处，为人体生化的来源，生命的根本主要功能是：为元气所系，是人体生命活动的原动力；藏精舍神与生殖机能有密切关系；为水火之宅，内寓真火；为人身阳气之根本（原一祥等，2000：616）。对此不妨译为：It is a place where congenital essence is stored. It is the source of the life processes and the base of life. Its main functions are the root of primordial *qi* acting as the primary motivating force for living activities. It is the source of yang-*qi* and the house of water and fire, storing the kidney-yang. 其实，这种翻译对于英文读者来讲还多少有些"生硬"，似应加些注释。

至于"命门"的具体位置，中医本身就有着不同的认识，如左肾右命门说、两肾总号命门说、两肾之间命门说、命门为肾间动气说（原一祥等，2000：616）。对此，只能做些概述，如 some regard there is a gate of life between both kidneys, others hold that gate of life is dynamic qi 等。

再如，"三焦"通常解释为"是脏腑外围最大的腑,有主持诸气、疏通水道的作用,分上焦、中焦、下焦三部分"（原一祥等，2000：33）。亦不妨就其本意翻译成 It is the largest one outside all the viscera and bowels within the body cavity consisting of the upper-energiver, middle-energizer and lower-energizer. Its main function is to control the *qi* movement and to circulate the passage of water. 但是由于"三焦"没有具体位置，长期以来不但一直是中医界争论的焦点，更为中医的英译带来了麻烦，许多时候不得不做些"模糊处理"，如 the largest one 等。

因而我在国外讲到此问题时,通常加上这样一段解释:In fact, "san jiao" does not describe a physical organ, which is normally included in the "body part" radical in the TCM dictionary. Like the heart in TCM, it has "a name but no form". It is rather the sum of the functions of transformation and interpretation of various densities and qualities of substance within the organism, "the way and pathways of liquids and cereals the beginning and ending of qi" (Nan Jing,《难经》,Chapter 25). Therefore, it has been translated as "three bodily regions of fluid-transport", "three hearts", "upper, middle and lower jiao" and so on. Recently, the WHO has standardized it as "triple energizer".

此外,还有许多"貌合而神离"的术语。如中医上的"伤寒"有三层含义:一为多种外感热病的总称,二为感受寒气而引发的病症,三是指冬季受寒(欧明,1986:167);而西医上的"伤寒"(typhoid)是指因伤寒杆菌而引起的病症,故在翻译时切不可套用西医的概念。

其实,并列关系也是 common knowledge 中的一种假设状态,因为这也受限于现阶段的认知和科技发展条件。随着时间的推移,所谓"并列关系"也可能在不同程度和方式上向"交叉关系"等方面转化,如"三焦"翻译中 san jiao 向 triple energizer 的变化等。

例如,所谓"三焦一腑位于腹腔、在其他五腑的外面"的认识,近来发现,其实是指现代解剖学上的小网膜、大网膜和肠系膜,从而进一步完善了中医对此的认识:三者均位于膈下之腹腔,并紧紧附着、包裹于其他诸腑的外面,其本身也没有脱离其他脏器的独立形态,且均是由"不实之肉"所构成、中间有"沟渎"的组织(张效霞,2006:149)。

在宏观趋势上,最值得关注的莫过于西医科技对于"阴阳学说"这一中医理论基石的现代发现与诠释。现代医学对器官功能的认识固然远远超过了古人,但阴阳学说所揭示的物质运动变化规律,即使在现代医学中仍显出其正确性。这不但体现在现代解剖学、生理学、病理学、药理学、临床治疗学等各个领域的阴阳两种属性的物质运动形式,而且通过试验方法,更加确定了这一规律的存在程度(陈焕新,2003:15)。

具体来讲,在神经系统中,神经的主要活动方式不外乎兴奋与抑制两大类型,可视神经的兴奋为阳、抑制为阴;神经的信号传导为阳,静止或阻滞为阴。在呼吸系统中,吸气为阳,呼气为阴。呼吸中枢里,现代生理学证明存在着两组神经元群,即分别调节吸气的吸气中枢和呼气的呼气中枢。在消化系统中,胃肠道的蠕动为阳,消化液的分泌为阴;营养物质的吸收为阳(至者为阳),废残物质的排泄为阴(去者为阴)。在循环系统中,心脏的收缩为阳,舒张为阴,二者的协调运动,共同完成心脏的泵血功能。在泌尿系统中,肾小球滤过原尿的功能属阴,肾小管的重吸收功能属阳;下尿路中,尿液的储存、阻流功能为阳,排泄功能属阴。在血液系统中,血浆为阳,雪球成分为阴;所含氧气为阴中之阳,血浆中的营养物质为阳中之阴。在内分泌系统中,生长激素、甲状腺素、肾上腺皮质激素是维持生命活动的主要阳性激素,过多为阳亢,减少为阳虚。同时,即使在微观上也是如此。例如,在细胞层面上,细胞的收缩为阳,舒张为阴。细胞质为阳,细胞核为阴。心肌细胞的兴奋产生电位活动为阳,静止、不应期的静息电位属阴,等等(陈焕新,2003:16)。

值得指出的是,这种中医不断得到西医现代科技印证与接受的过程,不但会促进两种医学体系间的接触与包容,同时也必然在不同方面(如以上分析的包涵、近值、并列等)为中医翻译带来多种因素的影响,从而使得"理念"与"概念"间的转述更为恰当与等值。

综上所述,可得出以下结论:(1)中医里的核心术语多属哲学理念,与西医中的科学概念往往有着本质差别,不可"等闲视之"或"一视同仁"。(2)中医里的"哲学理念"与西医中的"科学概念"之间在不同层面、程度上存在着"共有知识"(common knowledge),这使得中医翻译成为可能,也是进行更有效翻译需不断挖掘的对象,即使是以假设为基础的。(3)在中医翻译里,所谓"理念"与"概念"的界定也是相对的;随着现代医学的发展、世人对于中医基础理论和属性的不断重新认识以及两种医学体系间的不断接触、理解与互补,新的翻译术语和方式又会不断出现。

参考文献:

辞海编辑委员会. 辞海[Z]. 上海:上海辞书出版社,1980.

陈焕新. 中西医学汇通指南[M]. 北京:科学出版社,2003.

成肇智. 用"审机定治"取代"辨证论治"[J]. 山东中医药大学学报,1999.

邓文初. "失语"的中医——民国时期中西医论争的话语分析[J]. 文史天地,2003(6):113.

贾得道,贾念民. 中医的科学研究[M]. 太原:山西科学技术出版社,2002.

华格拉立克 B. T. 对中医学研究和科学论证方面的见解[J]. 中医杂志,1956(9):449.

黄帝内经[M]. 西安:陕西旅游出版社,2003.

赖月珍. 中医英译的把握[J]. 上海翻译,2008(3).

李庆臻. 简明自然辩证法词典[Z]. 济南:山东人民出版社,1986.

罗竹风主编. 汉语大词典[Z]. 上海:汉语大词典出版社,1992.

门九章. 中西医结合的现实思想与实践[J]. 医学与哲学,2001(8):49.

南京中医学院. 中医学概论[M]. 北京:人民卫生出版社,1958.

欧明. 汉英中医辞典[Z]. 广州:广东科技出版社,1986.

邱鸿钟. 医学与人类文化[M]. 长沙:湖南科学技术出版社,1993.

王凤熙. 中医气的本质与现代医学的联系[J]. 河北中医,1989(6):33.

吴敦序. 中医基础理论[M]. 上海:上海科学技术出版社,2000.

闫起鹏. 从分子医学角度评析中医宗气学说的重要性[J]. 实用中西医结合杂志,1992(4):197.

原一祥等. 汉英双解中医大辞典[Z]. 北京:人民卫生出版社,2000.

张效霞. 回归中医——对中医基础理论的重新认识[M]. 青岛:青岛出版社,2006.

张效霞,杨庆臣. 奇恒之腑考辨[J]. 北京中医药大学学报,2003(1):22.

张士舜. 中医现代化研究[M]. 哈尔滨:黑龙江科学技术出版社,1989.

文化翻译视角下的译者职责
——MTI 课程中的翻译伦理教育

王惠萍[①]

(上海师范大学 外国语学院,上海 200234)

摘 要 翻译伦理教育是 MTI 教学中不容忽视的内容。翻译伦理即从社会伦理的角度,对不同时期译者从事翻译活动所遵循的规范与准则进行研究。翻译伦理包含不同的方面,译者道德在翻译伦理中具有重要的地位。此外,从"文化翻译"的视角审视译者在当今世界中的职责是大势所趋。翻译伦理教育可融合在 MTI 不同课程的教学中,通过以问题为基础的案例教育模式,引导学生做出翻译伦理方面的思考。

关键词 MTI 课程;翻译伦理;文化翻译;译者职责

The Translator's Responsibility in terms of Cultural Translation
——Translation Ethics Education in MTI Courses

WANG Huiping

(Foreign Languages College, Shanghai Normal University, Shanghai 200234)

Abstract Instruction of translation ethics is an essential part of MTI education which cannot be overlooked. From the perspective of social ethics, translation ethics studies the norms and principles abided by the translator at different historical periods. Besides, currently it is an overwhelming trend to study the translator's responsibility in the world in terms of cultural translation. Education of translation ethics can be integrated into varied MTI courses, which, based on a case education mode, induces the students to ponder over ethical problems in translation.

Keywords MTI courses; translation ethics; cultural translation; the translator's responsibility

---

① 作者简介:王惠萍,上海师范大学外国语学院副教授,英语翻译学博士,翻译硕士导师,研究方向为翻译与文化。

翻译硕士专业学位(MTI)教学有别于一般意义上的职业培训,要求培养学生较强的人文素养。同时,其高等教育的特点也决定了伦理教育为其重要教学内容。当今社会追求经济效益之风不断滋长,造成了译风不正。中国译坛要纯洁译风、提高翻译质量,必须从端正价值观入手。另一方面,自翻译研究的"文化转向"之后,翻译与文化的联系日益密切,从"文化翻译"的视角审视译者在当今世界中的职责是大势所趋。翻译伦理教育可融合在MTI不同课程的教学中,通过以问题为基础的案例教育模式,引导学生做出翻译伦理方面的思考。翻译伦理教育在MTI教学中具有不容忽视的作用。

1. 翻译伦理的概念

伦理学问题是关于"善"的问题,涉及"道德"或道德上"有价值的东西",涉及作为人类行为的"标准"或"规范"(万俊人,2004:159)。"伦理"和"道德"两个概念容易混淆,其实这两者存在区别。道德所表达的是规范和理论,而伦理所表达的不仅包括规范,还有现象、问题及规律,伦理指涉的范围远大于道德,是一个社会学的范畴(王大智,2009:62)。

翻译是不同文化间沟通交流的桥梁,必然牵涉到不同的社会和文化,因此与伦理有着千丝万缕的联系。事实上,自古以来伦理思想便存在于中西方的翻译实践中。由于受到不同价值观的主导,译者行为体现出相异的伦理取向。翻译伦理即从社会伦理的角度,对不同时期译者从事翻译活动所遵循的规范与准则进行研究(祝朝伟,2010:78)。

翻译中的伦理并非简单等同于"忠实"。诺德(C. Nord)提出用"忠诚"(loyalty)来取代传统的"忠实"(fidelity)观念(Shuttleworth & Cowie 1997:98)。传统的"忠实"注重对原文意义的展现,是以文本为中心的。而"忠诚"注重的是交际行为中的人际关系,反映了译者对翻译这种交际行为中涉及的其他参与各方(包括原作者、委托人以及受众等)的责任。切斯特曼(Chesterman,2001:139 – 154)把伦理归纳为不同的类别:(1)再现的伦理:要求准确地再现原作及原作者的意图,不能增减和修改。(2)服务的伦理:翻译须符合商业服务的目的,翻译要符合客户要求,实现由委托人与译者共同商定的目标。(3)交际的伦理:强调交际功能,促使双方进行互利的跨文化合作。(4)基于规范的伦理:译文要符合译入语规范,满足特定文化的期待。之后,切斯特曼又提出承诺的伦理(ethics of commitment),用译者的道德(virtue)来协调各种伦理,因此译者道德在翻译伦理中具有重要的地位(方梦之,2012:94)。

2　文化翻译视角下的译者职责

党的十七届六中全会提出了"增强国家软实力"的目标,如何建设"文化强国"成为众人瞩目的问题。当前我国正在努力使中国文化"走出去",在世界舞台上树立起积极正面的中国民族形象,以消除西方对中国的文化误解,构建一个和谐世界。国务院新闻办公室主任蔡武提出,"中国五千年悠久而璀璨的历史文化不仅属于中国,也属于世界,中国理应对新世纪世界文化格局的形成和发展做出自己的贡献。而要承担和完成这一历史使命,中译外翻译工作任重而道远"(郑悦,郑朝红,2014:67)。

作为翻译活动的中心,译者如何在错综复杂的关系网络中发挥其协调作用,是一个至关重要的问题。自翻译研究的"文化转向"之后,翻译与文化的联系日益密切,从"文化翻译"的视角审视译者在当今世界中的职责是大势所趋。所谓"文化翻译",即在文化研究的大语境下来考察翻译,对文化以及语言的"表层"与"深层"结构进行研究,探索文化与翻译的内在联系和客观规律(谢建平,2001:19)。

王宁深入阐释了文化翻译的概念,他认为任何一种文化都不是存在于真空之中,它势必要与周边的文化,尤其是强势文化交流和互动,而翻译是其中必不可少的中介。通过翻译,强势文化可以渗透到弱势文化中去,而反过来弱势文化也可以影响强势文化,从而达到消解文化"霸权"和"纯真"的目的。优秀的翻译可以使一部在某个特定民族或文化语境中有一定影响的文学作品旅行到另一个语境,从而产生更为广泛的影响。在全球化的语境下,翻译的作用更多地体现在文化层面上的协调和重构,而不仅仅是语言层面上的移译。王宁以《红楼梦》的两个英译本为例,认为霍克斯的译笔十分优美,令西方读者爱不释手,有效地使这部中国古典名著成为英语世界的文学经典。而相比之下,杨宪益和戴乃迭合译的版本虽然在语言文字层面更为忠实,但却忽视了译本的可读性和读者的接受度,不易为西方读者接受。因此,从更深层的文化翻译和文化传播角度来看,霍克斯的译本有效地把中国文学的精髓翻译到了英语世界,从而达到了更高一层意义上的忠实(王宁,2012:11—12)。

通常人们习惯用"归化"或者"异化"的二分法来概括某个译者的翻译策略,似乎非此即彼。韦努蒂认为,通顺的翻译,即绝对的归化,是英美强势文化对外国文本进行文化侵吞的手段。韦努蒂针对性地提出了绝对异化的翻译策略。但是这种让译者过度"现身"的做法是不利于文化交流的。孙艺风指出,当今世界的文化疆界正日益变为共有,生成并转化成某种文化身份,催生出了一种中间文化地带,从而构成文化离散的空间。在这个中间地带里的文化翻译中,自我与他者之间的二元对立是不复存在的。译者不单单只是一个翻译的工具,而是不同文化间的协调者。(韦努蒂,2006:5)在文化翻译中,译者需注意不同文化的固有规范和译入语读者的接受度,如果译文枯燥乏味、晦涩难懂,反而会使译入语读者产生厌恶反感的情绪,其结果往往事与愿违。因此,在绝对的归化和绝对的异化这两个极端中,译者可以选择有限度的现身,以更利于跨文化交际。自我与他者的两极分化是跨文化交际的障碍,译者最现实的选择就是鼓励并诱导目的语读者离开家园走向中间地带(伍先禄,李延林,2006:107—109)。在文化翻译的视角下,译者所肩负的职责是不同文化间的协调者,其翻译的根本目的是实现多种文化的和谐并存,从而丰富全人类共同的文化财富。

3. 翻译伦理教育的必要性

MTI 培养模式的重点被定义为:过硬的口笔译技能 + 娴熟的译者能力 + 丰富的相关专业知识 + 较强的人文素养(仲伟合,穆雷,2008:7)。人文素养是一名合格译者必不可少的一部分。翻译硕士专业学位(MTI)教学有别于一般意义上的职业培训,其高等教育的特点也决定了伦理教育为其重要教学内容。但目前 MTI 的课程设置没有专门讲授伦理知识课程的空间(陈浪,2011:45)。但另一方面,由于 MTI 培养模式将翻译实践放在首要位置,学生需在有限的学习期间完成大量口笔译实践方面的课程,目前许多学校在翻译职业道德教育方面普遍存在缺失:与翻译职业相关的课程开设得较少,除一所学校开设了"职业道德与规则"外,其他涉及翻译职业内容的介绍几乎没有(文军,穆雷,2009:94—95)。

方梦之曾谈到 2011 年参加上海市新闻出版局组织的部分上海英文版期刊的编校质量检查,在检查的 15 种期刊中由于某些译者(或兼作者)缺乏对翻译伦理的认识或翻译能力欠佳,致使部分文字质量不尽人意。目前社会上各类翻译作品层出不穷,翻译质量良莠不齐,而一味追逐利益而造成翻译质量低下的问题也日益严重。许钧(2009:132)也指出,近年来中国科技翻译的水平日趋下降,中国引进的科学文化出版物 90% 以上存在翻译问题。造成这个问题的一个重要原因是当今社会有些人的价值观发生了严重倾斜,单纯追求经济效益之风不断滋长,造成了译风不正。因此,中国译坛要纯洁译风,提高翻译质量,必须提高对翻译事业的认识,从端正价值观入手。

由此可见,MTI课程中翻译伦理教育对于提高翻译作品的质量、促进中国与世界的文化交流有着极为重要的意义。

4. 翻译伦理教育的模式

翻译伦理是一个抽象的概念,翻译伦理教育并非仅通过一两堂课让学生知道什么是翻译伦理、译者应该具有怎样的道德就足矣。翻译伦理具有动态发展性,深深植根在社会文化的土壤中。因此,翻译伦理教育应该和社会和历史相结合。陈浪(2011:46)认为,翻译伦理教育可以贯穿在翻译史课程教学中,并提出了以"问题为基础"的教学模式,加强案例教学的力度。具体而言,要以各时期翻译大事件或代表人物为线索,关注相关译者遵循或违反当时翻译规范的行为,围绕翻译什么、为什么翻译、为谁翻译、用什么翻译策略等问题引导学生思考。通过观察不同时期的译者活动和翻译观的变化,审视其中的性别、种族、民族、价值取向等因素,使学生认识到责任是译者伦理的基础,通过批判性思维教育内容与伦理知识的融合来培养学生明确的伦理意识。

笔者认为,除了翻译史的教学外,翻译伦理教育也可以融合在其他课程的教学中,如翻译概论、文学翻译等。在这些课程中,同样可通过以问题为基础的案例教育模式,引导学生做出翻译伦理方面的思考。以笔者教授的翻译概论课程为例,每次讲课都围绕着有关翻译的某个方面展开,如什么是翻译、翻译的过程、翻译有什么作用、谁在翻译、有什么因素影响翻译、如何评价翻译等,而所有这些问题都离不开正确的翻译伦理观。例如,在讲述有什么因素影响翻译这一问题时,提到其中一个因素是文化语境和社会因素。社会的发展呼唤翻译,而不同的社会发展阶段需要不同的翻译。笔者以林纾的翻译为例来说明。林纾的翻译一直以来由于其"讹误"而为人诟病,但是当我们在评判他的翻译时,必须将其放在社会历史的大背景下加以诠释。林纾的翻译受到当时救国维新思潮的影响。林纾译书的时代正值中国遭受帝国主义侵略之时。当时改良主义的维新运动日益发展,维新派企图通过政治上的不彻底改革挽救危局。1901年林纾翻译的《黑奴吁天录》正是出于为大众一号希望唤醒国民的救国意识。而由于当时社会意识形态的影响,林纾对原作进行了许多改写和删略(王惠萍,李四清,2011:60)。此外,一个时代的文化环境对翻译也产生影响。笔者又以"五四时期"的代表译者鲁迅为例。鲁迅的"硬译"策略是广受争议的话题,然而鲁迅的翻译策略是和其所处的时代密不可分的。"五四新文化运动"意在创建现代白话文,这就需要大量借鉴西文的语法结构和词汇。鲁迅期望通过模仿英文的构词法以使中文更为精密。鲁迅的远见在于意识到了"信而不顺"对译语文化发展的促进作用,从而义无反顾地肩负起了领导中国白话文运动的历史使命(王惠萍,2011:87)。

正是通过这样一些历史案例的分析,学生们得以更深刻理解翻译和社会文化语境的联系,从而明白译者的翻译行为有其深刻的历史原因,需要全面客观分析,而不宜妄下结论。

5. 翻译伦理教育的意义

5.1 培养反思能力,客观评判翻译现象

通过"以问题为基础"的翻译伦理教育,可以促使学生对翻译历史问题的反思,客观评判翻译现象,形成自己的价值观和反思能力,而不是人云亦云。这种主体意识能进一步帮助学生审视自己的翻译实践,培养思考和判断的习惯。

学生在反思性学习中关注的不仅是历史事实,更重要的是这些历史事实产生的社会、文化、政治、经济根源,形成动态的翻译伦理观念。在他们面对当前社会热门话题时,也可以从多重层面去分析和评判,从而形成更深层次的理解。

翻译伦理包含不同的方面,既有再现的伦理、服务的伦理、交际的伦理、基于规范的伦理,更有承诺的伦理。译者是活生生的人,离不开其所处的客观环境,但其道德观起到了尤为重要的协调作用。评判一个翻译现象需以译者主体为中心着手,考量其道德观是否在翻译活动中起到了积极有益的效果。

5.2 建立宏观视野,正确了解翻译目的

如前文所言,在文化翻译的视角下,译者所肩负的职责是不同文化间的协调者,实现多种文化的和谐并存,从而丰富全人类共同的文化财富。译者的翻译目的归根结底是在世界舞台上树立起积极正面的中国民族形象,以消除西方对中国的文化误解。

如何向世界传播中国的文化是译者所肩负的重大责任。翻译伦理教育可以起到"以史为鉴"的作用。例如,笔者曾以伊万·金的《骆驼祥子》英译本为例,让学生们思考伊万·金在译本中的改写是否有助于中西文化交流。

虽然该译本在美国受到了欢迎,但是伊万·金的改写违背了老舍著作的文化精神,一味迎合译语读者的兴趣喜好,并未能向西方传达真实的中国文化。通过案例讨论和分析,学生明白了译者在文化交流中的重要地位,促使他们在翻译实践中,更慎重地思考自己肩负的文化使命和职责。

翻译伦理教育有助于培养学生文化翻译的观念,站在促进不同文化沟通交流的高度,来评判审度自己的翻译行为,对于不利于文化交流的行为能自觉加以遏制,真正发挥其文化协调者的作用。

5.3 树立译者道德,促进翻译质量提高

翻译伦理教育能帮助学生形成自己的反思和评判能力,树立正确的翻译伦理观,以良好的译者道德来规范自己的翻译实践,而不是一味追求经济效益,唯利是图。在中西方交流日益频繁的今天,翻译的质量问题日益突出。译者要面对出版商、读者、原作者、评论家等诸多因素,难免会受到各种干扰。翻译伦理教育可以帮助学生端正译者价值观,正确平衡各种因素,从根本上杜绝或减少劣质译作的产生。而只有翻译质量得到提高,才能真正推动中西文化交流,促进社会的良性发展,丰富全人类共同的精神财富。

6. 结　语

翻译是不同文化间沟通交流的桥梁,牵涉到不同的社会和文化,与伦理有着千丝万缕的联系。翻译伦理即从社会伦理的角度,对不同时期译者从事翻译活动所遵循的规范与准则进行研究。翻译伦理包含不同的方面,既有再现的伦理、服务的伦理、交际的伦理、基于规范的伦理,更有承诺的伦理。译者道德在翻译伦理中具有重要的地位。同时,由于翻译与文化的联系日益密切,从"文化翻译"的视角审视译者在当今世界中的职责是大势所趋。翻译伦理教育可融合在MTI不同课程的教学中,通过以问题为基础的案例教育模式,引导学生做出翻译伦理方面的思考。翻译伦理教育具有重要的意义:培养学生的反思能力,客观评判翻译现象;帮助学生建立宏观视野,正确了解翻译目的;并有助于学生树立译者道德,促进翻译质量提高。

参考文献：

陈浪.让翻译史发言:论 MTI 教学中的翻译伦理教育[J].外语与外语教学,2011(1):45—48.

方梦之.翻译伦理与翻译实践——谈我国部分英文版专业期刊的编辑和翻译质量[J].中国翻译,2012(2):92—94.

孙艺风.离散译者的文化使命[J].中国翻译,2006(1):3—10.

万俊人.20 世纪西方伦理学经典[M].北京:中国人民大学出版社,2004.

王大智."翻译伦理"概念试析[J].外语与外语教学,2009(12):61—63.

王惠萍.《新青年》翻译文学简评[J].山东文学,2011(1):59—61.

王惠萍,李四清.权力与操纵——也谈林纾的翻译[J].福建师范大学学报(哲学社会科学版),2011(2):60—63.

王宁.民族主义、世界主义与翻译的文化协调作用[J].中国翻译,2012(3):5—12.

文军,穆雷.翻译硕士(MTI)课程设置研究[J].外语教学,2009(4):92—95.

伍先禄,李延林.论跨文化交际中译者的定位[J].长沙大学学报,2006(6):107—109.

谢建平.文化翻译与文化"传真"[J].中国翻译,2001(5):19—22.

许钧.翻译概论[M].北京:外语教学与研究出版社,2009.

郑悦,郑朝红.对外文化传播中 MTI 教师的角色定位[J].河北大学学报(哲学社会科学版),2014(2):67—71.

仲伟合,穆雷.翻译专业人才培养模式探索与实践[J].中国外语,2008(6):4—14.

祝朝伟.译者职责的翻译伦理解读[J].外国语文,2010(6):77—82.

Chesterman, Andrew. Proposal for a hieronymic oath[J]. *Anthony Pym. The Return to Ethics, Special Issue of the Translator*. Manchester: St. Jerome Publishing, 2001: 139—154.

Shuttleworth, Mark & Moira Cowie. *Dictionary of Translation Studies*[M]. Manchester: St. Jerome Publishing, 1997.

中国文化走向世界,汉学家功不可没①

丁大刚②

(上海师范大学 外国语学院,上海 200234)

摘 要 文章在梳理中国译者和汉学家在翻译中国典籍各具优势基础上,说明汉学家在"中学西传"功不可没的同时,提出在当前中国文化走向世界的大形势下,要发挥这两种译者的资源,走"中西合璧"之道。

关键词 汉学家;中国文化;理雅各;宇文所安

On the Right Way of Disseminating Chinese Culture

DING Dagang

(Foreign Languages College, Shanghai Normal University, Shanghai 200234)

Abstract Both the Chinese translators and Sinologists Contribute a lot to the translation of Chineses Classics, and they have their own advantages in translating. We should not undervalue the sinologists' contribution to the dissemination of Chinese studies in the world. In the current situation, the best way of translating Chinese classics is to combine the two parties' resources.

Key words Sinologist; Chinese culture; James Legge; Stephen Owen

中国当代翻译家杨宪益、许渊冲、汪榕培等在把中国典籍译为英文,把中国文化推向世界方面做出了巨大的贡献。而且他们的翻译都是建立在大量研究中国传统注疏和外国译本的基础上,非常值得从事翻译实践或翻译研究的中国学人学习。2012 年,90 多岁高龄的许老还在北大图书馆借阅和复印《诗经》法译本,笔者见此情形感动不已。

---

① 基金项目:教育部人文社会科学研究青年项目"理雅各中国典籍翻译话语研究"(编号:13YJC740015)。

② 作者简介:丁大刚,男,上海师范大学外国语学院副教授,伦敦大学亚非学院高级访问学者,上海师范大学人文与传播学院比较文学与世界文学研究中心博士,研究方向为典籍翻译。

《文汇报》近期刊登许老文章《文学翻译与中国梦》,更是展现了他对当今中国典籍在世界翻译和传播情形的洞悉。作为晚辈,本应只有学习的份,但还是忍耐不住想就许老所说该如何对待"外国人有不同的意见"(许渊冲,2016)问题,谈一点"小学究"的看法,因为有时候站在山外的汉学家更能识得"庐山真面目"。

现代翻译研究在出现"文化转向"之后,已走出单单评判正确与错误、优与劣的阶段。虽然我们不能因董仲舒说"诗无达诂",就不顾翻译的准确,但也不能否定翻译的多种可能,而且多样化的翻译也作为客观事实而存在着,所以中国典籍重译者在动笔之前确实应像许老那样好好研究之前的译本。而在这些译本中尤其应该研究的是外国汉学家的译本。

回顾"中学西传"的历史,19世纪来华的传教士汉学家在中国文化向西方传播的过程中确有开辟之功。这其中最为著名者就有许老所提及的理雅各(James Legge,1815—1897)[①]。许老批评理雅各翻译《诗经》缺乏音韵美,这是事实,但这是理雅各追求准确(许老也两度赞许其译文的"意美")而故意用散文体翻译的结果;殊不知理雅各后来还推出了《诗经》的韵体译本。而且,理雅各完成"四书"、"五经"的翻译后,还翻译过许多中国的纯文学作品,如屈原的《离骚》、李白的诗、韩愈的古文、蒲松龄的《聊斋志异》《东周列国志》等。笔者有幸在牛津大学图书馆读到理雅各的这些译稿,不妨以其翻译的《望天门山》为例来欣赏其翻译的意美、音美和形美。

> 天门中断楚江开,
> 碧水东流至此回。
> 两岸青山相对出,
> 孤帆一片日边来。

> Heaven's gate is opened wide,
> The Chiang of Ch'u comes forth.
> Eastward it flows, an azure tide,
> Then bends towards the north.

> Each bank itself uprears,
> Hill-like in living green.
> From the sun's side a boat appears,
> And floats into the scene.

"至此回"的翻译没有停留在字面,以 bends towards the north 准确地译

---

① 这个译名不能用其他汉字,尤其是"理"字,理雅各取此"理"字为姓,具有浓郁的宋学特色。

出了真实的含义,符合长江东流至此折转向北的实际情形。把原来的每行诗拆分为英文的两个诗行,整首诗表现为英文的两个诗节,保证押abab韵而有"音美"的同时,也给人以视觉上的"形美"。再借助uprear等形象的用词,生动地表现原诗的"意象",理雅各的翻译无论如何读上去都是一首优美的英文诗。

相较之下,大中华文库《李白诗选》的译文虽然准确再现了原意,但读来缺少了一点英文诗歌的韵味:

Breaking Mount Heaven's Gate, the great River rolls through,
Its east-flowing green billows, hurled back here, turn north,
From the two river banks thrust out the mountains blue,
Leaving the sun behind, a lonely sail comes forth. (许渊冲,2007:19)

说完理雅各,我们再来谈谈许老提到的另一位汉学家宇文所安(Stephen Owen)。笔者对宇文所安研究较少,因为其用力所在主要是中国文学尤其是唐诗的研究,而不在翻译。但就其为自己取的中文名字而言,我们可看出他深厚的中国文字学修养和对中国古典文化的深刻洞察。我们知道,"宇文"是源自魏晋时中国北方鲜卑族宇文氏部落的一个复姓,是现代中国罕有的一个姓氏。"所安"源自《论语·为政》:"子曰:视其所以,观其所由,察其所安。人焉廋哉?人焉廋哉?"宇文所安在其所著《中国文论:英译与评论》开宗明义便是引自《论语》的这句话,并且对孔子的这一"知人之法"从中西文论的角度给予精辟论述。杨乃乔(2015)教授经过考证指出,"宇文所安"这个名字隐含之意是这位汉学家对自己少数族学者身份的认定和他希冀以汉学研究为自己所安身立命之处,同时也透露出他的谦卑。而至于这样一位著名的汉学家是否真的误解了李白的诗句"行乐须及春",我们不敢断言。

写此文章,我们不是要吹捧西方汉学家的翻译成就,也不是要否认中国译者的成绩,而是说明汉学家在"中学西传"功不可没的同时,认为在当前中国文化走向世界的大形势下,要很好地发挥这两种译者的资源。这是"中西合璧"之道,其实也是伟大的汉学家和中国典籍翻译家的一贯之道。理雅各翻译中国古代经典的成功与王韬的帮助密不可分,宇文所安有一个中国妻子,杨宪益有一个英国太太。毕竟我们现在拥有如林语堂、辜鸿铭那样贯通中西的大师太少,而外国汉学家能在中国生活几十年而又熟读中国经书的更是寥寥无几。国家汉办推出的由外国汉学家和中国古典学家领衔的"五经"翻译项目就是一个成功的尝试,相信其最终推出的多语种"五经"译本,定会成为中国典籍翻译的新标杆。

参考文献:

许渊冲. 文学翻译与中国梦[Z]. 文汇报,2016-05-28.

许渊冲. 大中华文库李白诗选(汉英对照)[M]. 长沙:湖南人民出版社,2007.

杨乃乔. 汉字思维与汉字文学——比较文学研究与文化语言学研究之间的增值性交集[J]. 文艺理论研究,2015(3):6—15.

中国典籍翻译"言意之辨"①

丁大刚②

(上海师范大学 外国语学院,上海 200234)

摘 要 典籍翻译需要译者具备"与时俱退"和互文的观念,运用关联思维,探求原作的"言外之意",然后发挥译语的优势迂回曲折地诠释或直截了当地明示原作语言层面之下蕴含的思想内容。文章论证了"循言得意—得意忘言—循意得言—得言忘意"的翻译过程,并根据中国古代"字本位"的语文传统,对如何贯彻这一过程提出了基于多译本平行语料库的关键字译法。

关键词 典籍翻译;得意忘言;循意得言;得言忘意

On the Matter and Manner of Translating Chinese Classics

DING Dagang

(Foreign Languages College, Shanghai Normal University, Shanghai 200234)

Abstract When translating Chinese classical works, the translator should use association thinking to read the original text between the lines with a historical and intertextual view, and then interpret what is implied in the original text with a natural expression of the target language. The translation of Chinese classics should follow a process from getting the ideas by following the original text to forgetting the original ideas after getting the target words. To carry out this process, this article puts forward a key-word translation methodology based on a parallel corpus of multiple versions and the linguistic characteristics of "*Zi* as the basic structural unit" of ancient Chinese.

Key words translation of Chinese classics; forgetting the original words after getting the ideas; getting the target words by following the original ideas; forgetting the original ideas after

---

① 基金项目:教育部人文社会科学研究青年项目"理雅各中国典籍翻译话语研究"(编号:13YJC740015)阶段性成果。
② 作者简介:**丁大刚**,男,上海师范大学外国语学院副教授,伦敦大学亚非学院高级访问学者,上海师范大学人文与传播学院比较文学与世界文学研究中心博士,研究方向为典籍翻译。

getting the target words

1. 引　言

在 20 世纪西学东渐的浪潮中，我国的翻译研究在大量引介西方翻译理论的同时，有学者也在不断反思中国的传统译论，提出中国翻译学学科建设的构想。中国翻译实践历史久远，从有文字记载的《越人歌》算起，已有 2000 多年的历史。中国的译论也源远流长，若从公元 229 年支谦写的《法句经序》算起，有将近 1800 年的历史，而且我国的翻译理论也自成体系。中国的翻译实践终究还得由中国的翻译理论来指导，毕竟"最好的药引子在中国"。

罗新璋（2009：20）用"案本—求信—神似—化境"这四个概念总括了我国译论的发展脉络。仔细推究这些译论，其根源应在我国古代的哲学思想和文艺思想，所以中国哲学的范畴应该是构成中国翻译学的基础。本文拟从中国古代"言意之辨"的语言哲学观和文艺思想出发，探讨中国经籍翻译之道。

"言意之辨"讨论的内容是言辞和意念之间的关系。关于这个问题，先秦诸子和《周易》等典籍中都多有论述，归纳起来有言不尽意论、得意忘言论和言尽意论三种不同的观点。现代学者又多有从哲学、文学和艺术角度对其阐释，此不赘言，本文专论"言意之辨"在翻译学中的应用。

2. 循言得言外之意

中国古代的思想家或文人强调"言外之意"，除了在自己作品中已经明说的之外，常常是"言有尽而意无穷"。其中一个原因是，思想或哲学往往是那些受过教育、有一定生活阅历的人对历史、社会、人生在物质和精神方面进行的反思。这种对生活感受的反思往往超过自己用语言文字表达的能力，故而"言不尽意"。正如《易传·系辞上》所云："子曰：'书不尽言，言不尽意。'然则圣人之意，其不可见乎？子曰：'圣人立象以尽意，设卦以尽情伪，系辞焉以尽其言。'"另一个原因是，古代文人由于历史传统、社会环境的限制，或由于原始禁忌、忌讳，而不能畅所欲言，在著书立说时讳言诗书、称谓褒贬，或用象征、比喻和暗示，"意在言外"，委婉含蓄地表达自己的思想观念。

因此，要理解古人之思想意念，实非易事。东晋佛经翻译家道安有翻译"三不易"说："……圣必因时，时俗有易，而删雅古，以适今时，一不易也。愚智天隔,圣或亘阶,乃欲以千岁之上微言,传使合百王之下未俗,二不易也。……今离千年,而以近意量裁……此生死人而平平若是,岂将不以知法者勇乎?斯三不易也。"(罗新璋,2009:25—6)意思是说,由于时代和风俗的变迁,要以今人之智力,求得古哲之心声,以古之微言大义求今日读者之了解,是很困难的。但"不易",并非不可能,那么译者在翻译古人言论的时候又怎能求得先哲"言外之意",得见圣人之真意呢?

隋代佛经翻译家彦琮在论述理解佛经经文时提出了"十条例",即"原文的理解,不是简单的字句音韵,至少要在十个方面理解梵文文本中的各种语言和文体问题"(傅惠生,2011:21)。这对我们今天翻译中国典籍是个很好的启示。就中国典籍的理解而言,我们认为译者需要做到以下两条。

其一,译者要有一种"与时俱退"的观念,从客观实际出发,历史地考察古人的言论,即把自己置身于那一历史时代和文化背景下去理解,做到对古人"了解之同情",诚如陈寅恪所言"神游冥想,与立说之古人,处于同一境界,而对于其持论所以不得不如是之苦心孤诣,表一种之同情"(冯友兰,2009:432)。这就要求译者在翻译之初要真正参与到文本之中,在领悟作者文辞与旨意的基础上,对其学说具有一种相当的观念。例如,对于《论语·为政》中"为政以德,譬如北辰,居其所而众星共之"这句话,我们就不能以现代科学的视角去否认古人对天象的一种朴素认识。况且此句是以"北辰"喻"为政之德",其思想内容是根本,至于说北辰是否为天之中心则是末,不必深究。若不加注释直译为英语,明眼的读者也不难读出孔子说这句话的要义:A sovereign who governs a nation by virtue is like the North Polar Star, which remains in its place and the other stars revolve around it(Lin, 1938:199)。

因此,经籍理解的关键不在文辞,而在观念。如若站在作者的立场理清其思想的"原始概念",对其学说具有相当的观念;文辞则"甚易知,甚易行"。

其二,译者要有一种关联思维和互文观念。古人的著述大多十分简短,辞约义丰。《老子》全书皆以格言形式写成,《论语》有的章节甚至只有几个字,而且篇章之间缺乏系统性,互不连贯。因而,我们需要有一种关联思维,从整体上把握作者的思想观念。另外,古人语句多古奥晦涩,且多用省略结构,使得所指不明。许多语句的理解可谓"仁者见仁,智者见智"。所以我们在翻译中国典籍时,要有互文的观念,从整体上去认识和感受原作的核心概念和话语。这里的互文不仅指原作本身的上下文,也指同一时代的其他作品,对于某些字词的理解则需要参照其他同时代的文本,以"他山之石攻玉"。例如,在理解孔子"德不孤,必有邻"(《论语·里仁》)这孤零零的一句话时,我们需要通过孔子的其他言论来协调《论语》篇章之间不连贯的矛盾,比如参照"有朋自远方来,不亦乐乎"(《论语·学而》),"为政以德,譬如北辰,居其所而众星共之"(《论语·为政》),或"故远人不服,则修文德以来之"(《论语·季氏》)把它译为:The man of honor is never alone. He is sure to enjoy the company of friends(林戊荪,2010:77)。同时,我们也要参照其他同时代的文本,比如《周易》:"方以类聚,物以群分"或"同声相应,同气相求"。

关联思维要求译者能够"以三隅反",充分调动自己富有创造力的官能,以格式塔的自然心理,完形古人那简短、不连贯的言论,从而将其较为明晰地传译为外国语;因为古人的文本已经在那里启发我们了。互文观念则要求译者针对同一时代的文本,对比同一语义背景下的关键词,确定不同作者就这一概念不约而同的用法,找到其最普遍的意义,将其"传真"给译文的读者。

就具体操作而言,我们认为建立一个多译本汉英典籍平行语料库,即将中国典籍及其不同历史时期的英译本建立一个平行语料库,是较为切实可行的方法。一方面,它可以帮助译者客观地考查关键字词在原典中的含义,使那些表面上看似不连贯的思想建立起有机的联系。因为诸如《论语》、《老子》中那些"格言谚语并非彼此独立毫无关联,而是一套内容丰富面面俱到的哲学"(林语堂,2006:13)。另外,这种关键字考查法也符合中国古代"以字为本"的语文学传统。另一方面,这种方法也是尊重中国典籍英译的传统。我国许多典籍都有多个英译本,如果将这些译本进行一番历史考查,对比不同译者的翻译实践,则可以采取一个较为"中和"、普及的译法。

3. 循意得欲说之言

译者在运用关联思维经过一番了解之同情,得见圣人之意后,就要考虑如何把"此中真意"传译给译入语的读者。

3.1 忘言

中西语言形式殊异,"就句子的结构而言,西洋语言是法制的,中国语言是人治的"(王力,1984:53)。印欧语言苛求形式的一律,形式控制意义且可表意;而中国语言则讲求意思的传达,以意统形,形式只是意义的附庸。因此,译者要在把握原作意念的基础上,认识到"言者所以在意,得意而忘言"(《庄子·外物篇》)。庄子的意思是说,语言乃表达意念的工具,若意已达或已得,那么语言可弃也。用之翻译,即是译者若得原文之"意",不妨将原文之"言"弃之,也就是抛却原文的语言形式、句构,发挥译入语的优势译出原作的境界、气势、韵味。

若只译得大意,原作精神不传,则"似嚼饭与人,非徒失味,乃令呕秽也"(罗新璋,2009:34)。"天见人,人见天"是传其大意;"人天交接,两得相见"是得其精要,传之以神。本雅明所见也略同,他在《译者的职责》开篇即谓"译者所传达者若仅止于'信息'而已,那么所译必属劣译。真正的译者……必然会在原著的'精髓'上下功夫"(转引自李奭学,2007:92)。要想传译原著"精髓",原文的形式是非弃不可的,因为"此'本'不'失',便不成翻译。"(钱锺书,2007:1983)中国典籍的翻译尤其要抛弃原文的形式,因为中国语言本来就不重视语序、形式;因此,在翻译中国典籍之时,且不可受其行文的束缚,字比句对的"死译"、"硬译"是最要不得的。

3.2 得言

忘却原文语言形式为的是在译语中找到更好的语词来表达作者的意念。这需要经过一个"循意得言"的过程。

循意得言是指循作者之意,来探求译文如何选词用字、如何达意。赵复三译冯友兰《中国哲学简史》中 The Search for Happiness 为"寻孔颜乐处",而不用西方哲学概念"寻求快乐",是在思索中国哲学、中国文化和作者思想意念的基础上循意得言的结果。

循意得言之至就是得言忘意,即"充分发挥译语的创造功能,重视译语语词的造艺功能,得新'言'而忘旧'意'"(郑海凌,2005:18)。因为语言不仅能够传达意义,而且还可以创造并构成意义,"法制"的西方语言尤其如此。美国诗人艾米·洛威尔(Amy Lowell)译有杨贵妃《赠张云容舞》一诗,其中洛威尔把"轻云岭上乍摇风"译为 Thin clouds, puffed, fluttered, blown on a rippling wind through a mountain pass。这是典型的"得言忘意"之译,译诗甚至超过了原诗,可谓译得传神。短短一句,译者使用了三个象声词 puffed, flutter, ripple 来模拟舞态。吕叔湘认为,"原诗只是用词语形容舞态,译诗兼用音声来象征……所以结果比原诗更出色"(吕叔湘,2002:603—604)。翻译从某种意义上说,也是译者应用自己的文字技巧,表达作者的思想、情感、风格;译文在某种程度上显示的是译者独特的技巧与个性,因而译文也是译者的创作。意大利哲学家克罗齐论及翻译说:"翻译即将原作置于熔炉之中,与译者所获之印象融汇之后,译者创造出之新作品……译文除与原文有几分相似外,必有其独创之艺术价值,故无须靠原文,本身即可为独立之文学作品。"(张振玉,2004:16)

4. 得意忘言与得言忘意

"得意忘言"与"得言忘意"是一个翻译活动的两个过程,前者着重译前之理解,后者强调译时之表达,但又相互影响,是相生相成的关系。

"得意忘言"并非要"舍字取意",字永远是汉语行文之本,古文尤其如此。文字"乃言语之体貌,而文章之宅宇也"(《文心雕龙·练字》)。字是古代汉语的基本语法单位,故而"夫人之立言,因字而生句,积句而成章,积章而成篇,篇之彪炳,章无疵也;章之明靡,句无玷也;句之清英,字不妄也。振本而末从,知一而万毕矣。"(《文心雕龙·章句》)另外,汉字字形也可以传达一定的语义信息。"汉字通过视觉传达了大量句子的内涵和无词尾变化以及虚词的使用,为这种语言赋予了一种灵动的气势,也造就了这种短文无限生机和活力。"(安乐哲、罗思文,2003:189)例如,有人把鲁迅的《且介亭杂文》译作"Essays from a Semi-concession"(半租界杂文)就译出了作者选词用字的深意。但是,典籍翻译不能仅仅停留在字面上。诗之所以成诗,并不在诗字、诗文,而在"诗意"。中国典籍很多都是具有诗性的散文语言,如若在翻译过程中"诗意"不传,那么也必然导致美国诗人罗伯特·弗罗斯特(Robert Frost)所言:"诗是在翻译中丧失掉的东西。"读者读之也有"葡萄酒兑水"之感。

得意忘言并非背离原作、背叛作者,实则与原作貌离神合,而且也是遵循了严复的"信"字标准。钱锺书有"信之必得意忘言"之语,只是懂得这一点的人难求而已。

"得言忘意"也并非要"舍意取言",作者意念的传达永远是翻译之本。"得言忘意"意味着原作在译语文化语境里重生,是译者发挥主体性,经过"循意得言",让原作的意义在译语文化语境里进行"诗意的重建"。李白《将进酒》中出人意表的诗句"君不见黄河之水天上来,奔流到海不复回!"葛瑞汉(A. C. Graham)译为:

Have you never seen

How the Yellow River, which flows from heaven and hurries

toward the sea, never turns back?

译者超越原诗的语言形式,了悟其意境及气势之后,先以 how 造"出人意表"之势,再用 flows from heaven 和 hurries toward the sea 将原诗之澎湃气势倾泻而出。弗罗斯特若看了这样的译作,恐怕要改变对译诗的偏见了。

5. 结　语

佛经翻译家鸠摩罗什有翻译如"嚼饭与人"之喻。然而，经籍译者如若真能把原文嚼透，发古人之幽思，对古人言论知之、好之、乐之，而后再以"传神"之言转施于人，同样也能使人食而甘之。

总而言之，中国典籍的翻译需要经过"循言得意—得意忘言—循意得言—得言忘意"这样一个过程。这四个阶段一脉相承，又互为补充。循言得意是求得原文意旨的基础，"忘言"为的是译文表达不受原作语言形式的羁绊，从而做到循意得言，即以地道的译文不仅"达旨"，而且尽可能对等地表现原作的风格。只有经过这样一个过程，才能在翻译时做到"从心所欲，不逾矩"，译得顺乎自然。

参考文献：

安乐哲，罗思文.《论语》的哲学诠释[M].北京：中国社会科学出版社，2003.

冯友兰.中国哲学简史（英汉对照）[M].天津：天津社会科学院出版社，2007.

冯友兰.中国哲学史[M].上海：华东师范大学出版社，2009.

傅惠生.彦琮《辩证论》对我国译论的历史贡献[J].中国翻译，2011(1)：19—23.

李奭学.得意忘言：翻译、文学与文化评论[M].北京：三联书店，2007.

林戊荪.论语新译：汉英对照[M].北京：外文出版社，2010.

林语堂著，黄嘉德译.孔子的智慧[M].陕西师范大学出版社，2006.

吕叔湘.吕叔湘全集（第十四卷）[M].沈阳：辽宁教育出版社，2002.

罗新璋，陈应年.翻译论集（修订本）[C].北京：商务印书馆，2009.

钱锺书.管锥编[M].北京：三联书店，2007.

王力.中国语法理论[M].济南：山东教育出版社，1984.

张振玉.译学概论[M].台北：久鼎出版社，2004.

郑海凌.译理浅说[M].郑州：文心出版社，2005.

Lin, Yutang. *The Wisdom of Confucius*[M]. New York: The Modern Library, 1938.

科研,中医翻译发展的历史转折点

李照国

(2014年10月17—18日在西安和北京座谈会上的发言记录)

各位同道,各位朋友,大家好!

今天,我真的非常高兴,非常期待和大家就中医翻译的问题继续交流,继续商谈,继续思考。对于中医翻译,大家早就感而知之了,甚至都耳闻目睹得耳朵发僵、眼睛发困了,还有什么值得我反复地说来说去呢?就像我们今天所面对的天空一样,日月星辰哪个不知,哪个不晓?但看看窗外的世界,雾霾密布,我们还能看到日月星辰吗?所以面对着这样一个混混沌沌的现实,我们不得不关上窗、闭上目,认真地回忆回忆曾经晴朗的天空、曾经灿烂的星辰。这就是我今天想和大家旧话重提的主要原因。

中医的对外传播大约从秦汉时期已经全面开展起来了。当然,明清之前中医的外传主要集中在东南亚的汉文化圈内,体现在今日的日本、韩国、越南等依然以儒家思想作为其立国之本的国家。由于汉文化圈内的民族自远古以来不但直接传承了我们的中医,而且还继承和发扬了我们中华的文化、语言和思想,所以基本上不存在翻译的问题。

自明清以来,中医的翻译,尤其是对西方的翻译,才真正地开展起来了。而当时的中医翻译者主要是西方来华、来亚的传教士和学者。直到19世纪末20世纪初,中国的学者才逐步参与其中。其代表作,便是伍连德、王吉民先生在20世纪20年代在上海出版的 History of Chinese Medicine。虽然有中国学者参与,但参与的人数还是非常有限的。20世纪70年代之后,中国学者的参与度才逐步得以加强,并不断得以深化。

从目前国内外的发展情况来看,参与中医翻译事业的各国专业人数可谓与日俱增,为中医对外传播、中医国际化做出了巨大的贡献。这是无可置疑的。但在中医翻译辉煌发展的历程中,还有很多值得我们深思和熟虑的问题,如中医名词术语的标准化问题、中医翻译的原则与方法问题、中医翻译的理论与学科问题、中医翻译的人才培养和体系建设问题等。这些问题都是各位中医翻译工作者所关心的问题。这些问题也是学术界一直极为关注的问题,并被视为跨文化、跨语言、跨世纪的疑难问题。

这是些什么问题呢?是挑战还是创新?是问题还是平台?是动力还是阻力?

如何解决这样一些疑难的问题呢?是就翻译论翻译还是就语言论语言?是跨文化还是跨专业?是自主努力还是共同努力?是东风独自荡漾还是西方强力浩荡?是东南西北合力共鸣还是五湖四海联合共进?

谁能解决这些疑难问题呢?是中医翻译者自力更生还是科技文化者齐心协力?是中国人自行努力还是西方人独立发力?是今年计划还是明年规划?是这一代人的目标还是下一代人的希望?是21世纪的任务还是下一个世纪的梦想?

对此,各位翻译者和研究者都有自己的想法和做法,也有自己的希望和期待。虽然有想法、有做法、有希望、有期待,但要某个学人自己独立自主、自力更生地彻底解决这些问题,却是一个巨大的挑战。从目前的发展来看,要彻底解决这样的问题,确实需要每个学人自己的努力奋斗,但更需要全体学人的合力推进。要实现合力推进的理想,首先必须要有各自的努力奋斗。只有个人的努力奋斗,才能为我们今后的合理推进奠定坚实的基础。

今天,我想就个人的努力谈几点自己的看法和感受,以便为我们大家今后的合理推进开辟路径。从我个人半生以来的体验和体会来看,个人的努力奋斗主要体现在三个方面,即坚持不懈的实践、全面系统的总结和深入细致的研究。只有坚持不懈的实践,才有可能为全面系统的总结开辟蹊径,只有全面系统的总结,才能为深入细致的研究搭建平台。下面,我想就这三个方面谈谈自己的看法,供各位同人参考。

一、坚持不懈的实践是自我锻炼、自我发展的基要

对于坚持不懈的实践,其意义和作用,大家应该都是知而明之的。在过去的几十年中,中医翻译界的工作人员都有非常丰富的实践经验和坚持不懈的努力,从而为中医翻译事业的发展奠定了扎实的基础。中医翻译的先驱都是我们所仰慕的实践者。中国的欧明教授、帅学忠教授、谢竹藩教授、黄楷先教授、罗希文教授、方廷玉教授,西方的 Manfred Porkert, Paul U. Unshuld, Nigel Wiseman, Dan Bensky, Eeric 等,都是将实践视为为学之要的楷

模。他们在对中医的理论与实践进行深入学习的基础上翻译了大量的中医典籍和书籍,从而为其感受中医翻译、感悟中医翻译、研究中医翻译奠定了实践基础。从他们的译文中,我们就能直观地感受到他们对中医翻译感悟的深度和广度。从他们所撰写的文章中,我们就能深切地体会到他们对中医翻译研究的深入和细致。

今天,将努力实践视为理解中医翻译和感悟中医翻译的人员,中医翻译界依然可见,但却没有能够铸造出我上面所提到的那些令人高山仰止的中外先辈们和前辈们。原因何在呢?我个人以为有三大原因:一是缺乏坚持不懈的努力,更缺乏日出而行、日落而做的实践。二是缺乏总结思辨的意识,尤其缺乏对国内外译者经验的总结和学习。三是缺乏分析研究的能力,尤其缺乏对翻译实践中遭遇的种种问题和挑战的分析和研究。

在目前的中医翻译界,尤其是在中青年工作者中,这三方面的缺乏还是比较显著的。造成这一现状的原因,当然是多之又多的,尤其是因为造成时代和社会变异的诸多因素。但对于有意推进中医翻译事业,有心发展个人事业的人来说,这样的变异其实并不是阻力,而是动力。在这样一个变异了的时代和社会里,如果有"众人皆醉我独醒"的意识,则必然会在时代和社会由"变异"而"变易"时,成为时代的弄潮儿,成为社会的先锋队。

二、全面系统的总结是自我丰富、自我提高的基础

要迈步向前,英勇无畏当然是非常重要的。但更重要的是,要回首瞭望前人的足迹,要环顾四周他人的行踪,要对前人的足迹加以梳理和明晰,要对他人的行踪加以思考和辨析。只有这样,才能明确前人和他人的路径。在此基础上,才能拓展视野、明确方向、紧跟前沿。

就中医翻译而言,所谓的全面系统的总结,可以概括为三个方面。一是对国内外先辈们和前辈们的翻译实践、翻译经验和翻译体会进行认真的学习、认真的总结、认真的思考,从中感悟中医翻译的意义和作用,体会中医翻译的难点和要点,明晰中医翻译的路径和方向。我说的先辈和前辈其实是略有区别的。先辈指的是上一代或上几代的专家和学者。而前辈则指的是在中医翻译的实践和研究方面发挥引领作用的当代专家和学者。像欧明、帅学忠、黄孝楷、罗希文教授,就是我们的先辈。而谢竹藩、方廷玉等知名教授,还有我前面所提到的那些西方的中医翻译者,则是我们的前辈,因为他们都高山仰止般地一直奔行在中医翻译的最前沿,一直在引领着中医翻译的发展。

对于这些先辈和前辈们,我们应当做的,必须做的,就是对他们长期以来的翻译实践和丰富经验的系统学习和全面总结。只有系统学习了他们的实践方略,只有全面总结了他们的实践经验,我们才能拨开迷雾,才能拓展视野,才能明辨是非,才能明确理法,才能脚踏实地从本务起。但在目前的中医翻译界,这样的努力还是非常有限的,还很少有人——尤其是中青年骨干分子——能认真地学习和总结先辈和前辈们的实践和经验,因而也就没有能够为自己的发展明确方向和路径。

所以,我一再强调,也一再希望,我们的队伍中能有人在坚持不懈实践的基础上,能全面系统地学习和总结先辈们和前辈们的实践和经验。这样做不但能为自己的发展铺平道路,也能使我们中医翻译界的全体同人有机会和条件推窗望月,从而感知繁星的灿烂和云天的浩瀚。我曾经罗列出了一大批值得我们学习的先辈和前辈们,希望能引起中医翻译界同人的重视,希望能有人系统地对这些先驱们的实践经验逐一加以总结和分析。但从目前的发展来看,这方面的努力还是非常缺乏的,还需要我们继续努力。

钱学森病重的时候,温家宝去看望他,他很疑惑地问温家宝,我们为何培养不出优秀的人才。这就是所谓的钱学森之问。如果将钱学森之问引申到我们中医翻译界,那么缺乏对先驱们经验的总结和学习就是我们培养不出优秀中医翻译人员的重要原因之一。

三、深入细致的研究是自我完善、自我铸造的基石

有坚持不懈的翻译实践,有对先驱们翻译经验的认真学习和系统总结,完全可以培养出能力强、水平高的中医翻译者。但要铸造出具有高峰思辨意识、具有高端创新能力、具有高远理论思想的中医翻译家,仅仅具有努力实践和系统总结这两方面的基础,还是远远不够的,还无法真正地为中医翻译的理论建设、体系建设和学科建设奠定理想的基础。

在以前的座谈中,我曾多次提到了影响中医翻译事业发展的三大要素,即专家、专著和专论。就是说,要使中医翻译真正地发展成为一门专业、一门学科,我们就必须有一批具有丰富实践经验、扎实理论基础和深厚文化底蕴的专家,而不是一位、两位、三四位。专家队伍是学科建设基础的基础。同时,我们还需要有一批从不同方位和角度,以不同的方法和方略,以不同的理念和观念,对中医翻译问题进行深入研究和系统探索的专门著作,而不是一本、两本、三四本。理论研究是学科发展核心的核心。通过这些专门著作的引领和指导,中医翻译界将逐步构建出一套对中医翻译的实践和研究

具有普遍指导意义的理论体系。有了专家、专著和专论这"三专",中医翻译的学科建设和事业发展,才会有足够的保障。

但从目前的发展现状来看,"三专"的感觉似乎是有的,但实际的作用和影响却是非常虚浮的。专家虽然有一些,但其实践基础、总结意识研究能力还是有待提高的,还是要强力加以推进的。专著虽然也有一些,但其研究的深度与广度,尤其是创新的思维和思辨,还是非常薄弱的,还是要努力加以改善的。专论有没有?似乎是有的,但更似乎的是,根本就没有!这是影响中医翻译规范实践、系统研究和稳步发展的一个重要因素。要从根本上解决这个问题,目前看来还有很多的困难。但只要我们先从坚持不懈的实践做起,先从深入学习和总结先驱们的经验行起,这个问题的解决还是大有希望的。

所以,今天,我之所以重复地将昨天说过的话又说了一遍又一遍,其目的就是希望在座的各位同道,尤其是中青年的同行们,能意识到解决这一问题的必要性、紧迫性和重要性,能明白解决这一问题的三大基础、三大要求和三大条件,能从此脚踏实地地从我们做起,从现在做起,从基础做起。希望下一次我们在座谈的时候,我们大家都能欣慰地说,我已经从我做起了,从现在做起了,从基础做起了。

为了帮助各位中青年同道从基础做起,我特意开列了100道总结经验、迎接挑战、思考问题、研究理法的题目,供大家在努力实践的基础上,认真地总结和思考,努力地探索和创新,为我们中医翻译事业不断做出新的贡献。

谢谢大家!